贈与論

Essai sur le don

par Marcel Mauss

［新装版］

マルセル・モース

有地 亨［訳］

keiso shobo

――還暦をお祝いして

青山道夫先生に

この拙い訳書を捧ぐ――

1

目次

序論　贈与、とくに贈物の返礼をなすべき義務

題辞……一七

綱目……三

給付と分配の特殊形態としての全体的給付現象――受贈者に返礼を義務づける法的、経済的規則と力――考古学的結論――現代社会の道徳上の結論

適用した方法

給付、贈与およびポトラッチ……云

未開社会には自然経済は存在しない――全体的給付組織の意義と性質――ポトラッチは競覇型全体的給付の性格を有する――受贈者に返礼を強制する精神的メカニズムの研究の重要性

第一章　義務的贈答制と返礼の義務（ポリネシア）

Ⅰ　全体的給付　父方の財産と母方の財産（サモア島）……二四

ポリネシアにはポトラッチが存在する――サモア島の贈与組織の要素と範囲――トンガのもつ機能――オロアとトンガの意義

Ⅱ　贈られた物の霊（マオリ族）……四〇

マナの媒介物としてのタオンガ――ヘルツの記した返礼の義務の慣行――ハウに関するタマティ・ラナイピリの報告――この報告の解釈はハウの攫取力を示す――贈物の義務的循環を支配する原動力――物の移転から生ずる法的紐帯と全体的給付の性質

Ⅲ　提供の義務と受容の義務……四八

三つの義務は全体的給付制度の基本的要素である――受容の義務――提供の義務――提供・受容と消費・返礼の権利義務は霊的な紐帯で統合される

Ⅳ　人にたいする贈与と神にたいする贈与……五三

本節にたいする反省――諸種の社会のポトラッチの自然にたいする効果――人と神との交換では、人は神を代理する――お返しを義務づける贈与としての供犠の破壊――トラジア族での神から買得する観念の定著――トロブリアンド島の神霊にたいするヴァイグアの奉納の儀式――人、神への贈与は平和購入の目的をもつ――供犠と契約との関連

V 覚え書 喜捨……………………………………………………………………………………六三

ハウサ族の貧者、子供にたいする贈与の慣行――喜捨は贈与・財産に関する道徳観念と供犠の観念との産物である――本章の資料の比較検討の必要性――ポリネシアにもポトラッチの基本的要素が存在する

第二章 この組織の発展 気前のよさ・名誉・貨幣

本章はポトラッチの性質と分布の検証である

I 惜しみなく与える規則（アンダマン諸島）……………………………………………六九

ピグミー族、アンダマン島民の贈物交換の慣習――交換には双方の人

格、感情、物が混淆する

II 贈物の交換の原則、契機および強度（メラネシア）……七二

明確な性質をもつメラネシアのポトラッチ

(一) **ニューカレドニア**……七二

饗宴のやまいもの儀式的給付の慣習

(二) **トロブリアンド諸島**……七三

マリノウスキーのトロブリアンド島民のクラ交易の記述——巨大なポトラッチとしてのクラの意義と範囲——クラ交易の貴族的性格——クラの諸関係はクラの本質を変えない——クラの儀式的形態——ムワリとスーラヴァという二種のヴァイグア——ヴァイグアの循環運動の経路——複合現象としてのクラ交易——ヴァイグアの神話的、宗教的、呪術的性格——ヴァイグアの性格の契約にたいする反映——受贈者にヨテレを義務づけるヴァガ——義務的贈答制の典型としてのクラ交易——全社会生活を包摂する義務的贈答組織の一時機としてのクラ交易——一連の交換体系の中に編込まれたヴァイグアの交換——餞別——

コロツムナの贈与――内輪のクラ（クラ共同体）――遠征参加者全員にたいする均等な分配――全社会生活への義務的贈答組織の滲透――ワシとサガリ――すべての個別的交換関係も義務的贈答制に包摂される

(三) **他のメラネシア社会**……九〇

フィジィ諸島のケレ・ケレとタムブア――ニューギニアのメラネシア人とパプア族の貨幣――ブインの部族とバナロ族に関するトゥルンヴァルドの分析――メラネシア全域に義務的贈答組織が存在する

III 名誉と信用（北西部アメリカ）……一〇七

ポトラッチの完成形態を示す北西部アメリカ・インディアン社会――北西部アメリカの諸部族の社会状態――北西部アメリカのポトラッチは義務的贈答制にほかならない――ポトラッチの二つの特徴としての信用と名誉の観念――期限付きの返礼の義務は贈物の性質から派生する――物々交換、現実売買、信用取引という経済発展の仮説は正しくない――ポトラッチに現れる名誉の観念の機能――名誉の観念の始源

性――全体的現象としてのポトラッチ――北西部アメリカのポトラッチの四形態

IV 提供・受容・返礼の三つの義務……一二七
ポトラッチの本質としての贈る義務――招く義務の機能――強制的な貰う義務――強制的なお返しの義務――全体的給付組織の不自然な産物としてのポトラッチ

V 交換の対象物にひそむ力……一四四
贈物に潜む循環を強制する力――クヮーキウーツル族、チムシアン族の家宝の性質――ハイダ族の神格化された財産の概念――財物は生命をもつ――財物は生産力を有する

VI 名誉の貨幣……一五六
固有の価値をもち、信仰、崇拝の対象となる銅板――銅板の有する吸引力――護符・仮面と同一の機能をもつ銅板

VII 最初の結論……一六六
義務的贈答制は個別的契約の段階に達しない社会の特徴である

第三章　古代の法および経済におけるこの原則の痕跡

民族誌学的事実の分析の効用——人の物との区別は比較的新しい段階に出現した

Ｉ　人の法と物の法（原古ローマ法）……一七〇

ネクスムは物から派生し、人は物によって拘束される——物の有する意義を示す交換方式——物の中に存在する紐帯——個性と力を帯有する物の態様——窃盗と要物契約に発現する物の力の観念——物は契約の本質的要素をなす——契約の形式と用語は引渡によって生ずる精神的紐帯と結合する——(イ)レウスの語源——(ロ)マンキパーチオーの方式と売買の語源

II　他のインド・ヨーロッパ系諸法……一八〇

贈与組織はローマ、ギリシャ民族の有史時代には存しない——ゲルマン法、ヒンズー法が本研究に占める地位

III　古典ヒンズー法　贈与の理論……一八二

ヒンズーの贈与の規範の適用はブラーフマナにかぎられる――インドのポトラッチの二つの起源――贈物は、現世、来世いずれでも報いを齎す――人格化される一切の贈物――人と財との同一視の現象――牝牛に現れた贈物と贈与者との緊密な結合関係――贈物の貰い方は他の社会のそれと同じである――贈物を媒介とする贈与者と受贈者との間の強靱な紐帯――一切の贈与は慎重な態度で臨まれる

Ⅳ ゲルマン法　担保と贈与……………………………………三三

ゲルマン社会には典型的な贈答組織が存する――ガーベンの慣行――担保を随伴する一切の契約の機能――ワディアチオ契約の意義――贈物のもつ危険を示す法や格言

Ⅴ ケルト法……………………………………三三

ケルト民族にも義務的贈答制が存在する

Ⅵ 中国法……………………………………三四

売却された物にたいする売主の追求権――安南人の慣行

第四章　結　論

Ⅰ　道徳上の結論……二二六

現代の社会生活における義務的贈答制の機能――過去の道徳への復帰を示唆する近時の法――著作権法による追求権の容認――社会立法に現れた古代道徳の復活の現象――これらの現象から導き出される道徳律――この道徳律の実践は法の基礎に帰著する

Ⅱ　政治学上および経済学上の結論……二二八

義務的贈答組織は一般的な経済的事実の分析に寄与する――義務的贈答組織の経済的特徴――無償と有償の給付観念の混成としての義務的贈答組織内の経済観念――貨幣のもつ機能――破壊のための破壊の動機――ムワシラの儀式の目的――未開人の利益追求の態様――利益の概念――個人的な目的の追求は、全体と個人に有害である――労働には相応の報償を必要とする

Ⅲ　社会学上および倫理学上の結論……二五二

本研究は素材の提示にすぎない――いわゆる全体的社会事実としての社会現象――全体的社会事実の研究の長所――社会学者の用うべき研究方法――社会の発展は義務的贈答制の遵守に対応する

訳　註……二六三

解　説……三〇七

あとがき……三三一

著作目録……一―四

凡例

一、ほん訳にあたっては、Ian Cunnison による英訳、Gift, Forms and Functions of Exchange in Archaic Societies, The Free Press, 1954 と山田吉彦訳『**太平洋民族の原始経済**』（昭和一八年日光書院刊行）を参照した。

二、ほん訳はできるだけ原文に忠実であることを心がけた。しかし、フランス社会学者の通有の平易でない表現法や的確さを欠く用語法のために、やむをえず意訳したところもある。

三、各章、各節の編別、表題は大体原文に従ったが、体裁をととのえるために、一、二の節を補い、また、多少表題を変えたものもある。

四、各節の文中の頭に組みこまれた見出しは、原文にはないが、訳者が該当箇所の内容を汲み取って、適宜つけたものである。この点、適切でない見出しのゆえに、かえって著者の主張を歪める結果になるのではないかとひそかにおそれている。

五、本文中に、英語、ドイツ語、ラテン語、サンスクリット語が使用される場合には、訳語とともに原語をも挿入したが、その他のときには原語あるいは発音だけを示すにとどめた。また、語源を示すために右のことばが使用されている場合には、原語を掲げ、発音をルビであらわすことにした。

、原文でイタリックになっている単語や短文は『　』の中に入れ、長文には傍点をつけた。

、固有名詞の読み方は、大体岩波書店刊「**西洋人名辞典**」（昭和三一年）にしたがった。固有名詞は原則として初出の場
六七合に原語を括弧に入れて同時に示しておいた。

八、著者の註について

⑴原文の註は、本文の抽象的な表現を敷衍し、その内容を具体的に説明するものも多く、単なる註にとどまるものではない。したがって、一括して巻末に掲げないで、各節ごとに末尾に付けることにした。

⑵原文の註は夥しい数に上るため、便宜上、前後の註を一箇所にまとめたものもあり、また、英訳本でも省かれていて、あきらかに不必要とおもわれる註（たとえば、第四章Ⅰ註（四）のソヴエトの旧著作権法の説明）は省略した。

⑶引用文献、参照文献の書名、雑誌名は一応ほん訳したが、初出の場合は、原語の表題を括弧に入れて付記した。

⑷引用文献は特殊な文献が多いため、ごく少数なものを参照しえたにすぎない。そのかぎりでは、著者の引用頁数の誤りは訂正しておいた。

⑸註に引用された文献の中で頻出の文献は左に掲げ、それぞれの頭に付けた数字と巻数、頁数をもってあらわすことにした（たとえば、⑨一一巻一〇一頁＝L'Année Sociologique, t.11, p.101. ⑧三四〇頁＝Malinowski, Argonauts of the Western Pacific, p.340)。

①ボァス『北西部カナダの諸部族に関する第五・第七・第九・第一二報告書』(Boas, 5th, 7th, 9th or 12th Reports on the Tribes of N. W. Canada, in British Association for the Advancement of Science, 1891–8)

②『アラスカの人口等に関する報告書』(Report on the Population, etc., of Alaska, in Eleventh Alaskan Census, 1900)

③ターナー『ポリネシアにおける一九年』（Turner, Nineteen Years in Polynesia)

④『アメリカ自然史博物館報告書』（Report of the American Museum of Natural History)

⑤ラドクリフ・ブラウン『アンダマン島民』(Radcliffe-Brown, The Andaman Islanders, 1922)
⑥『アヌシャーサナパルヴァン』マハーバーラタ第一三巻 (Anuçasanaparvan, livre XIII du Mahabharata)
⑦『アメリカ民族学研究所年報』(Annual Report of the Bureau of American Ethnology)
⑧マリノウスキー『西太平洋のアゴーノーツ』(Malinowski, Argonauts of the Western Pacific, 1922)
⑨『社会学年報』(L' Année Sociologique)
⑩『アメリカ民族学研究所誌』(The Bureau of American Ethnology)
⑪ボゴラス『チュクチ族』(Bogoras, The Chukchee, in Jesup North Pacific Expedition, VII)
⑫ボァス＝ハント『クヮーキウーツル族の民族学』(Boas & Hunt, Ethnology of the Kwakiutl, in Annual Report of the Bureau of American Ethnology, XXXV, 1921)
⑬ダヴィ『誓信』(Davy, Foi Jurée, in Travaux de l'Année Sociologique, 1922)
⑭トゥルンヴァルト『ソロモン島探険』(Thurnwald, Forschungen auf den Salomo Inseln, 1912)
⑮スワントン『ハイダ族』(Swanton, The Haida, in Jesup North Pacific Expedition, V)
⑯スワントン『ハイダ族のテキスト』(Swanton, Haida Texts, in Jesup North Pacific Expedition, VI, X)
⑰スワントン『ハイダ族のテキストと神話』(Swanton, Haida Texts and Myths, in Bulletin of the Bureau of American Ethnology, no.29)
⑱リヴァース『メラネシア社会史』(Rivers, History of the Melanesian Society, vol. II, 1914)
⑲『ゼサップ北太平洋探険隊報告書』(Jesup North Pacific Expedition)

⒇『ポリネシア社会誌』（Journal of the Polynesian Society）

㉑『英国王立人類学協会会誌』（Journal of the Royal Anthropological Institute）

㉒クロイト『中央セレベス島のクープ族』（Kruyt, Koopen in Midden Celebes, in Meded, der Konink. Akademie v. Wet., Afd, Lellerk., 56, series B）

㉓ジョセルソン『コーリャク族』（Jochelsen, The Koryak, in Jesup North Pacific Expedition, Ⅵ）

㉔ボァス『クヮーキウーツル・インディアン』(Boas, The Kwakiutl Indians, in Jesup North Pacific Expedition, Ⅴ）

㉕ボァス＝ハント『クヮーキウーツル族のテキスト』第1輯（Boas & Hunt, Kwakiutl Texts, First Series, in Jesup North Pacific Expedition, Ⅲ）

㉖ボァス『クヮーキウーツル族のテキスト』第2輯（Boas, Kwakiutl Texts, Second Series, in Jesup North Pacific Expedition, X）

㉗ユヴラン『個人の呪術と権利』（Huvelin, Magie et Droit Individuels, in Année Sociologique, X）

㉘ジラール『ローマ法原論』（Girard, Manuel Elémentaire de Droit Romain, 7th éd.）

㉙トリーガー『比較マオリ語辞典』（Tregear, Maori Comparative Dictionary）

㉚セリグマン『英領ニューギニアのメラネシア人』（Seligman, The Melanesians of British New Guinea）

㉛マリノウスキー『原始経済』（Malinowski, Primitive Economics, in Economic Journal, March 1921）

㉜ボァス『クヮーキウーツル・インディアンにおける秘密結社と社会組織』(Boas, Secret Societies and Social

Organization of the Kwakiutl Indians, in Report of the American Museum of Natural History, 1895)

㉝ジラール『ローマ法原典』（Girard, Textes de Droit Romain)

㉞スワントン『トリンギット・インディアンの社会状態等』(Swanton, Social Conditions, etc.…of the Tlingit Indians, in Annual Report of the Bureau of American Ethnology, XXVI, 1905)

㉟ボァス『チムシアン族の神話』(Boas, Tsimshian Mythology, in Annual Report of the Bureau of American Ethnology, XXXI, 1916)

㊱スワントン『トリンギト族のテキストと神話』(Swanton, Tlingit Texts and Myths, in Bulletin of the Bureau of American Ethnology, no. 39)

九、訳註について

(1)本書は民俗学、社会学、宗教学ならびに比較法、法制史に関する多彩な叙述であるので、読者の便宜のため、人名や特殊用語について訳註をつけておいた。微力なわたくしにとっては、それはかなり困難な作業であって、きわめて不完全なものとなってしまった。そのため、本書の理解のために、むしろ、無用の混乱と誤解を招くのではないかとおそれている。なお、その性質上、一々出典をあきらかにしなかった。

(2)訳註は本文中では、通しのアラビア数字を括弧の中に入れた印（たとえば（16））で表現し、巻末に一括した。

序論　贈与、とくに贈物の返礼をなすべき義務

題辞

つぎに挙げるのは、北欧の古代伝説詩、エッダ（Edda）[1]の一つのハバマール（Havamál）の中の数節である。[一]それらは、われわれがこれから論究しようとする諸観念と諸事実の雰囲気の中に、読者を直接導き入れるので、この研究にたいして題辞の役を果しうるのである。[二]

三九　『贈り物を受取らない』ほど
それほど客をもてなすのに、気前よく、鷹揚な人を
わたしはいまだ見たことがない。

返礼を受取るのを不愉快におもうほど
それほどその財産にたいして……（形容詞脱落）……
人を
わたしはいまだ見たことがない。(三)

四一　甲冑と衣裳を贈れば、
友は喜びを分ち合うにちがいない。
だれでもおのずから（自身の経験をとおして）そのことを知っている。
お互に進物を贈答する者は(2)
物事が都合よく運ぶならば、
常に変らぬ友である。

四二　だれでも友にたいしては友であらねばならず、
また、進物にたいしては進物を返さなければならない。
だれでも笑には笑をもって応じ、
不実にたいして欺きをもって応えなければならない。

四四　そなたが信頼する友をもち、
しかも、お望みの結果を得たいとおもうならば、
心と心とを打解けあわせ、
進物を取りかわし、
たびたび彼を訪れなければならないということを
そなたはよく知っている。

四五　しかし、そなたが信頼しない友をもち、
しかも、お望みの結果を得たいとおもうならば、
偽りの気持をもって、甘言を弄し、
不実にたいしては欺きをもって応えなければならない。

四六　そなたが信頼せず、その気持に疑いを抱く友についても同じである。
そなたは心にもなく、微笑をもって話しかけなければならない。
貰った贈り物と同じものを返えさなければならない。

四八　気前よく、太っ腹の者は
最良の生涯を送り、
心配で煩わされることはない。
しかし、臆病な者はなにごとでも怯え、
吝嗇な者はたえず進物に怯えている。

同じように、カエン氏（Cahen）が第一四五節を知らせてくれた。

一四五　（神にたいして）あまりにも多くの供物を捧げるよりも
お祈りをしない（お願いをしない）ほうがまさっている。
贈り物はいつも返礼を期待してなされる。
供物に大金を費すよりも
供物を捧げないほうがましだ。

21

（一）カッセル氏（Cassel）がわたくしにこの詩を知る手がかりを提供してくれた（『社会経済理論』（Theory of Social Economy）第二巻三四五頁）。北欧の学者たちは彼らの国の古代のこれらの事実に十分通じている。

（二）この詩の飜訳はモーリス・カエン氏によって引受けてもらった。

（三）この節は、とくに、第四行に形容詞が脱落しているということもあって、明確さを欠いている。しかし、通常なされるように、気前のいいとか、あるいは濫費好きとかの意味を有することばを補えば、意義は明瞭となる。また、第三行も難解である。カッセル氏は『贈られたものを受取らない』と訳している。これに反して、カエン氏は逐語的な訳を試みる。彼はわたくしにつぎのような手紙を寄せている。『この表現はいろいろの意味にとれます。「贈り物を受取ることを不愉快におもうほど」とも解されますし、また「進物を受取ることはその返礼の義務を包含しないほど」とも解釈されておりますが、有体に云えば、わたくしは後の解釈に心惹かれるものがあります』と。わたくしは古代のノルウェー語を深く研究していないが、別の解釈を試みたいとおもう。この表現は、『贈り物が受取られる』といったようなものに相違ない剰綴詩に対応することは明らかである。かような解釈が許されるとすれば、この詩行は訪問する者と訪問される者とを包摂する心理状態を示唆するものであろう。だれでも返礼を受けることなどまったく期待しないかのように、歓待や贈物を提供すると考えられている。しかしながら、すべての者はひとしく来客から進物を受けるかあるいは主人から反対給付を貰うのが常である。なぜならば、それらの物はその全体の一部を構成する契約を強化する財物であると同時に手段でもあるからである。

　われわれには、これらの詩節の中にもっと古い部分を識別することができるようにおもわれる。詩節全体の構成は同一であって、しかも珍奇なものであり、また明確なものでもある。それぞれの詩節においては、法的な剰綴詩が中心を形成している。たとえば、『贈り物が受取られない』（三九）、『進物を取りかわす者は友である』（四一）、『そなたの心と彼の心とを許しあい、進物を交換しなければならない』（四四）、『吝嗇な者はたえず進物に怯える』（四八）、『進物はいつも返礼の進物を期待してされる』（一四五）などである。これらはまことにもろもろの俚諺の集成されたものである。これらの俚諺あるいは規範はそれを敷衍する説明で囲繞されている。それゆえ、ここにおいては、われわれは法の最古の形態ばかりでなく、文学の極めて遼遠なる形態にすら関係をもっているのである。

綱目

給付と分配の特殊形態としての全体的給付現象

わたくしの研究対象の輪郭は理解されたと信ずる。スカンジナヴィア文明領域やその他の多くの文明領域においては、交換や契約が進物の形式でなされる。理論的には、これらの進物は任意的になされるが、実際上では、義務的に与えられ、返還される。

この著書は広汎にわたる研究の抜萃をなすものである。ここ数年間、わたくしは『未開』(primitives)(3)と称される社会、しかもまた古代とも呼ばれうる社会を構成する多数の階層あるいは下位集団(sous-groupes)(4)間の契約法体系および経済的給付に注目してきた。この問題については、莫大な諸事実が含まれており、しかもそれ自体非常に錯雑とした様相を呈している。すべてがそこに輻合し、それら一切がわれわれの社会に先行する社会――原史社会に至るまで(5)――のいわゆる社会生活を構成する。これらの『全体的』社会現象(phénomènes sociaux《totaux》)――われわれはあえてこのように呼ぼうとするのであるが――の中に、あらゆる種類の諸制度、すなわち、宗教、法および道徳の諸制度のみでなく、政治、家族および経済の諸制度が同時に、しかも、一挙にあらわれている。しかも、これらの諸々の事実は審美的な現象に帰著し、また、これらの諸制度は形態学的現象を示すばかりでなく、これらの諸制度は生産と消費というよりもむしろ給付と分配の特殊な形式を想定する。

受贈者に返礼を義務づける法的、経済的規則と力

これらすべての極めて錯綜した研究対象の中で、しかも、これらの変動する社会事象の多様性の中で、ここでは、われわれは、非常に重要なものであるが、孤立した特徴の一つ、すなわち、かかる給付の任意的な、いわば外見上は自由で非打算的に見えながらも、拘束的、打算的な性質だけを考察したいとおもう。これらの給付はほとんど常に気前よく提供される贈り物とか、あるいは進物の形式をとっている。取引に随伴するこれらの行為には、擬制、虚礼、社交的な虚言だけが存在する場合ですら、また実際は、義務や経済的利得が存する場合でも、給付形式は同様である。なおその上、わたくしは、これらのすべての原則のなかで交換――換言すれば、社会的分業そのもの――の必要形式にかかる様相をあたえた諸原則を全部正確に指摘したいのであるが、ここでは、その一つを徹底的に究明するだけにとどめておこう。それは、『未開あるいは太古の社会類型において、贈り物を受けた場合に、その返礼を義務づける法的、経済的規則はいかなるものであるか。贈られた物には、いかなる力があって、受贈者にその返礼をなさしめるのか』である。これこそ、わたくしが絶えず他の諸問題を指摘しながら、とくに追及しようと考えている問題である。わたくしは、かなり多くの事実に基づいて、この問題にたいして正確な回答を与え、諸々の関連した問題の全研究はいかなる方向に向けらるべきかを示したいとおもう。同時にまた、読者はわたくしが提示する若干の新しい問題にも気付かれるであろう。そのあるものは、契約の倫理の恒久的な形式、すなわち、物の法が今日においても依然として人の法に結合されている態様に関係するし、そのあるものは、すくなくとも部分的には常に交換を支配してきたし、また今日でもなお一部においては、個人的利益の観念を補う諸形式と諸観念にも関係をもつものである。

考古学的結論　かようにして、われわれは二重の目的を達することになろう。一方では、われわれは、われわれを囲繞する社会、また、現代の社会に直接先行する社会における人類の取引の性質についてのいわば考古学的結論に到達するであろう。わたくしはこれらの社会における交換と契約の現象を叙述するつもりである。しかも、これらの社会は一般に主張されるように、経済的取引を欠いているのではなくて――なぜならば、取引は、われわれの考えでは、いかなる既知の社会にも知られているとおもわれる人類の現象であるから――、その交換制度がわれわれのと異っているだけであるということが示唆されるであろう。取引は、商人制度の発達以前に、また、彼らの主要な創作物であるいわゆる貨幣が存在する以前に見出され、更に、契約や売買の近代的と称しうる形態（セム民族、ギリシャ民族、ギリシャ文化系民族、ローマ民族）ならびに金位の定められた貨幣が発見される以前では、取引はいかなる機能を果していたかを理解されるであろう。わたくしは、これらの取引において働く道徳と経済を検討するつもりである。

現代社会の道徳上の結論　また、わたくしは、この道徳と経済がなお現代の社会において、間断なく、いわば深層部においてて人目に触れないように機能しているということを証明することになるので、また、わたくしは、そこにわれわれの社会が築かれている人類の岩盤の一つを発見したと信ずるので、わたくしは、それから、現代の法および経済の危機が提起する幾つかの問題に関する若干の道徳上の結論を類推しうると信じている。社会史、理論社会学、道徳上の結論および実践政治学、経済学についての本稿は、結局は、一度ならず、新しい形態を装って、古いながらも常に新しい問題を持出すようにわれわれを導くにすぎない。(一)

適用した方法

わたくしは丹念な比較的方法を適用した。まず第一に、いつものように、われわれの研究対象をポリネシア、メラネシア、北西部アメリカのごとき限定、選択された領域と若干の主要な法典に定めた。つぎに、おのずから、わたくしは、資料や言語学上の研究によって、その社会そのものの意識に接近することができた法だけを選択した。というのは、ここでは言語とその意義が問題となって登場してくるからである。かようなことは一層わたくしの比較の範囲を制限する結果になった。最後に、各個の研究は、一定の順序を追って総体的に叙述せざるをえない諸種の組織を対象にした。それゆえに、わたくしは、一切が混淆し、また、諸種の制度がすべてその地域的色彩を失い、しかも、資料がその価値を喪失する、かの恒常的な比較方法を放棄したのであった。

給付、贈与およびポトラッチ

この研究はダヴィ氏（Davy）[6]とわたしがずっと前から、古代の契約形態に関して続行している一連の研究の一部をなすものである。[二] したがって、それらを概括することが必要であるとおもわれる。

× × ×

未開社会には自然経済は存在しない

現在にかなり接近した時代に至るまでも、また、未開あるいは低級の名称で不当にも混同されている社会においても、自然経済（Economie naturelle）[7]と称されるものに類似したいかなるものも存在しなかったようにおもわれる。[三] 不思議なことではあるが、しかし、古典的な誤りに基づいて、かかる経済の類型を示そうとする場合には、ポリネシア人における交換と物々交換に関して述べているクック（Cook）のテキストが選ばれさえした。[四] ところで、われわれがここで研究しようとするのは、その同じポリネシア人であり、しかも、読者は、法と経済に関して、彼らがいかに自然の状態から相去ること甚しいかに気付かれるであろう。

全体的給付組織の意義と性質

現在の経済と法に先行するそれらにあって、個人相互間で行われる取引を通しての財産、富ならびに生産物のいわば単純な交換が検証されたことは一度もない。まず第一に、相互に義務を負い、交換し、契約するのは個人ではなくて集団である。[五] 契約に立ち合う者は無形人（personnes morales）である。すなわち、氏族、[8] 部族、[9] 家族が、同一地域に相対する集団として、あるいはその長を媒介として、あるいは同時にこれら二つの態様で、相対立し、相対峙するのである。[六] そればかりでなく、彼らが交換するものは、もっぱら、財産や富、動産や不動産などの経済的に有用なものだけだというわけではない。それは、なによりもまず、礼儀、饗宴、儀式、軍事的奉仕、婦女、子供、舞踏、祭礼および市であって、これらの取引は諸契機の一つにすぎず、その富の流通は更に一般的でしかも恒常的な契約の諸項目の一部にすぎない。最後に、この給付および反対給付は、どちらかと云えば、任意的な形式の下で、贈り物、進物によってなされるが、実際は、厳密には、義務的なものであって、その不履行の場合には、公私の闘争に導くものである。わたくしは、これらのすべてを全体的給付組織（système des prestations totales）と呼ぼうとおもう。これらの制度のもっとも純化された型は一般にオーストラリアあるいは北部アメリカの諸部族の二個の胞族（phratries）[10] の協同関係に表示されているようにおもわれる。そこにあっては、彼らの儀式、婚姻、財産の承継、[11] 権利と利害の連繋、軍事上ならびに宗教上の地位などの一切のものが相補い合い、しかも部族の中の二個の半族（moitiés）[12] の協同を前提条件としている。たとえば、競技はとりわけそれらの半族によって支配される。[七] 北西部アメリカの二つの部族のトリンギト族（Tlinkit）[13] およびハイダ族（Haïda）[14] は、『二個の胞族が相互に敬意を表しあう』と云って、これらの慣習の性質をたくみに表現するのである。[八]

ポトラッチは競覇型全体的給付の性格を有する

しかし、北西部アメリカのトリンギト族とハイダ族およびこれらの全地域においては、この全体的給付はたしかに典型的形態ではあるが、発展し、しかも、比較的稀れな形態をとっている。われわれは、アメリカの学者が用いているように、それをポトラッチと呼ぼうとおもう。このチヌーク語（chinook）の名称はヴァンクーバーからアラスカにかけての白人やインディアンの常用語の一部となってきている。『ポトラッチ』（Potlatch）は、本来は、『食物を供給する』（nourrir）とか、『消費する』（consommer）とかいう意味である。[九] これらの部族は、非常に裕福であって、島嶼、海岸あるいは海岸とロッキー山脈との間に定住し、その冬を絶え間のない祭礼——饗宴、定期市、取引であると同時に部族の盛大な儀式的集会——の中にすごす。そこでは、これらの部族は、その階層的団体、あるいは秘密結社[15]——これは屢々前者や氏族と混同されるが——に応じて配列される。また、氏族、婚姻、入社式（initiations）、シャーマニズム（Shamanisme）[16]の集会、至上神、トーテム[17]あるいは氏族の集団的、個別的祖先の祭祀の集会などのすべては社会集団、部族、部族連合内部における、更に、諸民族間における政治的地位が決定される儀式や法的、経済的給付と混淆して、解きほぐしえない網を形成している。[一〇] しかし、これらの部族において注目さるべきことは、これらのすべての活動を支配する競争と敵対の原則である。はては、戦いを挑むまでにいたり、対抗する酋長や貴族の死を招くようなこともあった。また、他方では、協同しながらも、敵対を示す酋長（普通は、祖父、義父あるいは婿であるが）を圧倒するために、蓄積された富をまったく派手に破壊してしまうことすら辞さないのである。[一一] 氏族そのものが、酋長を媒介にして、その全成員、その所有するすべての物、そのなす一切のものを包摂する契約を締結するという意味で、そこには全体的給付が存在する。[一二] しかし、この給付は酋長のために、極めて顕著な競覇的性格を帯有する。この給付は、本質的には高利的なしかも浪費的なものであって、なによりも、貴族たちが彼らの同じ身分階層制――後に至っては、彼らの氏族が享有するのであるが――を確保するため闘争するのがみられる。

わたくしはこの種の制度にポトラッチという名称を与えたいが、それはまた、多少冗漫ではあるが、ともなう危険も少く、しかも、きわめて精密に、『競覇型の全体的給付』(**prestations totales de type agonistique**) と称することもできるであろう。

これまで、わたくしは、北西部アメリカの諸部族、北アメリカのある地域の部族において、[一三]また、メラネシアやパプア諸島において、[一四]これらの制度の数例を見出したにすぎなかった。その他アフリカ、ポリネシア、マレー半島、南アメリカ、北アメリカの残余の地域のいずこにおいても、諸氏族間、家族間の交換の基礎は、全体的給付のより単純な類型であるように考えていた。しかしながら、更に深く研究を重ねて、北西部アメリカやメラネシアのそれのような、誇大な競争と富の破壊の交換と契約当事者が相互に贈り物を競い合うような極端に走らない張り合いの交換との間に、かなりの数の中間的形態をいまや知るに至ったのである。かようにして、たとえば、われわれは祝儀、饗宴、婚礼、通常の招待において、相互に競い合い、しかも、ドイツ人が云うように、贈り物のお返しをする (**revanchieren**) 義務をいまなお意識している。[一五]われわれはこの中間的形態をインド・ヨーロッパ人の世界、とくに、トラキアに検証したのである。[一六]

受贈者に返礼を強制する精神的メカニズムの研究の重要性

幾つかの課題――諸規則や諸観念――が、法や経済のこの類型の中に包含されている。

これらの精神的メカニズムの中でもっとも重要なものは、あきらかに贈り物を受取ったならば、その返礼を義務づけるメカニズムである。ところで、この強制の道徳的および宗教的契機がポリネシアより以上に明白に発現しているところはどこにもない。したがって、とくに詳細に以下においてポリネシアを研究しよう。そのとき、われわれはいかなる力によって、受贈者は返礼を強制させられるか、一般的に云えば、要物契約 (**contrats réels**) を履行することを強制させられるかをあきらかに理解するであろう。

（一）わたくしはブルクハルトの『贈与の観念に関して』(Burckhard, Zum Begriff der Schenkung) 五三頁以下を参照することができなかった。しかしながら、アングロ・サクソン法に関して、われわれがあきらかにしようとする事実は、ポロック＝メートランドの『イギリス法制史』(Pollock and Maitland, History of English Law) 第二巻八二頁によって明確に意識されている。『贈与 (gift) という広義のことばは売買、交換、質、賃貸借を包含している』同書一二頁参照。『法的効力を有する無償贈与は存在しない』同書二一二—一四頁参照。更にまたゲルマン民族の嫁資に関するノイベッケー (Neubecker) の全論文参照。『嫁資論』(Die Mitgift) 一九〇九年六五頁以下。

（二）⑬参照。モース『トラキア人における契約の古代形式』(Mauss, Une forme archaïque de contrat chez les Thraces, Revue des Études grecques, 1921)、ルノアール『ポトラッチの制度』(R. Lenoir, L'Institution du Potlatch, Revue Philosophique, 1924)。

（三）ソムロは、その『未開社会における物資の流通』(M.F. Somlo, Der Güterverkehr in der Urgesellschaft (Institut Solvay, 1909)) の中で、この問題について、すぐれた議論を展開し、また、その一五六頁においては、彼もわれわれが行わんとするものと同一の方法にとりかかることを示唆する。

（四）グリアソンも、その『無言交易』(Grierson, Silent Trade, 1903) の中で、すでにかような偏見を排除するに必要な論拠を指摘している。同様に、フォン・モシコーフスキー『原始民族の経済生活に関して』(Von Moszkowski, Vom Wirtschaftsleben der primitiven Völker, 1911) 参照。しかし、彼は窃盗を原初的なものと考え、結局、取得権と窃盗とを混同している。マオリ族の諸資料に関するすぐれた説明はつぎのフォン・ブルンの『マオリ族の経済組織』(W. von Brun, Wirtschafts Organisation der Maori (Beiträgungen Lamprecht, 18) Leipzig, 1912) の中に見出され、その一章は交換にあてられている。近時のいわゆる未開民族の経済に関する包括的な研究としては、コッペルス『民族学的経済制』(Koppers, Ethnologische Wirtschaftsordnung, Anthropos, 1915—1916) 六一一—五一、九七一—一〇七九頁がある。この論文はとくに諸学説の紹介としてすぐれているが、その他の点では少々論理に走りすぎている憾がある。

(五) われわれは、最近の著書の中で、オーストラリアでは、とくに、死亡したときに、氏族 (clans) と胞族 (phratries) 間だけでなく、部族 (tribus) 間に規則的な給付が開始されることを検証した。北部地域のカカデュ族 (Kakadu) では、第二埋葬について、第三の葬礼が行われる。この第三の葬礼で、だれが呪術によって死を惹起した者であるかをすくなくとも擬制的に決定するために、ある種の審問が行われる。しかし、多数のオーストラリア部族の慣行と異って、別段復讐は行われない。人々は彼らの槍を集め、それと交換に請求すべきものを決めるだけで満足する。翌日、この槍は他の部族、たとえば、槍の運び込まれた目的をよく知っているユモリユ族 (Umoriu) の野営地に持ちこまれる。そこで、槍は持主ごとに束ねておかれ、ついで、あらかじめ定められている割合で、所望された物がこの槍の束の前におかれる。その後、カカデュ族がこれら全部を持ち帰る(ボールドウィン・スペンサー『北部地域の諸部族』(Baldwin Spencer, Tribes of the Northern Territory, 1914) 二四七頁)。更に、スペンサーはこれらの物は再び槍と交換されることもあると述べているが、かような事実はわれわれには十分理解できない。反対に、彼はかかる葬礼と贈物の交換との相関関係を理解することは困難であると見て、『原住民はそれを意識していない』と付け加えている。しかしながら、かかる慣習は十分理解される。それは、復讐に代って用いられ、また、部族間の交易を創設するに役立ついわば規則的な法的示談（composition juridique）である。これらの物の交換は同時に服喪中における平和の保証と連帯感情の交換であって、オーストラリアでは、これは普通婚姻によって結合ないしは縁組した諸氏族、諸家族間に行われる。[18] 唯一の相違はこの慣習が部族間で行われていることだけである。

（六）ピンダロス（Pindare）のごとき後期の詩人ですら、『年若き聟のために婚約の酒を献酬する』（『オリュンピア』（Olympique）第七の四）と云っている。これらの全詩節から、われわれがこれから述べようとする法的状態がなお看取される。贈与、富、婚姻、名誉、恩恵、縁組、共餐、献酬の問題および婚姻によってかき立てられる嫉妬の問題等のすべてが、表現豊かな、しかも、説明に価することばで示されている。

（七）とりわけ、オマハ族（Omaha）のまり遊びの注目すべき規則を見よ。アリス・フレッチャー＝ラ・フレッシュ『オマハ部族』（Alice Fletcher et La Flesche, Omaha Tribe, A.R.B.A.E., XXVII, pp.197, 366）。

（八）クラウゼは『トリンギト・インディアン』（Krause, Tlinkit Indianer）二三四頁以下で、祭礼、儀式ならびに契約のこの性質をよく把握しているが、ポトラッチの名称を与えていない。バーシン（第一一回国勢調査（Boursin, Eleventh Census）五四―六六頁）ならびにポーター（Porter, ibid., 三三頁）は、ポトラッチと称して、その相互的、栄誉的性質をよく観察している。しかし、それをもっとも明確に叙述したのはスワントン（Swanton）である。『トリンギト・インディアンの社会状態等』（Social Conditions, etc., of the Tlingit Indians, A.R.B.A.E., XXVI）三四五頁等。⑨第一一巻二〇七頁のわれわれの研究とダヴィの⑬七二頁参照。

（九）ポトラッチという語の意義は、バルボー『ケベック地理学協会会報』（Barbeau, Bulletin de la Société de Géographie de Québec）一九一一年およびダヴィ⑬一六二頁参照。しかしながら、われわれには提示されたものが原義だとはおもわれない。実際、ボァス（Boas）は、ポトラッチという語について――もっとも、それはチヌーク語ではなく、クヮーキウーツル語についてであるが――、それは『給養者』（feeder）、また、字義的には、『飽食する場所』（place of being satiated）の意味を指摘している（㉖四三頁、㉕二五五、五一七頁参照）。しかし給付の基本形式がここではすくなくとも理論的には食物である以上、贈与と食物というポトラッチの二つの意義は排他的ではない。

（一〇）ポトラッチの法的側面はアダム（Adam）の『比較法雑誌』（Zeitschrift für vergleichende Rechtswissenschaft, 1911）掲載の論文および『ゼーラー記念論文集』（Festschrift à Seler, 1920）、更にダヴィ⑬において研究されている。その経済的、宗教的側面も同様に重要であり、ひとしく徹底的に究明されなければならない。包摂される人および交換または破壊される物の性質は、実際、契約に付与される価値と同様に、契約の性質自体と無関係ではない。

（一一）ハイダ族はそれを『富を殺す』と称する。

（一二）ハント（Hunt）の資料（⑫一三四〇頁）参照。そこには、氏族が酋長にポトラッチのための寄進を持って行く態様と興味ある会話に関する面白い描写が見られる。とりわけ、酋長は、『それはわたくしの名義になっているのではなく、君たちの名義になっているから、君たちがポトラッチのために財産を提供したということが評判になれば、君たちは部族の中で有名になるわけだ』と云っている（一三四二頁一の三一以下）。

（一三）実際、ポトラッチの実施地域は北西部アメリカ諸部族の範囲を超えている。とくに、近隣のインディアン諸部族から採用したものとは別のものとして、アラスカのエスキモーの『物乞い祭り』（Asking Festival）を考察しなければならない。

（一四）⑨一一巻一〇一頁、一三巻三七二―四頁および『人類学誌』（Anthropologie）一九二〇年掲載のわれわれの研究参照。ルノアールは南アメリカにおけるポトラッチの二つのかなり鮮明な事実を指摘した（『メラネシアにおける海上探険旅行』（Expéditions maritimes en Mélanésie, Anthropologie, sept. 1924)）。

（一五）トゥルンヴァルドはその『ソロモン島探険』（Thurnwald, Forschungen auf den Salomo Inseln, 1912）第三巻八頁で、この語を使用している。

（一六）『ギリシャ研究誌』（Revue des Études Grecques）三四巻一九二一年。

第一章　義務的贈答制[19]と返礼の義務（ポリネシア）

I　全体的給付　父方の財産と母方の財産（サモア島）

ポリネシアにはポトラッチが存在する

契約上の贈与組織の発展についての研究においては、ポリネシアではいわゆるポトラッチは存在しなかったように久しく考えられてきた。ポリネシアの社会で、それにもっとも類似している制度としては、『全体的給付組織』、すなわち、その婦女、男子、子女、儀式等をその共同の基盤とする氏族間の恒久的契約組織より以外には存在しないようにおもわれた。そのとき、われわれが研究した諸種の事実の中で、とくに、サモア島において、婚姻に際して酋長間に紋章付のござ（**nattes blasonnées**）を交換する注目すべき慣行も、われわれにはこれらの標準以上にあるとはおもえなかった[1]。競争、破壊および闘争の諸要素がメラネシアにおいて存在しているのを見出すのであるが、ポリネシアには欠けているようにおもわれた。要するに、当時においては、諸事実があまりにも少なすぎたのであるが、いまでは、われわれはそれほどの危険は存在しなくなってきていると考える。

サモア島の贈与組織の要素と範囲　まず第一に、サモア島におけるこの契約上の贈与組織は婚姻以外にも拡張されている。それは子供の出生祝(二)、割礼（circoncision）(20)(三)、疾病(四)、成女式(五)、葬礼(六)および通商(七)などの事件に随伴して出現する。

第二に、いわゆるポトラッチの二個の本質的要素、すなわち、富によって授かる名誉、威信、マナ（mana）の要素と(八)、返礼しなければ、これらの『マナ』、威信、護符、富の源泉——これは権威そのものにほかならないが——を失うべきものとしての贈り物の返礼をなすべき絶対的義務の要素とが明確に検証される(九)。

トンガのもつ機能　一方では、ターナー（Turner）はつぎのように云うのである。『出生祝にあたり、オロア（oloa）とトンガ（tonga）——父方の財産と母方の財産——を授受した後においても、夫婦は以前より以上に裕福になってはいなかった。しかし、彼らは大きな名誉と考えているもの、つまり、彼らの息子の出生に際して集められた財貨の山を見て満足したのであった(一〇)』と。他方において、これらの贈与は義務的、恒常的性質をもっているが、贈与を強制する権利状態以外には他の反対給付をともなわない。かようにして、男子は彼の姉妹と彼女の夫である義兄弟——子供から見れば母方のおじに当るが——に彼の子供を養育のために与えるが(21)、その子はその母方のおじによって、トンガ、すなわち、母方の財産と呼ばれる(一一)。ところで、その子供は『いわば相伝財産(一二)、すなわち、トンガが子の家族からこれらの家族へ引続いて流れ込むための媒介である。他面、その子供は子の両親にとっては、子が生存しているかぎり、子を収養した親から、外来財産（オロア）を取得するための手段である』。『……この自然の紐帯は相伝財産と外来財産との交易の組織的便宜を供するために捧げられる』。要するに、子供（母方の財産）は母方の家族の財産と父方の家族の財産とを交換するための手段である。また、子供は、彼の母方のおじと同居するから、あきらかに、そこで生活する権利を有し、したがって、彼のおじの財産に対して一般的な権利を有する。その結果、この『里子制度』(système de fosterage) はメラネシア地域において、おじの財産に対して、その姉妹の息子に一般に認められている権利に酷似するものとしてあらわれてくるということを確認すればたりる。[一三] そこに、ポトラッチが存在するというためには、ただ競争、闘争、破壊の要素のみを付加すれば十分である。

オロアとトンガの意義

ところで、こんどは、オロアとトンガの二つの用語に注目しよう。いやむしろ、とくに、後者の方を考察することにしよう。トンガは、恒久的な妻の嫁資外の財産（parapharnalia)[22]、とりわけ、婚礼のござ (nattes de mariage) ――これはその婚姻から生まれた女子が承継する――[一四]、装飾品、護符――これは、妻が新たに創設された家族に持ってゆき、その返礼の義務を生ぜしめるものである――を指称する。[一五] 要するに、これらのものは、用途からいえば、いわば不動産に類似するものである。オロア[一六]は、結局、多くの場合に、品物、道具類を指称し、とくに、夫のものである。そしてそれは本質的には動産である。この用語はまた、現在では白人から取得された財産にも適用される。[一七] これはあきらかに最近にいたっての意義の拡張である。したがって、われわれは、ターナーがオロアを外来財産、トンガを相伝財産として示唆した解釈を無視しても差支えない。かような解釈は不正確であり、また、不充分であるが、それとて、まったく意味がないというものではない。というのは、それは、トンガと称される一定の財産はオロ

アと称される他の一定の財産よりも土地、氏族、家族、人に密接に結びつけられているということを示唆するからである。（一八）

しかし、われわれがその観察の領域を拡張するならば、トンガという概念は、別個の広い意味を有することをいちはやく悟るのである。それは、マオリ語、タヒチ語、トンガ語ならびにマンガレバ語においては、いわゆる財産とみなされるすべてのもの、富、権力、威信を与えるすべてのもの、交換の対象となりうる一切のもの、賠償の対象として使用されるものを指すのである。（一九）それは主として財宝、護符、紋章、ござ、聖なる偶像であるし、ときには、伝統、祭祀、呪術の儀式すらであった。ここに、われわれは、マレー、ポリネシア全域、更に、全太平洋においてすら広く普及していると確信する護符財（propriété-talisman）の概念に逢著する。（二〇）

（一）ダヴィ（⑬一四〇頁）は、婚姻および婚姻と契約との関係について、これらの交換を研究した。

（二）ターナー③一八四頁、『サモア島』（Samoa）八二頁以下、ステーア『古代サモア島』（Stair, Old Samoa）一七五頁。

（三）クレーマー『サモア島』（Krämer, Samoa Inseln）第二巻五二―六三頁。

（四）ステーア『古代サモア島』一八〇頁、ターナー③二二五頁、『サモア島』一四二頁。

（五）ターナー③一八四頁、『サモア島』九一頁。

（六）クレーマー『サモア島』第二巻一〇五頁、ターナー『サモア島』一四六頁。
（七）クレーマー、前掲書九六、三六三頁。交易の遠征旅行たる『マラガ』（malaga）（ニューギニアのワラガ walaga 参照）は、ポトラッチと酷似しており、また、近隣のメラネシア群島における遠征旅行の特徴でもある。クレーマーは、後程言及する『トンガ』と『オロア』との交換に対して、返礼（Gegengeschenk）という用語を使用する。更に、リヴァーズ（Rivers）やエリオット・スミス（Elliot Smith）等のイギリス民族学者の誇大な言説やボァスに従って、アメリカのポトラッチの全組織を一連の借用物とみなすアメリカ民族学者の誇大の言説を踏襲する必要はないとしても、われわれは制度の伝播が重要な役割を果したということを認めなければならない。そのことは、とくに、遠く距った島と島との間で、あるいは港と港との間で、極めて遼遠なる時代から頻繁な交易がなされていた地域では、重要である。そこでは、単に物品のみでなく、物品を交換する方式も運ばれたにちがいない。マリノウスキーは、後程引用する著書の中で、これらの事実を正確に把握している。これらの制度の若干についての研究はルノアール前掲書参照。
（八）マオリ族の氏族間の張り合いは、とくに、祭礼に関して言及されていることが多い。スミス（S. P. Smith）⑳一五巻八七、五九頁註四。
（九）われわれが、この場合に、いわゆるポトラッチが存在すると云わないのは、反対給付の高利的性質が欠けているからである。しかしながら、われわれが後程、マオリ族の法において見出すように、返礼をしないという事実は、『マナ』、すなわち、中国人の称する『面子』（face）の喪失を生ぜしめる。サモア島においても、贈与には返礼を必要とし、それをしなければ同一の結果が生ずる。
（一〇）ターナー③一七八頁、『サモア島』五二頁。破壊と名誉が北西部アメリカのポトラッチにとって基本的問題である。
（一一）ターナー（③一七八頁、『サモア島』八二頁）は、その若者を養子と称しているが、これは間違っている。この慣行は正確に云えば、『里子制度』、すなわち、その生家以外でなされる養育の慣行である。しかし、実際には、この『里子制度』は母方の家族（父の姉妹は母の兄弟の妻である―訳者註）にたいする一種の返礼である。なぜならば、その子供は彼の父の姉妹の家族、実は、母の兄弟の配偶者のところで養育されるからである。ポリネシアでは、母方および父方の親族は級別式親族呼称（Classificatoire）[23]であるということを銘記しなければならない。ベスト『マオリ族の親族呼称』（E. Best, Maori Nomenclature）に関するわれわれの批評（⑨七巻四二〇頁）およびデュルケーム（Durkheim）の研究（⑨五巻三七頁）参照。

（一二）ターナー③一七九頁、『サモア島』八三頁。

（一三）フランス人類学会の報告書（Anthropologie, 1921）の中のわれわれのフィジィ島のヴァス（vasu）に関する研究参照。

（一四）クレーマー前掲書第一巻四八二頁、第二巻九〇頁。

（一五）同書第二巻二九六頁、トガ（toga）は嫁資の意（九〇頁）、オロアとトガの交換（九四頁）。

（一六）同書第一巻四七七頁。ヴィオレットの『サモア仏語辞典』（Violette, Dictionnaire Samoan-Français）の中には、トンガを『立派なござからなる原住民の貴重品』、また、オロアを『家屋、艀、織物、銃器のごとき貴重品』といみじくも定義されている。また、彼は外来財産を含む貴重品たるオア（oa）を参照せよと云っている。

（一七）ターナー③一七九頁、一八六頁参照。『マオリ語比較辞典』はタオンガ（taonga）と称せられる財産とオロアと称せられる財産とを混同しているが、これはあきらかに手落ちである。

エラ師は、その『ポリネシア原住民の衣裳』（Le Rev. Ella, Polynesian native clothing）⑳九巻一六五頁で、イエ・トンガ（ie tonga＝ござ）に関してつぎのように言う。『それらは原住民の主要なる財産であった。実際、かつては、それらは財産の交換、婚姻および特別な儀礼の場合にあたって流通手段として用いられていた。それらは家族内で『相伝動産』（heirlooms）として保持されることも多かったし、また、多数の古い『イエ』（ie）は一定の有名な家族に所属するものとして知られ、高く評価される』。ターナー『サモア島』一二〇頁参照。これらのすべての語句に相当するものが、メラネシア、北アメリカおよびわれわれの民間伝承にあることを知っている。

（一八）クレーマー『サモア島』第二巻九〇、九三頁。

（一九）『マオリ語比較辞典』タオンガの項参照。タヒチ語のタタオア(tataoa)は財物を与えること、フアアタオア（faa-taoa）は贈物を交換することである（マルケサス語）。レッスン『ポリネシア人』（Lesson, Polynésiens）第二巻二三二頁のタエタエ（taetae）。チアウ・タエ・タエ（tiau tae-tae）は与えられた贈物、『贈物、外来財産を獲得するために提供されるその地方の産物』。ラデゲ『最後の未開人』（Radiguet, Derniers Sauvages）一五七頁、この用語の語根はタフ（tahu）である。

（二〇）モース『貨幣概念の起源』（Mauss, Origines de la notion de Monnaie, Anthropologie, 1914）参照。この書の中に引用された事実はニグルトやアメリカ・インディアンの資料をのぞいて、ほとんどすべてこの地域に属する。

II　贈られた物の霊（マオリ族）

マナの媒介物としてのタオンガ

ところで、われわれはこれまでの考察から、きわめて重要な検証に導かれる。タオンガ（taonga）は、すくなくとも、マオリ族の法や宗教上の観念においては、人、氏族ならびに土地と密接に結合されている。それは、そのマナ、すなわち、呪術的、宗教的、霊的力の媒介物である。幸にも、グレー氏（G. Grey）[一]とデーヴィス氏（C. O. Davis）[二]が収集した俚諺によれば、タオンガはそれを受けた個人を殺すように祈りこまれる。したがって、法、とりわけ、返礼をする義務が遵守されないときには、タオンガはその者を殺害する力を包蔵しているということである。

ヘルツの記した返礼の義務の慣行

いまは亡きわれわれの友人のヘルツ（Hertz）[24]はかかる事実の重要性を予見していた。彼は公正にもつぎのような事実が記載されているカードに『ダヴィやモースのために』と書留めていた。カレンゾー（Colenso）はつぎのように云っている。[三]『彼らは一種の交換組織、いなむしろ、後から交換あるいは返礼されることを義務づける贈物提供の組織をもっていた』と。たとえば、彼らは、乾魚を塩づけにした鳥肉やござと交換する。[四]これらの交換のすべては部族間、あるいは『なんら契約条項らしきものさえ存在しない親しい家族間』で行われる。

しかし、ヘルツは、更に、もう一つの原文を書留めていてくれたのである。わたくしはそれを知っていたのであるが、二人ともその重要性に気付かないでいた。いま、わたくしはカードの中にそれをふたたび見つけ出したのであった。

ハウに関するタマティ・ラナイピリの報告

ハウ（hau）、つまり、物の霊、とくに、森の霊や森の獲物の霊について、エルスドン・ベスト氏のすぐれた報告者の一人であるタマティ・ラナイピリ（Tamati Ranaipiri）がまったく偶然に、しかも、なんらの先入感をもたずに、これらの問題を解決する鍵をわれわれに与えている。[五]『わたくしは、ハウについてお話しをしましょう。ハウは吹きすさぶ風のことではありません。そのようなものではけっしてないのです。たとえば、あなたがある特定の物（タオンガ）を持っていて、それをわたくしにくれたとしましょう。しかもあなたは一定の代価をも定めないで、それをわたくしにくれたのです[六]。わたくしたちは、その売買を行ったのではありません。さて、わたくしが、この品物を第三者に贈ると、暫くたって、その者はわたくしに代償（utu）[七]としてなにかを返えそうと決心し、わたくしになにかの品物（タオンガ）を贈ってよこします。ところで、彼から貰ったこのタオンガは、わたくしがあなたから貰い、更に、彼に譲り渡したタオンガの霊（hau）なのです。わたくしはあなたのところから来たタオンガのために、いま貰ったタオンガをあなたにお返ししなければなりません。わたくしとしては、これらのタオンガが望ましいもの（rawe）であっても、また、いやなもの（kino）であっても、それをしまって置くのは正しく（tika）ないのです。わたくしは、それをあなたにお返ししなければなりません。それはあなたから貰ったタオンガのハウ[八]であるからです。もしわたくしがこのタオンガをひとり占めでもしようものなら、わたくしは疾病あるいは死亡という事故にすら見舞われるでしょう。このようなものがハウであり、また、身の廻りの品のハウ、タオンガのハウ、森のハウにあたります。この問題についてはもうたくさんです（Kati ena）』。

この報告の解釈はハウの攫取力を示す

この重要な原文には註釈が付されて然るべきである。これは純粋のマオリ族の特徴であって、多少漠然とした神学的、法的原理が滲透し、また、『秘密家屋』（maison des secrets）の教理が染込んでいるが、だいたいきわめて明瞭であって、ただ一つのあいまいな箇所をのこすだけである。それは第三者の介入という点である。しかし、このマオリ族の法律家の言説を十分に理解するためには、つぎのように云えばたりる。『タオンガや厳密な意味での一切の所持品は一つのハウ、一つの霊的力をもっている。わたくしはあなたからタオンガを貰い、わたくしはそれを第三者に贈る。その第三者はわたくしに別のタオンガを返してくれる。彼はわたくしの贈り物のハウによってそうすることを刺戟されるからである。また、わたくし自身もあなたにその物を贈ることを義務づけられている。なぜならば、わたくしは、実際、あなたのタオンガのハウの所産であるものをあなたにお返しする義務があるからだ』。

贈物の義務的循環を支配する原動力

以上のように解すれば、意味が明確になるばかりでなく、それはマオリ族の慣習の主要観念の一つとして現れてくる。貰ったり、交換された贈り物に付着する義務は、貰った物は生命なきものではないということである。贈与者の手を離れた場合ですら、その物はなお彼の一部を構成するのである。彼は、その物を通じて、あたかも、それを所有しているときに、それを盗んだ者にたいして攫取力(prise)をもつのと同じように、受益者にたいして攫取力を及ぼしうる。(九)なぜならば、タオンガはその森、土地ならびに産地のハウで生気づけられているからである。それは、本当に、『その土地本来のもの』である。(一〇)ハウはそれを保持する者すべてを追及する。

ハウは、最初の受贈者、あるいは、ときによっては第三者を追及するばかりでなく、更に、タオンガを単に引渡されたにすぎない一切の者を追及するのである。(一一)要するに、ハウはその古巣、森や氏族の聖所やその所有者のもとへ帰りたがる。タオンガ、あるいは、そのハウ——それ自体一種の個体であるが(一二)——は、一連の保有者が彼らの固有財産、タオンガ、所有物、労働、あるいは、饗宴、歓待、贈与の取りかわしによって、同等あるいはそれ以上のもののお返しをしないかぎり、彼らにつきまとうのであるが、ひとたび返礼がなされると、その贈与者は、こんどは最後の受贈者となった最初の贈与者にたいして、権威と勢力を行使するようになる。このようなものが、サモア島やニュージーランドにおいて、富や貢納物や贈物の義務的循環を支配する主要観念である。

物の移転から生ずる法的紐帯と全体的給付の性質

かような事実は、ポリネシアやポリネシア以外の二つの重要な社会現象をあきらかにするものである。まず第一に、われわれは物の移転によって創設される法的紐帯の性質を知ることができる。われわれは後ほどこの点に復帰して、これらの事実がどれほど義務の一般的理論に寄与しうるかを示すであろう。しかし、さしあたっては、マオリの慣習においては、物を通じて創設される法的紐帯は、物そのものが霊をもち、霊に従属している以上、霊と霊との間の紐帯であるということが明瞭である。そこから、ある者になにかを与えることは、自分自身の一部を与えることであるという結果が出てくる。第二に、われわれは義務的贈答制ならびに『ポトラッチ』を含む全体的給付と称される一切のものの性質そのものを更によく理解することができる。この観念体系をとおして、事実、他の者の本性と内容の一部であるものをその者に返えさなければならないということが明確に、しかも、論理的に把握される。なぜならば、だれかから、なにかを貰うということは、その者の霊的実在の一部、その者の霊の一部を貰うことであるからである。かような物を保持しつづけることは危険であって、生命にかかわることである。というのは、そうすることは単に違法であるばかりでなく、精神的にも、物理的にも、霊的にも、その物はその人から出てきたものであるからである。かかる霊的実在、食物（一三）、動産または不動産のごとき財産、婦女あるいは子孫、儀式あるいは共餐など、たとえそれがいかなるものであれ、それは受贈者にたいして呪術的、宗教的攫取力を及ぼしうるのである。最後に、贈られたこれらの物は生命を有しないものではない。その物は生命を付与され、個性すら与えられていることが多く、ヘルツがその『古巣』（foyer d'origine）と称したものに帰りたがるか、あるいは、その物を産んだ氏族や土地にたいして、自分の代りをなす他の等価物をもたらそうと努める。

（一）俚諺一〇三頁。
（二）『マオリ族備忘録』（Maori Mementoes）二一頁。
（三）『ニュージーランド協会会報』（Transactions of New-Zealand Institute）一巻三五四頁。
（四）ニュージーランドの諸部族は、理論上は、マオリ族自体の因襲に従って、漁撈民、農耕民および狩猟民に分かれ、しかも彼らは絶えず産物を交換すると見なされている。エルスドン・ベスト『森林伝承』（Elsdon Best, Forest-Lore）、ニュージーランド協会会報四二巻四三五頁。
（五）同書四三一頁、マオリ語原文訳四三九頁。
（六）ハウということばはラテン語の spiritus と同様、風と霊魂の双方を指すが、更に正確に云えば、すくなくとも、ある場合には、無生物や植物の霊や力を指す。マナということばは人と霊魂にあてられ、メラネシア語におけるほど物を指すには用いられない。

(七)ウツ(utu)ということばは血の復讐、賠償、返済、責任の履行等を意味するし、また、報酬をも指す。それは道徳、法、宗教および経済的な複合概念である。

(八)ヘ・ハウ(he hau)。ベスト氏はこの二つのことばの訳をことごとく省略する。

(九)この点を立証する数多の事実はヘルツの著書『罪と贖罪』(Le Péché et l'Expiation)の中に収集されている。それらの事実は、窃盗にたいする制裁はマナ、すなわち、所有者が盗まれた物に対して保持する権限の単なる呪術的、宗教的効果であるということと、この盗まれた物はタブーに包まれ、また、所有権の徴表が表示されているから、霊的力であるハウをも有することとを実証する。このハウが窃まれた者の報復を行い、盗んだ者を支配し、呪術にかけ、また、彼を死に導いたり、あるいは彼に返還を迫るのである。以上の事実が、われわれが出版するはずであるヘルツの著書の中のハウに言及されている節に見られる。

(一〇)ヘルツの著書の中には、われわれがここで言及したマウリ(mauri)に関する資料が見出される。このマウリは氏族の霊(hapu)、そのマナやその土地のハウが、ともに宿っている護符、守護物、聖殿である。この点についてのエルスドン・ベストの資料、とりわけ、ハウ・ウヒチア(hau whitia)やカイ・ハウ(kai hau)の注目すべき用語に関する資料は、更に精緻な説明と論議を必要とする。『霊の概念』(Spiritual Concepts)⑳一〇巻一〇頁(マオリ語原文)、九巻一九八頁参照。われわれはそれらをほどよく論ずることはできないが、われわれの解釈を示せば、つぎのようになる。ベストはハウ・ウヒチアとはそらされたハウと云っているが、この解釈は正しいと考える。なぜなら、窃盗、返済拒絶、反対給付拒否の罪は、交換の拒絶や贈物の提供の拒否の場合(このとき、窃盗と混同される)と同様に、霊(hau)をわきへそらすことである。反対に、カイ・ハウをハウ・ウヒチアと単純な同義語と見なすならば、解釈を謬っている。それは霊を食べる行為を指し、まさしくウハンガ・ハウ(whanga hau)と同義語である(㉙の kai と whangai の項参照)。しかしながら、この類似は単純なものではない。なぜならば、カイは食物と関係を有し、このことばは食物の共同方式や食物を借り放なしにする罪の体系を示唆するからである。更に、ハウということば自体もかかる観念の領域に属する。ウイリアムズの『マオリ語辞典』（Williams, Maori Dictionary）二三頁は『ハウは受取った贈り物にたいするお礼の形式でなされる贈り物』と云っている。

（一一）かくして、われわれはカイ・ハウ・カイ（kai-hau-kai）、すなわち、『ある部族から他の部族になされる食物の贈物（南島では歓待）のお返し』（㉙一一六頁）の表現に注目したい。それは、これらの返礼の贈物や歓待は、実際には、その出発点に復帰するところの最初の給付の霊、すなわち、『他の食物のハウであるところの食物』ということを意味する。この制度および観念の中には、われわれヨーロッパの術語が格別区別するに意を用いないあらゆる種類の原則が混同されている。

（一二）事実、タオンガは、タオンガとその所有者との関係から生ずるハウ以外にも、個性を帯有しているようである。それらは名称をもっている。もっとも優れた典拠に従えば（カレンゾーの原稿からの抜萃、㉙三六〇頁、pounamu の項参照）、それらは限定的につぎのものを包含するだけである。ポウナム（pounamu）、すなわち、酋長や部族の神聖な財産たる高価な硬玉、極めて珍しく見事な彫刻のほどこされた特殊なチキ（tiki）、更に、各種のござであるが、その一つには、サモアにおけると同様に紋章が描かれ、コロワイ（korowai）の名がつけられている（サモア語のオロアを想起せしめる唯一のマオリ語である。もっとも、われわれはオロアの同義語をマオリ語の中に求めたが徒労であった）。マオリの資料はカラキア（karakia）、すなわち、個々に名称を有し、また、個別的に承継される護符として考えられている呪文にタオンガの名を与えている（⑳九巻一二六頁）。

（一三）ベスト『森林伝承』四四九頁。

III 提供の義務と受容の義務

三つの義務は全体的給付制度の基本的要素である

全体的給付組織とポトラッチ制度を完全に理解するためには、前者を補足する二つの他の要素を説明することがまだ残されている。なぜなら、全体的給付は受けた贈り物にたいするお返しの義務を含むのみならず、他の二つの重要な義務、すなわち、一方では、贈物を与える義務と、他方では、それを受ける義務を前提とするからである。この三つの義務、つまり、同一の脈絡関係にたつこの三個の題目の完全な理論がポリネシアの諸種の氏族間で行われるかの契約形態の満足すべき基本的な説明を提供するであろう。暫くの間は、われわれはこの問題の取扱い方を示唆するにとどめる。

受容の義務

受ける義務に関する事実を数多く見出すのはきわめて容易である。けだし、氏族、世帯、集会、客というものは歓待を求めなかったり、[一] 贈り物を受けなかったり、取引を行わなかったり、[二] あるいは、婚姻や血族関係を締結しないわけにはゆかないからである。ダヤク族（Dayak）[25] は食事に居合せるか、あるいは、その用意を目撃した場合には必ずその食事に加わらなければならないという義務に立脚した法と道徳の全体系を発展させさえしたのである。[三]

提供の義務　与える義務もそれに劣らず重要である。これを理解するならば、人がどうして相互に物を交換するようになったかを知ることができるであろう。われわれは若干の事実を指摘するにとどめる。与えることを拒絶したり(四)、あるいは招待することを等閑に付するのは、受けることを拒絶すると同様に(五)、戦いを宣するに等しい。それは親交と協同を拒否することでもある(六)。更に、人が物を与えるのは、そうすることを強制されるからであり、また、受贈者が贈与者に属するすべての物にたいしてある種の所有権を有するからである(七)。この所有権は霊的な紐帯として表示され、理解される。かくして、オーストラリアにおいては、婿の狩猟の獲物は義父や義母のお蔭によるものであるから、婿は彼らの呼吸がその食物を腐敗さすことを恐れて、彼らの前ではなにも食べることができない(八)。われわれは、以前に、かような慣行をサモア島でタオンガである姉妹の息子がもっていることをのべたが、それは、フィジィ島においては、姉妹の息子（vasu）のもつ慣行に比せらるべきものである(九)。

提供・受容と消費・返礼の権利義務は霊的な紐帯で統合される

これらすべてには、提供と受容の権利・義務に対応して、一連の消費と返礼の権利・義務が存する。しかし、この対称的、相互的な権利と義務の緊密な混淆は、矛盾しているようであるが、そこには、なによりもまず、物――これらの物はある点においては人の一部である――と個人と集団――これらの個人や集団はある程度物として扱われる――間の霊的な紐帯の混淆が存在すると考えるならば、矛盾は解消してくる。

また、これらの制度は、すべてただ一つの事実、一つの社会制度、一定の心理状態を表わすだけである。

すなわち、食物、婦女、子供、財産、護符、土地、労働、奉仕、宗教的儀式、位階のすべてのものは譲渡され、返還される物体であるということである。人と物とを包摂する霊的な物体の恒常的な交換が位階と性と世代に分けられた氏族と個人との間に存在するかのように、すべてのものが行ったり、来たりする。

(一) ここに、マオリ族が『タフ (Tahu) の侮蔑』という意味深長な用語で分類している諸々の観念の研究が位置づけられる。この主要な資料はベストの『マオリ族の神話』(Maori mythology) ⑳九巻一一三頁に見出される。タフは通常は食物にたいする『表徴的な』(emblématique) 名称であり、その擬人化したものである。『タフを侮蔑するな』(Kaua e tokahi ia Tahu) という表現は提供された食物を拒否した人に対して用いられる。しかし、マオリ族におけるこの食物に関する信仰を研究することは、問題からあまりにも離れすぎる。われわれは、この神、すなわち、食物の化身はロンゴ (Rongo)、つまり、樹木と平和の神と同じであると云うだけで十分である。歓待、食物、共餐、平和、交換、法等の諸観念の連合がより明確に理解されるであろう。

(二) ベスト『霊の観念』(Best, Spiritual Concepts) ⑳九巻一九八頁。

(三) ハルデランド『ダヤク語辞典』(Hardeland, Dayak Wörterbuch) の indjok, irek, pahuni の語参照、第一巻一九〇、三九七頁。これらの諸制度の比較研究は、マレイ、インドネシアおよびポリネシアの全文化圏に拡大されうる。逢著する唯一の困難はこの制度を確認する点にある。たとえば、スペンサー・セント・ジョン (Spencer St. John) は、『強制取引』の名の下に、ボルネオ島のブルネイ地方で、貴族がビサヤス族から年貢を徴収するにあたって、まず最初に、彼らに織物の贈り物を与え、ついで、長期にわたり高利で支払わせる旨を記している (『極東における森林生活』(Life in the Forests of the Far East) 第二巻四二頁)。この誤りは文明の域に達したマレイ人自身が、未開の同胞の慣習を利用し、しかも、彼らを十分理解しなかったということから生じている。われわれはこの点に関するインドネシアの資料のすべてを列挙することはしない。

（四）戦闘舞踊に招待することをなおざりにするのは、南島では、プハ（puha）と称せられる罪であり、落度である。ド・クロアジル『南島の短い伝説』（H. T. de Croisilles, Short Traditions of the South Island）⑳一〇巻七六頁（tahua は食物の贈与なることを注意せよ）。マオリ族の歓待の儀式はつぎのようなものである。それは、客が拒否してはならないし、また、強請してはならない義務的な招待である。招待された者は前方を直視してレセプションを催す家屋（これはカストによって異る）に赴く義務があるし、招待主は早速彼のために食事を用意し、慎ましく列席しなければならない。帰途には、客はせん別を受ける（トリーガー『マオリ族』（Tregear, The Maori Race）二九頁）。更に、ヒンズー人の同様な儀式を参照。

（五）実際、この二つの規則は、その規定する対照的、斉一的給付と同様に、密接に結合されている。タイラー（Taylor, Te ika a maui, p. 132, Proverbe no. 60）は、それを示すことわざをつぎのように訳している。『半煮えのとき、見られたものは、煮えたとき、持って帰られる』（食物が煮えてしまって、客と一緒に摂らなければならないようになるより（客が来るまで待つより）、半煮えのまま食べる方がましだ）。

（六）伝説によれば、酋長のヘケマル（Hekmearu—マルの誤りか）は、その訪れた部落民により発見され、接待されるときをのぞいては、『食物』を受けることを拒否した。彼の行列が気付かれずに通過した後に、使者が来て、戻って食事をすることを懇請したとしても、彼は『食物は背には従わない』と答える。これは、『彼の神聖なうなじ』に捧げられた食物（すなわち、村の界隈を通過してしまえば）は、その提供者にとって危険であるという意味である。ここから、『食物はヘケマルの背には従わない』というような格言が生ずる（トリーガー『マオリ族』七九頁）。

（七）ベストは（⑳八巻一一三頁）、チュホエ部族における神話と法のこれらの原則をつぎのように説明する。『名望高き酋長がある地域を訪問しなければならなくなったときには、彼のマナが彼に先んずる。その地方の住民は、良い食物を求めて、狩猟、漁撈に従事するが、なにも獲得しない。それは、先に出発したわれわれのマナが、魚、動物全部を人目に触れないようにしたからである。われわれのマナが彼らを駆逐してしまったのだ』（このあとに、氷と雪、すなわち、人々を食物に近づけないウハイ・リリ（Whai riri）―水にたいする罪―の説明が続く）。このいささか明瞭を欠く注釈は、他の氏族長を接待する準備を怠った猟師のハプ（hapu）の結果としての土地の状態を叙述している。彼らはカイパパ（kaipapa）、すなわち、『食物にたいする罪』を犯し、その結果、収穫物、獲物、漁獲物などの全食糧資源を喪失する。

（八）たとえば、アルンタ族、ユンマトゼラ族、カイティシュ族、スペンサー＝ギレン『中央オーストラリアの北部部族』（Spencer et Gillen, Northern Tribes of Central Australia）六一〇頁。

（九）ヴァス（vasu）に関しては次著参照。ウイリアムス『フィジィ島とフィジィ島民』（Williams, Fiji and the Fijians, 1858）第一巻三四頁以下、スタインメッツ前掲書第二巻二四一頁以下参照。この姉妹の息子の権利はただ家族共産制に類似するだけである。しかし、他の権利、たとえば、姻族の権利や通常『許された盗み』[26]と呼ばれているものを想像することは許される。

IV　人にたいする贈与と神にたいする贈与

本節にたいする反省

第四の題目は、この贈与の経済と道徳においてその役割を演ずる。それは、神あるいは自然のために、人になされる贈与の問題である。われわれは、その重要性を浮彫りにさせるために必要な一般的な研究にいまだ著手していない。のみならず、われわれが自由に扱いうる事実がすべてわれわれが限定した領域に属するものでもない。最後に、われわれがいまだよくのみ込んでいない神話的要素がきわめて顕著なので、理論を展開するに障害を来たしている。したがって、われわれは単に若干の手引をなすにとどめるつもりである。

諸種の社会のポトラッチの自然にたいする効果

シベリア北東部のすべての社会(一)、また、西部アラスカのエスキモー(二)、更に、ベーリング海峡のアジア沿岸のエスキモーでは、ポトラッチ(三)は気前よさを競い合う人々にたいしてだけでなく、そこに、運びこまれ、消費される物やそれに参加、関与し、人々にその名を与えている死者の霊魂にたいしても、更に、自然にたいしてもある効果を生ぜしめる。同一の精霊にちなんで、同一名称が付けられた者同士間の贈物の交換においては、死者の霊、神、動物および自然の事物の霊が、『彼らにたいして気前よくなる』ように煽動する(四)。贈物の交換は多くの富をもたらすと説かれている。ネルソン氏(Nelson)(五)とポーター氏(Porter)(六)は、このような祭礼やエスキモーが捕獲した獲物、鯨、魚、あるいは死者にたいする祭礼の効果を見事に敍述した。それらは、イギリスの狩猟者の用語の『物乞い祭り』(Asking Festival)(七)とか、あるいは『誘いこみ祭り』(Inviting-in Festival)という表情的な名称で呼ばれている。この祭礼は通常冬季の居住地の範囲を超えるものである。この自然にたいする機能はエスキモーについての最近のある研究の中に詳細に記述されている(八)。

なお、アジアのエスキモーはあらゆる種類の食糧で飾られ、しかも、せいうちの頭を載せた滑り棒のようなもので支えられた輪の仕掛けを創案した。この棒の上端は、棒を中軸とする儀式用のテントの上に突き出ている。この棒はテントの内部で、他の輪でもって操作され、しかも、太陽の運行の方向に回転させられる。これらすべての思考形式をこれ以上巧みに表現することは困難であろう。(九)

また、以上のような思考形式はシベリアの東北端のチュクチ族（Chukchee）(一〇)(27)やコーリャク族（Koryaks）(28)においても明瞭である。両部族ともにポトラッチをもっている。しかし、この沿岸チュクチ族は、すでに述べたその近隣のアジアのエスキモー（ユイト族（Yuit））と同様に、長期にわたる『謝恩祭』（Thanksgiving Ceremonies）(一一)のさなかに、進物や贈り物の義務的、任意的交換を屡々行うのである。この祭りは、冬季の期間を通じて各家ごとに相ついでなされるお礼のしるしの儀式である。祭りの饗宴の供犠の残り物は、海に投ぜられるか、あるいは風にとばされる。それらは、古巣に帰るのであるが、翌年再び帰来すべく、その年に殺した獲物を一緒に連れて行ってしまう。ジョセルソン（Jochelson）はコーリャク族の間の同じような祭礼に言及しているが、しかし、彼は鯨祭りだけを目撃しているにすぎない。(一二)これらの部族にあっては、供犠の形式がすこぶる発達しているようにおもわれる。(一三)

ボゴラス（Bogoras）(一四)(29)は正当にもこれらの慣行をロシアの『コリアダ』（Koliada）と対照している。このコリアダなる慣習は、仮面をつけた子供が戸ごとに卵や小麦粉を乞うて歩くのであるが、それを拒絶しようとするものはだれもいない。周知のように、これは全欧的な慣行である。(一五)

人と神との交換では、人は神を代理

人と人との間の契約・交換と、人と神との間の契約・交換との関係は、供犠（Sacrifice）

する

の理論のすべての面をあきらかにする。まず第一に、それは契約上、経済上の儀式形式が、人と人との間で行われる社会に屢々見受けられる。それらの社会においては、これらの人々は仮面をかぶり、シャーマン的なことが多く、また、授かった名の精霊に憑かれた化身であって、彼らは、実際には、精霊の代りとして行動するにすぎない。(一六)というのは、かような場合、交換と契約は、その渦中に、人と物のみならず、それらと多少の関連をもつ神聖な実在をも捲き込むからである。(一七)これは、トリンギト族のポトラッチ、ハイダ族の二種のポトラッチの中の一つ、更に、エスキモーのポトラッチの場合にきわめて明瞭である。

お返しを義務づける贈与としての供犠の破壊

その発展は自然であった。人々が契約を締結しなければならず、また、人々と契約を締結するために存在すると云いうる重要な集団の一つは、死者の霊魂と神である。実際、彼らは地上の物と財産の真実の所有者である。(一八)すなわち、彼らと交換をすることがとくに必要であり、交換をしないことは非常に危険であったということである。しかし、反対に、彼らと交換をするのはきわめて容易であり、また、もっとも安全であったということである。供犠を破壊するということは、まさしく必ず返還されることになっているある物を贈るという意味をもつのである。アメリカ北西部およびアジア北東部のポトラッチのすべての形態はこの破壊の要素を含んでいる。(一九)人々がその奴隷を殺害し、その高価な油を燃やし、海に銅板を投じ、また、豪奢な家屋に火を放つのは、単に権力や富や無私無欲を誇示するためだけではない。それは、また同時に、精霊や神へ供犠を捧げるためであるが、これらの精霊や神は、実際には、それらと同一の名称を有するとともに、それらと儀式を共同にする人間に化身して現れる。

トラジア族での神から買得する観念の定著

しかし、もはやこの人の援助を必要とせず、しかも、ポトラッチ自体と同様に古いとおもわれる他の命題が、すでにあらわれている。すなわち、それは、神から購入しなければならないし、また神は物の対価を償還する方法を知っているという信仰である。この観念はセレベス島のトラジア族（Toradja）[30]において、もっとも典型的態様で表現されている。クロイト（Kruyt）[二〇][31]は、われわれにつぎのように云う。『その場合、所有者が〃自分の〃財産――実際には、〃精霊の〃財産であるが――にたいするある行為をなす権利を精霊から〃買得〃しなければならない』と。所有者は『自分の』木を伐倒すまえに、『自分の』地所を掘返すまえに、更に、『自分の』家の柱を打込むまえにすら、神にたいして対価を支払わなければならない。このように、売買の観念はトラジア族の民事上ならびに商業上の慣習ではほとんど発達しなかったけれども[二一]、精霊や神から買得するという観念は反対に完全に定著している。

トロブリアンド島の神霊にたいするヴァイグアの奉納の儀式

マリノウスキー氏（Malinowski）[32]は、われわれが後程触れるはずの交換のある形態に関して、トロブリアンド諸島にも同様な事実の存在することを指摘している。悪霊、つまり、『タウヴァウ』（tauvau）――その死体は蛇あるいは陸がにに見出されるのだが――は、ヴァイグア（vaygu'a）――これはクラの交換に使用されると同時に、貴重品、装飾品、護符、富でもある――が捧げられることによって、厄払いがなされる。これらの贈り物はタウヴァウの精霊にたいして直接の効果を及ぼすのである。[二二]他方、死者を追悼するポトラッチであるミラ・ミラ（mila-mila）の祭礼に際しては[二三]、二種類のヴァイグア、すなわち、クラのそれとマリノウスキーがはじめて『恒久的ヴァイグア』と称したそれとが[二四]酋長の壇と同じ壇上に展示され、霊魂に捧げられる。これは、それらを善霊に導くものである。これらの霊魂はこれらの貴重品の精霊を死者の国まで運び去り[二五]、そこで、霊魂は、あたかも人々がクラの儀式から帰ってきたときになすように、相互に富を競うのである[二六]。

人、神への贈与は平和購入の目的をもつ

理論家であるばかりでなく、すぐれた観察者であったヴァン・オッセンブリュゲン氏（van Ossenbruggen）は現地で生活したのであるが、彼は以上の制度の他の特徴に注目したのであった[二七]。人や神にたいする贈与はまた両者によって平和をあがなうことを目的とする。かようにして、悪霊、更に一般的に云って、不吉な運勢は、人格化されておらない場合でも、寄せつけられないのである。なぜならば、人の呪咀によって、これらの嫉妬深い精霊を他の者の中に忍び込ませることも、他の者を殺すことも、不吉な運勢を働らかすこともできるからであり、また、他の人にたいして非行を犯した場合、その者は悪霊や不吉な運勢にたいして無力となるからである。ヴァン・オッセンブリュゲン氏はとくに中国における婚姻の行列から金銭が投ぜられることも、花嫁代（le prix d'achat de la fiancée）[33]すらも以上のように解釈する。いずれにしても、これは、一連の事実が浮び上る興味ある示唆である[二八]。

供犠と契約との関連

われわれは、ここにおいて、どのようにして契約上の供犠の理論と系譜が始まったかを理解することができる。この供犠はわれわれが叙述しようとする制度と同一類型の制度を前提とし、しかも逆に、供犠はそれらの制度を十分に実現している。けだし、これらの贈ったり、お返しをする神は、ここでは、小さい物と引換えに大きな物を与える結果になるからである。したがって、契約の二個の儀式上の慣用句、すなわち、『汝が与えるがゆえに余は与える』（ラテン語、do ut des《ドー・ウト・デース》, サンスクリット語、dadami se《ダダーミセ》, dehi me《デヒメ》）[二九][34]という慣用句が、宗教上の原典を通して今日まで保存されたのは、けっして偶然な結果からではない。

（一）ボゴラス⑪参照。贈り物と饗応の提供、受容、返礼の義務はレインディーア・チュクチ族よりも沿岸チュクチ族の方が顕著である。『社会組織』（Social Organization）⑲七巻六三四、六三七頁参照。となかいの生贄と屠殺に関する規則、すなわち、招待をなす義務、客がその欲する物を請求する権利、客にたいして贈り物をなす義務（『宗教』（Religion）⑲二巻三七五頁参照）。

（二）与える義務はエスキモーの顕著な特性である。『エスキモー社会の季節上の変化』（Variations saisonniéres dans les Sociétés Eskimo）というわれわれの研究（⑨九巻一二一頁）参照。エスキモーについて最近の著書は、気前よさを説く説話を伝えている。ホーケス『ラブラドル地方のエスキモー』（Hawkes, The Labrador Eskimos, Canadian Geological Survey, Anthropological Series）一五九頁参照。

（三）われわれはアラスカのエスキモーの祭礼をエスキモー的要素といわゆるインディアンのポトラッチからの借用物との混合したものと見なした。しかし、われわれがその論文を書いた後に、ポトラッチは贈与の慣行と同様に、シベリアのチュクチ族とコーリャク族においても発見された。その結果、エスキモーはアメリカ・インディアンからと同様に、彼らからも借りてきたのかもしれない。のみならず、エスキモー語のアジア的起源に関するソヴァジェ（Sauvageot. Journal des Américanistes, 1924）[35]のすぐれた仮説をも考慮しなければならない。この仮説はエスキモーや彼らの文明の起源についての考古学者や人類学者の通説を実証するものである。最後に、西部エスキモーは東部ならびに中央部のエスキモーよりも変質しているのではなくて、むしろ、言語学的、民族学的には、始祖に接近していることをすべてのものが示しているが、これはいまではタルビツエ（Thalbitzer）[36]によって検証された。かような状態においては、一層確定的に東部エスキモーにもポトラッチが存在し、このポトラッチは遙遠なる古代に創設されたと云わなければならない。しかしながら、西部エスキモーの祭礼に特殊なトーテムと仮面のあるものはあきらかにインディアンから由来したものである。最後に、エスキモーのポトラッチがアメリカ北極地域の東部および中央部において消滅していることは、東部のエスキモー社会の漸層的な変質による以外には、十分な説明を加えることはできない。

（四）ホール『エスキモーとの共同生活』（Hall, Life with the Esquimaux）第二巻三二〇頁。この表現がアラスカのポトラッチの研究に関してだけでなく、冬季の共同祭礼と贈り物の交換だけを有するにすぎない中央部のエスキモーに関しても与えられているのはきわめて注目すべきことである。このことは、その観念が厳密な意味でのポトラッチの制度の範囲を超えていることを示すものである。

（五）ネルソン『ベーリング海峡周辺のエスキモー』（Nelson, Eskimos about Behring Straits）⑦一八巻三〇三頁以下。

（六）ポーター『アラスカ人』第一一回国勢調査報告（Porter, Alaskan, XIth Census）一三八、一四一頁。とくに、ヴランゲリの統計上の成果など一三二頁。

（七）ネルソン。ホーケス『アラスカのエスキモーの誘いこみ祭り』（Hawkes, The Inviting-in Feast of Alaskan Eskimos, Geological Survey, Mémoire 45, Anthropological Series, II）七頁の『物乞い棒』（asking stick）を参照。

（八）ホーケス同書三、七頁参照。九頁はユーナラキト族とマレシュート族との間のかような祭礼の一つを記している。このもっとも特徴的な事実の一つは、初日における一連のこっけいな給付とそれに関する贈物である。他の部族をうまく哄笑せしめた部族は、その欲するものはなんでも請求することが許される。一番上手な踊り手は高価な贈り物を受ける（一二―一四頁）。これは、神話の中に屡々出てくる題目であって、嫉妬の神は笑った場合に、その持っている物を手放すという趣旨の儀式的表現（わたくしはオーストラリアとアメリカ以外での事例を知らない）のきわめて明瞭ではあるが、非常に珍しい事例である。『誘いこみ祭り』はシャーマン（angekok）と亡霊（inua）――シャーマンがその仮面をつけ、亡霊が踊りを楽しみ、獲物を提供するということをシャーマンに告げる――との交霊で終る。あざらしへの贈物参照。ジェネス「コッパー・エスキモーの生活」（Jennes, Life of the Copper Eskimos, Report of the Canadian Arctic Expedition, 1922）一二巻一七八頁二。贈物提供の慣行の他の題目もその発展は顕著である。酋長（näskuk）は、どんなに珍しいものにせよ、いかなる贈物、食物の提供を拒絶する権利をもたない。提供を拒否すれば、彼は永遠に名誉を失墜することになる（ホーケス前掲書九頁）。

チャップマン（Chapman）はインディアンがエスキモーから借り来ったものとしてデネ族の祭礼を叙述している（『アメリカ人類学者ケベック会議』（Congrés des Américanistes de Québec, 1907）二巻）が、ホーケスはそれを正当なものとみなしている。

（九）⑪第七巻（二）四〇三頁。

（一〇）同書三九九―四〇一頁。

（一一）㉓六四頁。

（一二）同書九〇頁。

（一三）同書九八頁。

（一四）⑪四〇〇頁。

（一五）この種の慣行に関しては次著参照。フレザー『金枝篇』（Frazer, Golden Bough）第三版三巻七八―八五、九一頁以下、一〇巻一六九頁以下。

（一六）これは北西部アメリカのすべてのポトラッチの基本的性質であるが、あまり明確ではない。なぜならば、儀式がきわめてトーテミスティクであるために、その自然にたいする効果が精霊にたいする効果ほど明瞭ではないからである。それは、ベーリング海峡、とくに、セントローレンス島のチュクチ族とエスキモーとの間で行われるポトラッチにおいては顕著である。

（一七）ボゴラスが『チュクチ族の神話』一四頁に記したポトラッチに関する神話を参照。二人のシャーマンの間でつぎの対話が取交わされる。『お前はなにを返すのか』、すなわち、『なにを贈与の返しとするか』。この対話は遂に争いに発展するが、結局、彼らの間で話がまとまる。彼らは相互に呪術用のナイフ、首飾り、ついで、精霊（呪術の補助となるもの）、最後に、肉体を交換する（一五頁）。しかしながら、それでも、彼らはその腕環と『飾りふさ（tassels）』（これは移動中の指標である）を交換することを忘れたから、飛翔や着陸を首尾よくすることができないわけである（一六頁）。これらの物はすべて精霊自体と同じ霊的な価値を有し、精霊である。

（一八）ジョセルソン前掲書六巻三〇頁。クヮーキウーツル族の霊魂の踊りの歌（冬季の儀礼のシャーマニズム）は、この題目に説明を与える。

おお霊魂よ、そなたはあの世から
すべての物をとどけてくれる。
おお霊魂よ、そなたはわたしらのひもじさに喘ぐ声を
耳にした。
わたしらはきっとそなたから多くの物を頂戴できるでしょう（ボァス㉜四八三頁）。

（一九）⑬二二四頁以下参照。

（二〇）㉒一六三――八、一五八――九頁。

（二一）同書抜萃の三、五頁。

（二二）⑧五一一頁。

（二三）同書七二、一八四頁。

（二四）同書五一二頁（これは義務的交換の対象ではない）。『死者の霊、バロマ』（Baloma, Spirits of the Dead）㉒一九一七年参照。

（二五）テ・カナヴァ（Te Kanava）のマオリ族の神話（グレー『ポリネシアの神話』（Grey, Polynesian Mythology）ルートレッヂ版二一三頁）は、霊魂、妖精がどのようにしてそれらに捧げられたポウナム（Pounamu＝碧玉など、いいかえれば、タオンガ）の精霊を運び去るかを述べている。マンガイアにおける類似の神話（ワイアット・ギル『南太平洋から伝わった神話と歌謡』（Wyatt Gill, Myths and Songs from the South Pacific）二五七頁）は赤貝の首飾りに関して同一の物語を伝え、また、どのようにしてそれらが美しきマナパ（Manapa）のちょう愛を得るにいたったかを物語っている。

（二六）⑧五一三頁。マリノウスキーは、これらの事実はトリンギト族やハイダ族のポトラッチのそれとまったく同一であるにもかかわらず、それらの事実の目新しさをいささか誇張する（五一〇頁以下）。

（二七）『未開人の思惟』（Het Primitieve Denken, voorn. in Pokkengebruiken, Bijdr. tot de Taal-, Land-, en Volkenk. v. Nederl. Indië, LXXI, pp. 245―6）。

（二八）クローリの『神秘の薔薇』（Crawley, The Mystic Rose）三八六頁はすでにかような仮説を発表し、ウェスターマーク（『人間の結婚の歴史』（Westermarck, History of Human Marriage）第二版一巻三九四頁以下）[37]もこの問題を予見し、それを例証しようとしている。しかし、彼は全体的給付体系とすべてのこれらの交換（とりわけ婚姻に際しての婦女の交換を含めた）がその一部をなすにすぎないより高度に発展したポトラッチの制度とを同一視しないため、彼の論拠は明確さを欠いている。配偶者にたいしてなされる贈与によって婚姻の安定性が確保されることについては後述参照。

（二九）Vajasaneyisamhita, ユベール＝モース『供犠についての試論』（Hubert et Mauss, Essai sur le Sacrifice）⑨二巻一〇五頁参照。

V 覚え書 喜捨

ハウサ族の貧者、子供にたいする贈与の慣行

しかしながら、法および宗教の発展の後期になって、人がけっして神や死者の媒介者ではなくなったときでも、いまいちどそのようなものとして現れてくる。たとえば、スダンのハウサ族（Haoussa）(38)においては、あずきもろこし（blé de Guinée）が熟するときに、熱病が蔓延することがよくある。そして、その蔓延を防ぐ唯一の方法はそのもろこしを貧しき者に与えることである。(一) また一方、トリポリのハウサ族では、大祈とう式（Baban Salla）に際して、子供が『はいってもよろしいでしょうか……』と云いながら、各家を歩きまわる（これは地中海とヨーロッパの慣行である）。すると、『おお、耳の立った兎よ。一片の骨のために、奉仕を受けますよ』（貧しき者が金持のために働くのは仕合せであるという意味）と答えられる。これらの子供や貧しき者に対する贈与は死者の意にかなうのである。(二) おそらく、以上のハウサ族の慣習はその起源を回教徒にもつか、(三) あるいは回教徒、黒人、ヨーロッパ人、バーバル人に同時に有するものとおもわれる。

喜捨は贈与・財産に関する道徳観念と供犠の観念との産物である

いずれにしても、ここに、喜捨の理論がいかにして創設されるかが見られる。喜捨は、一方においては、贈与および財産についての道徳的観念と、[四]他方では、供犠の観念との所産である。物惜しみすることなく与えることは義務的である。なぜならば、ネメシスの女神(Némésis)[39]は貧しき者と神のために、幸福と富とを有りあまるほどもっていて、施しをしない者に仕返しをするからである。それは古代の贈与の原則が正義の原則となるということであり、また、神や霊魂は、無益な供犠においてみずからに捧げられ、捨てられた物が、貧しき者や子供に役立たされることに同意するということである。[五]これらのことはセム人の道徳観念の系譜の物語である。当初は、アラビア語のサダカ(Sadaka)[六][40]は、ヘブライ語のゼダクァ(zedaqa)と同様に、もっぱら、正義を意味していたが、後には、それは喜捨の意味に変った。エルサレムで『貧民』が勝利を得たミシュナ[41]の時代に、キリスト教と回教でもって世界中を席巻した慈善と喜捨の教義が発生したということができる。zedaqa なる用語がその意味を変えたのは、この時代である。けだし、それは聖典の中では喜捨を意味してはいないからである。

しかし、話をわれわれの主題、すなわち、贈与と返礼の義務に戻そう。

本章の資料の比較検討の必要性

われわれがこの章の中で引用した資料と注釈は単に局地的な民族誌学的興味を有するだけではない。比較対照をなすならば、更にこれらの資料を拡大し、深めることが可能であろう。

ポリネシアにもポトラッチの基本的

かようにして、ポリネシアではポトラッチの完全な制度は発見されないとしても、なお

要素が存在する　そこに、その基本的な諸要素が[七]見出され、存在しているのである[八]。いずれにしても、義務的贈答制（échange-don）がその規則である。しかし、これらの法の題目が単にマオリ族あるいは厳密に云えば、ポリネシア人だけに存在するにすぎないとするならば、それを強調することは、衒学になろう。こんどは、主題を変えて、すくなくともお返しの義務（obligation de rendre）がまったく別個の発展をもっていることを示そう。それと同時に、われわれは、また他の義務の類型の発展を示し、しかも、この解釈が他のいくつかの社会集団にも妥当するということを証明しよう。

（一）トレミアン『ハウサ族の迷信と慣習』（Tremearne, Haoussa Superstitions and Customs, 1913）五五頁。
（二）トレミアン『ボリ族の禁制』（Tremearne, The Ban of the Bori, 1915）二三九頁。
（三）ロバートソン・スミス『セム人の宗教』（Robertson Smith, Religion of the Semites）二八三頁。『貧しき者は神の賓客である』。
（四）マダガスカル島のベチミサラカ族（Betsimisaraka）はつぎのような物語を伝えている。一人の酋長はその所有している物をことごとく分配し、他の一人はなにも分けず、すべての物を保持した。神は気前のよい酋長に財産を恵み、吝嗇な酋長を破滅さしたと。グランディディエ『マダガスカル島の民族誌学』（Grandidier, Ethnographie de Madagascar）二巻六七頁。
（五）喜捨、気前のよさおよび物惜しみしないことの観念については、ウェスターマーク『道徳観念の起源と発達』（Westermarck, Origin and Development of Moral Ideas）一巻二三章に収められた諸事実を参照。

（六）現在 sadgâa の有する呪術的価値に関しては、後述参照。

（七）われわれはすべての文献を再び読返す余裕はなかった。全研究が終った後にはじめて出てくる若干の問題もある。しかし、われわれは、民族学者が寸断した諸種の事実の体系を再構成するならば、ポリネシアにおいて、ポトラッチの更に重要な痕跡が発見されると信じている。たとえば、ポリネシアにおける食物展示の儀礼である『ハカリ』(hakari)（トリーガー『マオリ族』一一三頁）は、コイタ島のメラネシア人の同じ名称の儀礼たるヘカライ(hekarai)とまさしく同一の食物の展示、集積および分配を含んでいる。セリグマン㉚一四一―五頁。ハカリに関しては、タイラー前掲書一三頁、イェーツ『ニュージーランド説話』(Yeats, An Account of New Zealand) 一八三五年一三九頁、㉙のハカリの項を参照。グレーの『ポリネシア神話』一八九頁のある神話は、戦いの神たるマル (Maru) のハカリを伝えているが、その場合の受贈者の厳粛な選定は、ニューカレドニア、フィジィおよびニューギニアの祭礼におけるそれとまったく同じである。

つぎのものは、ある歌謡の中に伝えられている食物分配 (hikairo) のための『タオンガの炉』(Umu taonga) を作る説話である（グレー前掲書一三二頁）。わたくしができるだけの訳を試みた。

わたしにこちらからタオンガを下さいな、
わたしにタオンガを下さいな、山ほど積みうるような、
陸に向って山ほど積みうるような、
海に向って山ほど積みうるような、
……………………
東に向って……………………
わたしにタオンガを下さいな、

これによってタオンガの観念自体がかような食物の祭礼の儀式にどれだけ重要であるかが理解される。ペルシー・スミス『南部部族と北部部族の闘争』(Percy Smith, Wars of the Northern against the Southern Tribes)⑳八巻一五六頁。

(八) ポトラッチが現在のポリネシア社会に存在しないと想定しても、それはポリネシア人の移住によって蹂躙、併合された文化圏や社会には存在していたということはありえようし、また、ポリネシア人自身もその移住以前には、ポトラッチをもっていたかもしれない。実際、ポトラッチがこの地域の一部から消滅するには十分な理由がある。なぜならば、ほとんどのこれらの諸島においては、氏族は最後まで君主制の周辺に集中し、明確な身分階層制[42]を形成しているからである。したがって、ポトラッチの重要な要件の一つ、すなわち、酋長の競い合いによってときとして変更されうる不安定な身分階層制を欠いているからである。同様に、他の島におけるよりもマオリ族でより多く痕跡が見出されるとすれば(それは第二次構成体に相違ないが)、それはまさしく、酋長制がそこに再建され、個々の氏族が相互に敵対者と化したからである。

サモア島におけるメラネシア型あるいはアメリカ型の富の破壊については、クレーマー『サモア島』第一巻三七五頁、索引の ifoga の項参照。マオリ族で、不行跡の結果として生ずる財産の破壊たるムル (muru) もこの観点から研究されうるであろう。マダガスカル島におけるロハテニ (Lohateny) の関係――相互に交易しなければならないが、相互に罵倒し、破壊することもできる――も、また古代のポトラッチの痕跡である(グランディディエ『マダガスカル島の民族誌学』第二巻一三一―三頁)。

第二章　この組織の発展　気前のよさ・名誉・貨幣

本章はポトラッチの性質と分布の検証である

　これらの事実はことごとく、以下に述べようとする事実と同様に、かなり相違のある民族誌学的領域(43)から集められてきたものであって、それらの相互の関連を研究することはわれわれの目的ではない。民族学的見地からすれば、太平洋文化(44)の存在することは疑うべからざることに属し、また、それは、たとえば、北部アジアと北部アメリカとのポトラッチが同一であることやメラネシアのポトラッチとアメリカのポトラッチとに多くの共通の特色のあることを部分的に説明するのである。しかし、他方、ピグミー族（Pygmées）(45)の間にポトラッチの萌芽形態が存在することは奇妙なことであるし、また、われわれが後ほど言及するはずのインド・ヨーロッパ民族に存在するポトラッチの痕跡は更に困惑に陥しいれるものである。したがって、われわれはこの制度の伝播の態様に関して考察を加えることは一切差控えるつもりである。これらの場合に、それが借りてこられたものであるか、あるいは独立に創設されたものであるかを語るのは容易であるが、危険をともなうものである。それだけでなく、その議論のために作成する地図は、いたずらに、われわれの貧困な知識あるいは現実の無知を示すだけである。それゆえに、暫くは、この題目の性質と広汎な分布を示すことで満足しよう。その歴史の再構成をなしうる方があるならば、お願いすることにしよう。

I 惜しみなく与える規則(アンダマン諸島)

ピグミー族、アンダマン島民の贈物交換の慣習

まず第一に、この種の慣習は、シュミット神父（Père Schmidt）[46]によれば、[一]もっとも未開な民族のピグミー族の間においても見出される。一九〇六年に、ラドクリフ・ブラウン（Radcliffe-Brown）[47]はアンダマン島民（北島）の間に、この種の事実を観察し、しかも、地縁集団間の歓待、訪問――任意的、義務的交換の機会を供する祭礼、市（この場合、陸産物とオーカーや海産物との取引が行われる）――に関して、つぎのようなすぐれた表現でそれらを述べている。『これらの交換の重要性にもかかわらず、各地縁集団や各家族は、別の機会に、道具、武器等の生活に必要な一切のものを自給しうるから、これらの贈物の交換は更に発達した社会における交易や交換と同じ目的を果しているのではない。その目的とするものは、なによりもまず、精神的なものであり、その交換の対象は関係両当事者間に親愛の感情を生ぜしめることであって、もしその取引がこの効果を有しないならば、一切その目的を達しえなかった[二]

……』と。

交換には双方の人格、感情、物が混淆する

『なにびとも提供された贈り物を受けるのを自由に拒否することはできない。男子も女子もすべて、競って気前のよさを見せて、他の者に打ち勝とうと努める。だれが一番高価な物を数多く与えうるかを張り合って一種の競争が存在した（三）』。贈り物によって婚姻が結ばれ、二組の親族間に親族関係が形成される。この贈り物は、双方の『側』（cotés）に同じ性質を与え、また、この性質の同一性は、最初の婚約の締結から、死亡にいたるまで、今後、双方の親族集団が訪問し合ったり、あるいは、ことばをかわすことを妨げる禁制と永続的に贈り物を交換すべき義務に示されている（四）。実際、この禁制は、この種の相互的な債権者と債務者との関係を支配する親密と恐怖を二つながら表わすのである。かようなことが原則であることは、つぎのような事実が証明する。同時に存する親密と隔たりを表示する同一の禁止が、『かめ肉と豚肉を食べる（五）』儀礼を相ともに経験し、また、終生の間、ひとしく贈り物を交換する義務を負う男女の若者の間に設けられる。また、オーストラリアにおいても、この種の事実が存在する（六）。更に、ラドクリフ・ブラウンは長い別居の後の邂逅の儀式——抱擁と涕泣——を述べ、贈物の交換がどれだけこれと同じであるか（七）、また、感情と人格とがそれにどの程度混合されているかを示すのである（八）。

要するに、それは諸種の混合である。霊魂は事物へ混入され、事物は霊魂へ混入され、生命と生命とが混合される。以上のようなわけで、混合された人格と事物がそれぞれの殻から出て、互に混り合うのである。これこそ、まさしく、契約と交換である。

(一)『ピグミー族の状態』(Die Stellung der Pygmäenvölker) 一九一〇年。この点に関して、われわれはシュミットと同一の意見をもつものではない。⑨一二巻六五頁以下参照。

(二)⑤八三頁。『品物は贈り物と見なされているにもかかわらず、ある者が他の者に贈り物をした場合、その者はそれと同じ価値の何物かを貰うことを期待しており、お返しに貰った物が期待に添わないときには、激怒する』。

(三)⑤七三、八一頁。更に、ラドクリフ・ブラウンは、この契約上の活動状態がどれほど不安定なものであるか、また、それはどのようにして突然の争いに導かれるか—交換は屡々、かかる争いを消滅さすことにその目的があったが—を観察した。

(四)⑤二三七頁。

(五)⑤八一頁。

(六)この事実は完全にナリンイェリ族のカルドケ (kalduke) とヌギア・ヌギアムペ (ngia-ngiampe) との関係およびディエリ族のユトチン (Yutchin) に比較すべきものである。これらの関係に関しては後ほど再び述べるであろう。

(七)⑤二三七頁。

(八)⑤二四五—六頁。ラドクリフ・ブラウンはこれらの連帯関係の表示、感情の同一および強制的であると同時に任意的な表示の性質に関して、すぐれた社会学的理論を与える。また、そこには、われわれがすでに注目した他の関連する問題が述べられている(『諸感情の義務的表現』(Expression obligatoire des sentiments, Journal de Psychologie, 1921))。

II 贈物の交換の原則、契機および強度(メラネシア)

明確な性質をもつメラネシアのポトラッチ

メラネシア人はポリネシア人より以上に、ポトラッチを保存し、発展させている。しかし、このことはわれわれの研究対象ではない。とにかく、メラネシア人はポリネシア人よりもこの義務的贈答形式の全組織を保存し、発展さしていることは事実である。そして、メラネシア人にあっては、ポリネシアよりもはるかに明瞭に、貨幣の観念があらわれているので、(一)この組織は幾分複雑にはなるが、また、理解するのに容易になっている。

(一) ニューカレドニア

饗宴のやまいもの儀式的給付の慣習

われわれは、リーナール氏(Leenhardt)がニューカレドニアから収集した独特の資料のなかに、われわれが引き出そうとしている観念のみでなく、その表現そのものすら発見するのである。彼ははじめにピルウ・ピルウ(pilou-pilou)や祭礼、贈与、貨幣まで含めたあらゆる種類の給付組織を描写するが、(二)それはあきらかに、ポトラッチと称さるべきものである。祭りの口上役の儀礼的な口上のなかの慣習的なことばはまったく典型的なものである。こうして、饗宴のやまいもを儀式的に給付するにあたって、(三)彼はつぎのように云う。『あちらのウイ族（Wi）のところではついぞ見かけたことのないような古いピルウがあるならば……このやまいもは、かつて、このようなやまいもが、そこからこちらに来たように、そこに飛んでゆきます』と。(四)帰ってくるのは物そのものである。更に、この口上の後の方ではつぎのように云われる。祖先の霊魂が、『その働きと力の影響をこの食べ物に受けさせます』、『今日、みなさんがなし遂げられた所業の結果があらわれます。すべての世代がお口の中にあらわれてきます』と。つぎのものは、これに劣らず生き生きと法的紐帯を描写したものである。『われわれの祭りは麦藁屋根の各部分を縫い合わして、一つの屋根、一つのことばを作るのに用いる針の働きに似ております』(五)と。帰ってくるのは同じ物であり、また、縫うのは同じ糸である。(六)この種の事実は他の著者たちによって指摘されている。(七)

㈡　トロブリアンド諸島

マリノウスキーのトロブリアンド島民のクラ交易の記述

メラネシア地域の他の端には、ニューカレドニアの組織に類似する組織が高度に発達している。トロブリアンド諸島の住民は、これらの民族の中でももっとも進歩したものに入る。今日では、彼らは裕福な真珠の採取者であり、また、ヨーロッパ人の到来以前は、陶器、貝殻、貨幣、石斧、貴重品のすぐれた製作者であった。彼らは終始、有能な交易者であり、また、勇敢な航海者でもあった。マリノウスキー氏は彼らをイアソン（Jason）(48)の一行になぞらえ、彼らにいみじくも、『西太平洋のアゴーノーツ』（Argonauts of the Western Pacific）の名称を付与しているが、それは実に正鵠を得た名称である。

記述社会学[49]のすぐれた著書の一つに挙げられる同書の中で、彼は、われわれが論じている題目を扱い、『クラ』(kula)の名称をもつ部族間および部族内の交易の全組織を描写している。[八] しかしながら、同じ法と経済の原則が支配する一切の制度、たとえば、婚姻、葬宴、入社式などの記述は将来に期待しなければならない。したがって、われわれがこれから示す敍述は暫定的なものにすぎない。しかし、それらの事実はきわめて重要で、しかも、明確なものである。[九]

巨大なポトラッチとしてのクラの意義と範囲

クラは一種の巨大なポトラッチであって、それはトロブリアンド諸島全域、ダルトルカストー諸島の一部、更に、アムフレット諸島の一部に拡がり、部族間の大きな交易の媒介をなすものである。これらすべての地域において、クラは間接には全部族に影響を与えるが、直接には若干の大きな部族、すなわち、アムフレット諸島のドブ島、トロブリアンド諸島のキリウィナ地方、シナケタ地方、キタバァ島およびウッドラーク島のバアクタ地方の諸部族に影響を及ぼしている。マリノウスキーは、別段クラという用語の解釈を示していないが、それはおそらく環という意味であろう。実際、それは、これらの部族、海上遠征、貴重品、日用品、食物、儀礼、一切の儀式的あるいは性的な奉仕、男女のすべてが、あたかも一つの環のなかに巻込まれ、[一〇]この環の周辺にそって、時間的にも、空間的にも規則正しい運動を継続するかのようにみえる。

クラ交易の貴族的性格

クラ交易は貴族的なものである。それは酋長の手ではじめてなされるようにおもわれる。酋長は船隊やカヌーの隊長であると同時に、交易者であり、また、彼らの子供や義兄弟のような部下に代って受贈者となり、更に、配下の幾つかの部落の長でもあった。クラ交易は外見上は私心を挿まず、控え目に、貴族的な態度で行われる。(一一) クラは『ギムワリ』(gimwali) と称される有益物の単純な経済的交換と区別される。(一二) ギムワリは、実際、部族間のクラの集会である原始的大市か、あるいは部族内のクラの小市で、クラとは関係なく行われる。しかしながら、ギムワリは両当事者が執拗に値切りあう点で、クラと区別されるが、このようなことはクラにはふさわしくないやり方だとされている。クラにおいて、適当な雅量をもって振舞わない者は『ギムワリのように振舞う』と云われる。すくなくとも表面上からは、クラは北西部アメリカのポトラッチと同じように、与えることと貰うことから成っており、(一三) 今日、受贈者であるものが、明日は贈与者になるのである。クラの中でもっとも広範囲な、もっとも厳粛な、しかも一番高尚で、競争の激しい形態、(一四) すなわち、『ウヴァラク』(Uvalaku) という大海上遠征の形態においてさえも、通常は、食物と交換すべきなに物ももたず、あるいは、貰った食物のお返しにするにしろ、贈るべき物をなに一つもたずに——もちろん、食物を請求することさえふさわしくないのであるが——出発するのである。これらの場合には、ただ貰うことだけであるかのように見せかけられる。そして、翌年になって、訪問した部族が、訪問を受けた部族の船隊を歓待する場合に、貰った贈物にたいしておまけをつけてお返しがなされる。

クラの諸関係はクラの本質を変えない

しかしながら、もっと小規模のクラにおいては、その航海は積荷を交換する機会として利用される。その点については、土地固有の多くの契機が包蔵されているから、貴族自身が交易をなすのである。多くの物が懇望(一五)、請求、交換され、また、あらゆる種類の関係が更にクラ関係の上に設定される。しかしながら、クラは依然としてその航海の主要な目的であり、しかも、これらの関係の決定的契機をなしている。

クラの儀式的形態

贈与そのものはきわめて儀式的な形態を装う。貰った物は軽蔑されるか、あるいは、警戒の眼で見られる。品物が足もとに投げられた後に、暫くして、取上げられるにすぎない。贈る方も極端に控え目な態度を装うのである。儀式的に、ほら貝の音とともに贈り物が運びこまれた後に、彼はただ残り物を提供するにすぎないことのわびを云い、贈るべき物を相手方の足下に投げる(一六)。しかしとかくするうちに、ほら貝が鳴り、口上役によってすべての者に引渡の儀式が宣せられると、人々はその気前のよさ、自由、自律、度量の大きさを示すために全力を尽す(一七)。しかし、要するに、そこに働いているのは義務のメカニズムであり、贈物そのものに内在する義務のメカニズムである。

ムワリとスーラヴァという二種のヴァイグア

この義務的贈答（échanges-donations）の基本的な対象はヴァイグアと称せられる貨幣の一種である。これには二種類ある(一八)。すなわち、ムワリ（mwali）は美しく細工され、磨き上げられた貝殻の腕環であって、その持主あるいは縁者によって大祝祭日につけられる。また、スーラヴァ（soulava）はシナケタ地方の熟練した職人によって赤い綺麗な面貝の殻で加工された首飾りである。これは婦女によって仰々しくつけられ、ごく稀れには(一九)、たとえば重病に際しては、男子によってつけられることもある。しかし、通常は、それら双方ともに大事にしまっておかれ、しかも、それらを所有していることを楽しむために保持されるのである。前者の製作や後者の採取、細工やこれら二つの威信と交換の対象物の交易は、他の更に一般的な通俗の取引とともに、トロブリアンド諸島の富の源泉である。

ヴァイグアの循環運動の経路

マリノウスキーによれば、このヴァイグアは一種の循環運動によって活気づけられる。腕環であるムワリは西から東へ、規則正しく運ばれ、スーラヴァは常に東から西の方向へ動く。[二〇] これら二つの反対の方向の運動は、トロブリアンド諸島、ダルトルカストー諸島、アムフレット諸島およびウッドラーク、マーシャルベネット、チューベチューベの諸離島ならびに腕環の素材を産出するニューギニアの最南東端の海岸の間で行われる。[50] そこで、この交易はセリグマン（Seligman）によって記述されたニューギニア（南マシム地方）[二一] から来る同じ性質の巨大な遠征と遭遇するのである。

複合現象としてのクラ交易

原則として、この富の象徴物の循環は不断にしかも的確に行われる。それらをあまりにも長い間、保持してはならないし、また、それらを惜しみながら手放すことも、思いきりよく手放すことも駄目である。それらを、一定の方向、つまり、『腕環の方向』、あるいは、『首飾りの方向』における特定の相手方以外の者に渡すことも許されない。[二二] それらはあるクラからつぎのクラまで保存されうるし、また、そうしなければならない。共同体全体が、その酋長の一人が得たヴァイグアを自慢するのである。なお、大きな『ソイ』（s'oi）、すなわち、葬宴の準備のようなときには、常に受けるだけで、なんらのお返しをもしなくても差支えない場合も存するが、[二三] それは後に饗宴が行われる場合、一切のものが返され、すべてのものが消費されるから、許されるだけである。したがって、貰った贈物にたいしては所有権が設定されることになる。しかし、その所有権は特殊な性質のものである。それは現代のわれわれが注意深く相互に区別するあらゆる種類の法的原則に関係していると云ってよいであろう。それは所有物、占有物、借用物、担保物であると同時に売買、寄託、委任、信託された物である。というのは、それが他のために使用されるとか、あるいは第三者、『遠く距った相手方』(murimuri)に譲渡されるという条件で与えられるにすぎないからである。(二四)以上のようなことが、マリノウスキー氏によって発見、観察、記述された真に典型的な経済的、法的、道徳的複合現象である。

ヴァイグアの神話的、宗教的、呪術的性格

この制度は、また、神話的、宗教的、呪術的面をもっている。ヴァイグアはしがない物ではなく、また、単なる貨幣以上のものである。すくなくとも、もっとも貴重な、もっとも渇望されるすべてのものやその他のものと同一の威信を有し、(二五)また、それぞれは名前、(二六)個性、来歴、更に、伝説ですらもつことがある。そればかりでなく、ある者の名前にはその名を取ってつけられるほどである。それらの物が実際に崇拝の対象であるとは云えないかもしれない。なぜならば、トロブリアンド島民は彼らなりに実証主義者であるからである。しかし、それらのものの卓越した神聖な性質を否認することなどはありえない。それをもつならば、『自然に笑いを催し、元気づけられ、心の落着きを獲得することができる』。(二七)その持主はそれをいじって、数時間の間じっと見つめる。それらにちょっと触れるだけで、そのきき目が十分伝わってくる。[二八]人々はヴァイグアを死にかけている病人の額や胸にあてたり、あるいは、それで腹をさすったり、更には、鼻の前でそれをぶらぶらさせて見せたりする。このようなことが彼にとってこの上ない慰めとなるのである。

ヴァイグアの性格の契約にたいする反映

しかし、そればかりではない。契約自体にこのヴァイグアの性質の影響が感じられる。腕環や首飾りだけでなく、あらゆる財産、装飾品、武器、更に、相手方に属する一切のものは、個々の霊によるのではないとしても、すくなくとも、みずからもまた契約に加わっているのだという感情でもってかように活気づけられるのである。[二九]『ほら貝のまじない』のすばらしい呪文が、[三〇]これらの物の霊を呼出した後に、『相手方たるべき者』(partenaire candidat)が請求し、貰おうとしている物にまじないをかけ、彼の方に引付けるために用いられる。[三一]

『≪わたしの相手が興奮状態[三二]に襲われる、[三三]≫
彼の犬が興奮状態に襲われると、
彼の帯が興奮状態に襲われる、
…………彼のグワラ(gwara)(ココやしとびんろう子にたいするタブー)[三四]……彼のバギドウ(bagido'u)の首飾り……彼のバギリク(bagiriku)の首飾り……彼のバギドド(bagidudu)の首飾り[三五]…………などが……襲われる、』

他の呪文は更に神話的で、不思議なものであるが、更に一般的な型に入り、同じ観念をあらわすものである。クラの相手方は補助の動物のわにをもっていて、彼は首飾り（キタバァ島のムワリ）を持ってくるようにわにに助けを求める。(三六)

『わによ、怒りに燃えて、おんみの主人《あるじ》を誘《いざな》って、ゲボボ（gebobo＝カヌーの船倉）に押し込めなさい、わによ、わたしのところへ首飾りを持っておいで、わたしのところへバギドウ（bagido'u）、バギリク（bagiriku）……を持っておいで、』

この儀式における前の呪文は猛禽に助けを呼びかけている。(三七)キリウィナ地方の人々が、ドブ島またはキタバァ島における相手方にあてる呪文の最後の章句は、二様の解釈がなされる対句を包含している。(三八)そのうえ、儀式の口上が非常に長く、しかも長時間反覆される。その目的とするところはクラで禁じられる一切のもの、すなわち、交易が親しい者同士間ではじめられうるように、まじないで追払われねばならない一切の憎悪や争いを列挙することである。

『おんみの激しい怒りよ、犬は鼻をならし、おんみの出陣化粧よ、犬は鼻をならす………』

他の説によれば、つぎのようになっている。

『おんみの激しい怒りよ、犬はおとなしい………』

あるいはまた、つぎのような説明も加えられている。

『おんみの激しい怒りは潮のように退き、犬はたわむれる…………………。
おんみの怒りは潮のように退き、犬はたわむれる………』

これは、『おんみの激しい怒りがたわむれる犬のようになる』という意味に相違ない。この文句の主眼点は、犬がおき上って主人の手をなめるという比喩である。そのとき、ドブ島の婦女は勿論、男子もかように振舞わなければならないのである。その第二の解釈——これについて、マリノウスキーは幾分こじつけで、理論に走るという憾みもあるが、それでも、原住民の固有のものであることはあきらかだと云っている——は、つぎのように、われわれがすでに知っている事実とうまく符合する別の説明を導くのである。すなわち、『犬が向い合ってたわむれている。あなたがこの犬の名を口にすれば、以前から定められているとおりに、貴重品がたわむれに飛んでくる。われわれが腕環を与えると、耳飾りがもどって来て、それらは（犬が鼻を鳴らしてやってくるように）邂逅する』と。この表現と比喩は見事である。そこには、集合感情の全組織が一挙に表示されている。当事者間に起りうる憎悪もヴァイグアの隔離もまじないによって解消せしめられ、人と貴重品は、あたかも犬がたわむれていて、人声を聞いて駈けよってくるように、集ってくるのである。

もう一つの象徴的な表現は、女性の象徴の腕環（mwali）と男性の象徴の首飾り（soulava）との結合の表現であって、それらは男性と女性との間のように、相互に引付ける。[三九] これらの様々の比喩は、マオリ族の慣習的な信仰が別の表現で示していることとまさしく同一のことを表示しているのである。社会学的にみれば、物、価値、契約、人の混淆がそこにあらわれている。[四〇]

受贈者にヨチレを義務づけるヴァガ

不幸にして、われわれはこれらの取引を支配する法規範を十分には知らない。かかる規範は意識されず、マリノウスキーの報告者であるキリウィナ地方の島民によって明確に体系化されなかったためか、あるいは、それらはトロブリアンド島民にとっては、自明の理であったためかのいずれかであろうが、いまいちど、それらは調査の対象とする必要がある。われわれはごく僅かの断片的なことを知っているだけである。ヴァイグアの最初の贈与は『ヴァガ』（vaga）、すなわち、『くちきりの贈与』（opening gift）と称される。[四一] それは取引を開始し、受贈者に返礼の贈与、すなわち、ヨチレ（yotile）——

マリノウスキー氏はこれを『てうちの贈与』(clinching gift)、換言すれば、取引を閉鎖する贈与とたくみに飜訳している――を決定的に義務づける。[四二] このヨチレの別の名称は『クズ』(kudu) であって、それは嚙み、実際に切断し、切落し、解放する歯のことである。[四三] ヨチレは義務的なもので、期待をかけられ、それはヴァガと同じ価値をもつものでなければならない。ときには、それを力ずくで、あるいは不意打ちによって奪うことも許される。[四四] ヨチレが期待通りに返されない場合には、呪術、あるいはすくなくとも、悪罵や遺恨を示すことによって報復することもできる。[四五] お返しをすることができない場合には、必要とあらば、『バシ』(basi) を提供することができる。このバシはただ皮膚を『突通す』(percer) だけで、嚙切らない歯、つまり、取引を完結しない歯のことである。これは、一種の暫定的な贈物であって、いわば延滞利息のようなものである。それは、最初の贈与者であるところの債権者を和らげるが、将来の贈与者であるところの債務者を解放するものではない。[四六][51] これらの細部はことごとく興味深く、また、その表現はすべて明確であるが、しかし、制裁に関してはまったく知ることができない。制裁はただ道徳的、呪術的なものにすぎないのであろうか。[四七] 『クラにおいてけちな』(dur au kula) 者は、単に軽蔑されるか、ときとして、呪術によってたぶらかされるにとどまるのであろうか。誠実を欠く相手方はなにか他のもの――その貴族の位階、あるいは、すくなくとも、酋長としての地位――を喪失しないのであろうか。これらはわれわれが更に研究しなければならない問題である。

義務的贈答制の典型としてのクラ交

しかし他の視点から見るならば、この制度は典型的なものである。現在の研究状況では、

易

　われわれが後ほど論及するはずのゲルマン古法をのぞくと、われわれの歴史上、法律上、経済上の知識では、マリノウスキーがトロブリアンド諸島で発見したものより以上に、明確で、完全で、意識的で、しかも記述した観察者によって十分に理解された義務的贈答制（don-échange）の慣行に逢著することはできない。[四八]

全社会生活を包摂する義務的贈答組織の一時機としてのクラ交易

　クラは、その基本的形態においては、単にトロブリアンドの経済的、民事的生活全体を包摂するかのように見える給付と反対給付の広大な組織のなかのもっとも儀式的な一時機をなすだけである。クラ（とくに、民族間、部族間のクラ）はこの生活の頂点にすぎないようにおもわれる。もちろん、それは生活の目的や大遠征の目的の一つではあるが、それに参加するのは、要するに酋長だけである。しかも、海岸の部族の酋長たち、概して、そのなかの若干の部族の酋長たちだけである。クラは数多の他の制度を具象化し、結集さしているだけである。

一連の交換体系の中に編込まれたヴァイグアの交換

　まず第一に、クラに際してのヴァイグアの交換そのものも、値踏みから謝礼の支払に、懇請から単なる礼儀に、申し分のない歓待から冷遇やひどい仕打ちに至るまでの極端に変化に富む一連の他の交換の中に組入れられている。第一に、純粋に、儀式的、競争的な性質の盛大な大遠征であるウヴァラクをのぞけば、すべてのクラはギムワリ、つまり、普通の交換の機会であって、これは必ずしも確定した相手方との間で行われるとはかぎらない。[四九]これらの確定の相手方と並んで、親縁の諸部族の個人間にも自由な取引が存在する。第二に、クラの当事者間には、連続した鎖として、補助的な物の贈答と義務的な取引がなされる。クラそのものがこのようなことを必要なものとしているのである。クラによって設定され、また、その要素である共同関係は、最初の贈与、すなわち、ヴァガをもって開始される。これは『せがみの贈与』(sollicitoires)によって全力をつくして懇望される。このヴァガを取得するために、いまだ関係のない将来の相手たるべき者にいわば一連の贈物をなして、その者の機嫌をとることは差支えない。(五〇)この場合、お返しのヴァイグアであるヨチレ、すなわち、『てうちの贈与』が返礼されるということは確かであるけれども、果してヴァガが与えられるかどうか、あるいは、『せがみの贈与』が受取られるかどうかは確実ではない。贈物を懇望したり、また、貰ったりするところの、以上のような仕方が原則をなしている。かようになされる贈物のそれぞれは特別な名称をもっていて、それらは贈与される前に展示される。この場合、それらは『パリ』(pari)と称される。(五一)他のものは、提供される物の高貴にして呪術的な性質を指す名称をもっている。(五二)しかし、これらの贈物の一つを受取るということは、共同関係を締結したいという意志、また、かかる関係を持続したいという意向を示すことである。これらの贈物のある名称は、それを受取ることによって生ぜしめられる法的状態を表わしている。(五三)その場合、取引が結ばれたものと見なされる。この贈物は、通常、磨かれた大きな石斧や鯨の骨の匙のごとき、かなり高価な物である。それを受取るということは、現実には、最初の所望された贈物であるところのヴァガを返すことを約束することである。しかし、それだけでは当事者としては半分の資格をもつだけである。儀式的な引渡が行われてはじめて、完全に共同関係が成立することになる。これらの贈物の重要性と性質は、到著した遠征隊の成員間に行われる異常な競争から生ずる。彼らは、相手の部族の中で最良の相手方を探し求める。この原因は重大である。なぜならば、その創設を意図される共同関係は、当事者間に一種の氏族関係を設定するからである。(五四) それゆえに、相手を得るためには、誘惑し、見栄を張らなければならない。(五五) 身分を適当に考慮に入れながら、他の者より先に、(五六) あるいは、他の者よりもうまく目的に達して、一番高価な物——必然的に一番裕福な者の所有物となるが——を交換する機会をより多く持たなければならない。競争、敵対、見せかけ、権勢と利益の追求、かようなもののすべてがこれらの行為の基礎に存する種々の契機である。(五七)

餞　別　これらは引出物（dons d'arrivée）であるが、これと対をなし、かつ、匹敵する他の贈与、すなわち、餞別（dons de départ）（シナケタ地方では『タロイ』（talo'i）と云われる）(五八) が存する。それは、常に引出物より上等のものである。ここに今一度、給付と利息付きの反対給付の循環過程がクラの周辺に完成される。

コロツムナの贈与　これらの取引の継続中は、当然、饗応、食物の給付、そして、シナケタ地方では、婦女の提供が存在する。結局、これらの期間全般を通じて、常に規則正しくお返しのなされる他の付加的な贈与が介在する。これらの『コロツムナ』（korotumna）の交換が石斧や猪の牙の交換から成るからには、それはクラの原初形態を表示するようにさえおもえる。(五九)

内輪のクラ（クラ共同体）　しかも、われわれには一切の部族間のクラは、更に一般的な組織のもっとも儀式的で、劇的な誇張された形態にしかみえない。部族自体はそれによって全体的にその境界、その利害関係、その法すらの狭隘な範囲から離脱するのである。しかし、普通には、部族内部の氏族や村落は同じ種類の紐帯によって結合されている。この場合、出かけて行って訪問をなし、交易し、通婚するのは、地縁集団や家族集団やその首長だけである。それらをクラと称するのは適当でないかもしれない。しかしながら、マリノウスキーは『海上のクラ』(kula maritime) に対照して、正当にも、『内輪のクラ』(kula de l'intérieur)、あるいは、『クラ共同体』(communauté à kula) と称するが、首長はこれによって交換財を取得するのである。しかしながら、これらの場合を、いわゆるポトラッチと云ってもけっして誇張ではない。たとえば、キリウィナの住民が、葬宴《ソイ》(s'oi) のために、キタバア島を訪問することは、[六〇] ヴァイグアの交換以上のものを含んでいる。そこには、ある種の仮装の襲撃《ヨウワワダ》(youlawada)、[六一] 食物の分配ならびに豚ややまいもの展示が見られる。

遠征参加者全員にたいする均等な分配

他方、ヴァイグアやこれらの物すべては必ずしも酋長みずからによって取得され、製作され、交換されるわけではない。[六二] それらは酋長の手によって、自身のために製作されなかったし、また、交換もされなかったと想像される。[六三] その中の多くのものは、下級の親族、とくに、同時に酋長の部下である義兄弟、あるいは他の地に分家している息子からの贈与という形式で、彼らのところに届けられる。[六四] その代りに、遠征から帰ってくると、ヴァイグアの大半は儀式にしたがって、部落や氏族の首長、あるいは関与した氏族の通常の成員にまでも引渡される。要するに、直接的にせよ、間接的にせよ――この場合が多いのであるが――、遠征に関与した者にはだれにでも引渡される。[六五] このようにして、それらの者は報いられるのである。

全社会生活への義務的贈答組織の滲透　最後に、われわれは、この内輪のクラ組織と並存して――あるいはその上下、周辺、基底においてと云いうるかもしれない――、義務的贈答組織がトロブリアンド島民の経済上、部族上、道徳上の生活のすべてにみなぎっていると考える。ことに、マリノウスキーのたくみな表現に従えば、彼らの生活はそれらによって滲透されているのである。彼らの生活は絶えざる『公平な条件での交換』(donner et prendre) である。(六六) 社会生活は、あらゆる方向に、継続的な流れにそって、義務的に、利益や見栄や奉仕のために、あるいは、挑戦や担保として、提供、受容、返礼される贈物の交叉点にも似ている。われわれは、ここに、マリノウスキー自身ですらもその発表を完結しなかった事実を網羅して描き出すことはできない。ただ主要な二つの形態を記すにとどめる。

ワシとサガリ　クラ関係に酷似する関係は『ワシ』(wasi) 関係である。(六七) それは、規則的、義務的交換を農耕部族と漁撈部族の相手方同士間に設定する。農耕集団は、その産物を漁撈仲間の家屋の前に置く。漁撈集団は、他日、遠洋漁業の後で、その漁獲物を農耕村落の相手におまけをつけて返しに行く。(六八) これこそ、われわれがニュージーランドで確認したのと同じ分業組織である。

他の注目すべき交換形式は、展示形式をとるものである。(六九) これは『サガリ』(sagali) と称され、収穫期、酋長の小屋の棟上、新しいカヌーの建造、葬宴等の様々の場合に行われる食物の大掛りな分配である。(七〇) この分配は、耕作、カヌー建造に用いた巨木の運搬、棟上、死者の氏族員によってなされる葬式の手伝などによって、酋長あるいはその氏族に奉仕をなした集団にたいして行われる。(七一)これらの分配は、トリンギト族のポトラッチにまったく類似するものである。そこには、闘争と敵対の要素すら見出される。そこでは、氏族や胞族や親縁関係のある家族が相互に対抗し合うのが見られ、概して、この分配は、酋長の個性が感じられないほど集団的事実のようにおもわれる。

すべての個別的交換関係も義務的贈答制に包摂される

しかし、すでにクラから多少距っているこれらの集団の法や集団的経済のほかに、一切の個別的な交換関係もこの型に属するようにみえる。おそらく、それらの中のあるものだけが単純な物々交換の範疇に入るだけであろう。しかしながら、この単純な物々交換は、親族、同盟者、あるいはクラやワシの仲間の間だけで行われるにすぎないので、その交換が実際に自由であるとは考えられない。のみならず、一般に、受取って、その占有権を取得したものでさえ——たとえいかなる手段によって取得したとしても——、その必要欠くべからざる場合は別として、自分だけの物にしておくことはできない。通常、それらの物は義兄弟などの他のだれかに渡される。(七二)貰って、だれかに贈ったその物が同じ日にふたたび手もとに戻ってくるという事態すら生ずる。

物、奉仕などのすべての種類の給付の返礼はことごとくかような範疇に入る。ここに、順序を顧みず、もっとも重要なものを挙げておこう。

われわれがクラにおいて観察した『せがみの贈物』(solicitory gifts)であるところの『ポカラ』(pokala)(七三)や『カリブツ』(kaributu)(七四)は、われわれがお礼(salaire)と称するものに該当する非常に広汎な類概念中の種概念である。それらは、神や霊魂にも捧げられる。お礼の他の包括的な名称は『ヴァカプラ』(vakapula)あるいは『マプラ』(mapula)である。(七五) これらは、感謝と厚遇の表象であって、またお返しされなければならない。これに関して、われわれはマリノウスキーが、婚姻の内部における両性間のすべての経済的、法的関係をあきらかにする偉大な発見をなしたと信ずる。(七六) すなわち、夫によって妻になされるあらゆる種類の奉仕は、妻がコーラン(Koran)のいわゆる『田地』(champ)(52) と称するものを夫に提供する場合に、妻によってなされる奉仕にたいする報償的な贈与(salaire-don)と見なされる。

トロブリアンド島民の多少生硬な法律用語は、返報される給付、(七七) 与えられる物、(七八) 状況等(七九) のそれぞれの名称に従って、すべての種類の反対給付を区別するので、名称を増加している。ある名称は、これらのすべての事由を考慮する。たとえば、呪術師になされる贈与、あるいは、肩書を取得するためになされる贈与はラガ(laga)と称される。(八〇) これらの用語のすべては、分類し、定義する能力を奇妙にも欠くために、また、語彙の風変りな潤色によって、どれほど複雑にされているかを判断することはできない。

(三) 他のメラネシア社会

他のメラネシアの諸状況との比較をこれ以上積み重ねることは不必要である。しかしながら、諸々の地域から収集された若干の仔細な事実は、この確信を深め、また、トロブリアンド島民とニューカレドニア島民とは他の親縁民族では発見されない原則を異常な態様で発展さしたのではないということを実証するのである。

フィジィ諸島のケレ・ケレとタムブア

メラネシアの最南端の、われわれによってすでにポトラッチの存在することを確認されたフィジィ諸島では、贈与組織に属する他の注目すべき制度が行われている。『ケレ・ケレ』（kere-kere）という時期があって、この期間はなに人でもなにも断ることができない。[八一] 婚姻に際しては、双方の家族間に贈物が交換される。[八二] そればかりでなく、まっこう鯨の歯でつくられたフィジィ島の貨幣もトロブリアンド島のそれとまったく同じ型であって、『タムブア』（tambua）という名称がつけられている。これは、石（歯の本源）と部族の各種の『えんぎ物』、護符、『魔除け』の装身具によって揃いとなる。フィジィ諸島民がタムブアにたいして抱いている感情は、われわれが先ほど述べたものとまさしく同じものである。『人々はそれを人形のように取り扱い、籠から取出し、感嘆し、また、それらの美しさについての話をする。石には油が塗られ、磨きがかけられる』と。それを差出すことは請求することであり、それを受取ることは、約束することである。[八三]

ニューギニアのメラネシア人とパプア族の貨幣

ニューギニアのメラネシア人と彼らの影響を受けたパプア族（Papous）の若干の部族はその貨幣を『タウ・タウ』（tau-tau）と呼んでいる。[八四] それは、トロブリアンドの貨幣と同一の種類に属し、また、同じ信仰の対象をなしている。[八五] しかし、この名称は『豚の貸借』の意をあらわすタフ・タフ（tahu-tahu）（モトゥ族（Motu）およびコイタ族（Koita））と比較する必要がある。[八六] ところで、この名称は、[八七] われわれには珍しいものではない。それは、ポリネシア語、すなわち、サモア島およびニュージーランドのタオンガということば——家族に合体した宝石や財産——の語根である。このことば自体は、その対象と同様に、ポリネシアのものである。（八八）

ニューギニアのメラネシア人とパプア族はポトラッチをもっていることは知られている。（八九）

ブインの部族とバナロ族に関するトゥルンヴァルドの分析

トゥルンヴァルドがブインの諸部族（九〇）とバナロ族（Banaro）（九一）についてわれわれに伝えているすぐれた資料は、すでに、多くの対照すべき事項を提供する。そこでは、交換財の宗教的性格が明瞭であって、とくに、貨幣の場合に、それが婦女、愛情、歌謡、奉仕にたいする返礼として与えられる際のやり方の性格がそうである。トロブリアンド諸島と同様に、それは一種の担保である。最後に、トゥルンヴァルドは十分に研究された事例において、互酬的な贈与組織とはなにであるか、また、不適当にも『購買婚』（**mariage par achat**）と称せられているものはどういうものであるかを同時に例証する事実の一つを分析した。（九二）実際、購買婚は花嫁の家族を含めたあらゆる方向からの給付を包摂するのである。したがって、妻は彼女の親族が十分な返礼の贈物をしなかった場合には実家に送り帰される。

メラネシア全域に義務的贈答組織が存在する

要するに、これらの全島嶼およびおそらくそれに関係を有する東南アジアの一部は、同様な法や経済の組織をもっているのである。

それゆえ、ポリネシア人よりも更に裕福でしかも交易の盛んなこれらのメラネシアの諸部族から取得しなければならない見解は、通常用いられている見解と大いに異なるものである。彼らは、家族外の経済と高度に発達した交換組織とをもち、その活動は百年とは遡らない時代のわれわれフランスの農民あるいは漁民が経験していたものよりももっと強烈で、急激であるようにおもわれる。彼らは、広範囲にわたる経済活動をもち、地理上、言語上の制約を超えた夥しい数の交易をも有している。それであるのに、彼らは、厳然とわれわれの売買組織に代えるに、贈与と返礼の組織をもってするのである。

　これらの法や後ほど言及するはずのゲルマン法が躓いた点は、彼らが経済や法律上の概念を抽象し、分離する力を欠いていたということである。しかしながら、そのようなことは必要ではなかった。これらの社会では、氏族も、家族も相互に分離されえないし、また、彼らの行為を分離することも不可能であるし、更に、個人自身が、いかに有力であって、見識をもっていようとも、彼らは相互に対立しなければならず、また、相互にその行為を分離することを知らなければならないということを悟りえないのである。酋長は彼の氏族と混淆され、また、氏族は彼と混淆されている。個人はただ一つの様式で行動することしか知らないのである。ホームズ(Holmes)は、彼がフィンクの河口で知った部族(トアリピ族(Toaripi)とナマウ族(Namau))のパプア語とメラネシア語の二つの言語は、『〝買う〟と〝売る〟、〝借る〟と〝貸す〟ということを指すためのただ一つの用語』しかもたないことを鋭く指摘している。対照的な作用が同一のことばで表現されているのである。『厳密に云うならば、彼らはわれわれがこれらのことばを用いる意味での貸すことも、借りることをも知らなかった。しかしながら、常に貸しにたいしてはお礼の形で、なにかが贈られ、しかも、それは、貸しが返されるときに、与えられる』。[九三] これらの人々は、売買の観念も、貸借の観念ももっていないが、それにもかかわらず、それらと同じ機能を有する経済的、法的活動を遂行するのである。

また、物々交換の観念は、ポリネシア人と同様に、メラネシア人にとっても自然ではない。もっともすぐれた民族誌学者の一人のクロイトは売買ということばを使用しながらも、中央セレベス島の原住民間における精神状態を正確に伝えている。[九四] しかも、これらのトラジア族はきわめて交易が活潑なマレイ人とずっと以前から接触しているのである。

このように、比較的裕福で、勤勉で、相当の余剰物資を産み出した人類の一部が、われわれの熟知するものとは異った形式と理由のもとで、夥しい物の交換をなし、また、今日でも行っているのである。

（一）ポリネシアにおける貨幣の問題に関しては、再論しなければならないであろう。鉞、硬玉、チキ（tiki)、まっこうくじらの歯は、多数の貝殻や水晶と同じように、貨幣であることは疑いない。

（二）『ニューカレドニアの貨幣』（La Monnaie néo-calédonienne, Revue d'Ethnographie, 1922）三一八頁、葬式のための貨幣およびその原則に関しては、三二一頁、『ニューカレドニアにおけるピルウの祭礼』（La Fête du Pilou en Nouvelle-Calédonie, Anthropologie, 1922）二一九頁以下。

（三）同書二三六―七頁、二五〇―一頁参照。

（四）同書二四七頁。

（五）同書二六三頁、『ニューカレドニアの貨幣』三三二頁参照。

（六）この祭文はポリネシアの法の象徴的表示に関連するようである。マンガイア島では、平和は、『うまく編れた』屋根の下に、神と氏族を集合さすことのできる『立派な屋根のある家』によって象徴されている。ワイアット・ギル『南太平洋から伝わった神話と歌謡』二六四頁。

（七）ランベール神父（Le Père Lambert）はその『ニューカレドニアの原住民の慣習』（Mœurs des Sauvages néo-calédoniens）一九〇〇年の中で、数多くのポトラッチを記している。一八五六年のポトラッチ（一一九頁）。一連の葬宴（二三四―五頁）。第二の葬式に際してのポトラッチ（二四〇―六頁）。彼は征服された酋長が凌辱にあったり、あるいは他に移住するのは、贈物やポトラッチが返されないための制裁であると把握し（五三頁）、また、『すべての贈与は返礼として他の贈与を求める』と理解した（一一六頁）。彼はフランスの俗語の『お返し』（un retour）という表現を用いている。お返しが豪勢であるときには、陳列小屋に展示される（一二五頁）。訪問に際しての土産は義務的であり、また、婚姻の場合の必要条件である（一〇、九三―四頁）。それらは取返しえないものであって、とりわけ、お返しはベンガム（bengam）、すなわち、ある種のいとこにたいしては贈物を上まわってなされる（二一五頁）。トリアンダ（trianda）は贈物の踊りである（一五八頁）が、これは形式主義、儀式固守主義、法律上の審美学の混合した顕著な例である。

（八）クラに関しては、『マン』（Man）一九二〇年七月号五一項九〇頁以下、⑧参照。

（九）もっとも、マリノウスキーはその描写した諸々の事実の物珍しさを誇張している（五一三―五頁）。まず第一に、クラは結局はメラネシアで一般に普及しているような部族間のポトラッチにすぎないのであって、かようなものには、ランベールが記述しているニューカレドニア遠征、あるいはフィジィ島民の大遠征であるオロ・オロ（Olo-Olo）等も入る。モース『メラネシアにおけるポトラッチの発展』（Extension du potlatch en Mélanésie, Anthropologie, 1920）参照。クラということばの意味は、同じ類型に属する他のことば、たとえば、ウル・ウル（ulu-ulu）の意味と関係があるようにおもわれる。⑱第二巻四一五、四八五頁、第一巻一六〇頁参照。しかし、ある面では、クラはアメリカのポトラッチほど特有なものではない。ただし、ここでは島が狭隘であり、また、その社会も部族間のポトラッチの一切の特徴が見出される英領コロンビアの海岸地方の社会ほど裕福でも、また強力でもないからである。

後者では、真実の民族間のポトラッチ、たとえば、トリンギト族にたいするハイダ族（シトカは事実上、共同の村落であり、ナス河は通常の開催地であった）、ベラ・クーラ族やヘイルッチ族にたいするクヮーキウーツル族、チムシアン族にたいするハイダ族等のポトラッチが見出される。のみならず、以上のことは当然の結果である。すなわち、交換形態は普通は部族の範囲を超えて拡張される。それは勿論、他の場所と同様に、ここでも、裕福な海岸の諸部族間の交易路をたどると同時に、新しい交易路も切開いたのであった。

（一〇）マリノウスキーは『クラの環』（kula ring）という表現を好んで使用する。

（一一）⑧四七三頁、高価な首飾りの贈与に際して、『あまり物を持って来たのですが、お受けいただきたい』という控え目な表現に注意せよ。

（一二）同書九五、一八九、一九三頁。マリノウスキーがクラを『弁済をともなう儀式的交換』の中に挿入しているのは（一八七頁）、ヨーロッパ人に理解せしめんとするための手段にすぎない。弁済とか、交換とかいう語はともにヨーロッパのことばである。

（一三）㉛参照。

（一四）『タナレレ』（tanarere）の儀式というのは、遠征で取得した物をムワ島の砂浜に展示する儀式である。同書三七四―三九一頁。ドブ島の『ウヴァラク』（三八一頁）参照。もっともすぐれた者、すなわち、一番幸運であった者が最良の交易者と決定される。

（一五）『ワウォイラ』（wawoyla）の儀式、同書三五三―四頁、ワウォイラの呪術、三六〇―三頁。

（一六）同書四七一頁。

（一七）ちなみに、われわれはこの道徳を鷹揚と自由についてのニコマコス（Nicomaque）[53]の倫理学の見事な章と比較しうることを指摘しよう。

（一八）貨幣概念の使用に関する原則についての覚え書。マリノウスキーは、この語を使用することに関して反対している

（『原始貨幣』（Primitive Currency, Economic Journal, 1932））にもかかわらず、われわれはあえて使用するつもりである。マリノウスキーは、以前に、セリグマンの語彙の誤用に反対して、それに批判を加えたことがある（⑧四九九頁）。マリノウスキーは貨幣概念を交換の媒介物としてだけではなく、価値測定の規準として用いられる物質にも適用するのである。シミアン（Simiand）もかような社会において、価値概念を使用することに関して同じような反対をわたくしにしたことがある。この二人の学者の所説はたしかに正鵠を得たものである。彼らは貨幣なる語、あるいは価値という語を狭い意味に解釈する。したがって、彼らの見解によれば、貨幣が存する場合にのみ経済的価値が存在することになるし、また、凝集された富、富の象徴である貴重品が現実に貨幣に鋳造された場合、換言すれば、貨幣を鋳造する国家権力をのぞいた個人、集団、法人との一切の関係から切断され、金位が確定され、かつ、非人格化された場合にだけ貨幣が存するということになる。しかし、提起された問題は、この貨幣という語の使用にいかなる任意的な限界を与えるべきかということである。わたくしの考えとしては、二人が主張する定義は、貨幣の第二形態、すなわち、現代のわれわれの形態にだけあてはまるとおもわれる。

金、銀、銅を貨幣に鋳造する社会に先行するすべての社会では、石とか貝殻、とくに、貴金属のような別の物が交換と支払の媒介物として使用され、その代りになってきた。現在なお、われわれの周辺に存する多くの社会においても、このような制度が実際の機能を果しているのであって、これらの制度こそわれわれが描写しようとしているものである。

たしかに、このような貴重な品物はわれわれが通常支払手段として考えているものと異っている。まず第一に、それらは経済的性質、価値のほかに、さらに呪術的性質を帯有し、とりわけ、護符であって、リヴァーズ（Rivers）[54]やペリー（Perry）[55]やジャクソン（Jackson）[56]が指摘するように、『元気をつけるもの』（life-givers）である。それればかりでなく、それらはある社会の内部ないしは諸々の社会間にすら一般に流通しているのであるが、更に、それらは人物や氏族（ローマの最初の貨幣は氏族員（gentes）によって鋳造された）、その元の所有者の個性ないしは無形人間で締結される契約に結びつけられている。それらの価値はいまだ主観的であり、個人的である。たとえば、メラネシアにおいて、糸に繋がれた貝殻の貨幣は贈与者の指の尺度で、価値が測定される（⑱第二巻五二七頁、第一巻六四、七一、一〇一、一六〇頁以下。肩巾の尺度に関しては、⑭第三巻四一頁以下、第一巻一八九頁以下、腰巾の尺度については、第一巻二六三頁参照）。われわれは、この制度の他の重要な事例に気付くのである。これらの価値はなお不安定であり、標準と測定に必要な性質を欠いているということもたしかである。たとえば、その価値はその使用される取引の多寡と大小に応じて増減する。トロブリアンド島において、マリノウスキーはヴァイグアが循環しているうちに、威厳を帯びてくる様子を見事に王冠の宝石に喩えている。同様に、北西部アメリカの紋章入りの銅板、また、サモア島のござはポトラッチ、すなわち、交換ごとに価値を増すのである。

しかし、他方、つぎの二つの観点からすれば、これらの貴重品はわれわれの社会の貨幣と同様な機能を有し、すくなくとも、同じ種類に属するものとして分類されなければならない。それらは買得力（pouvoir d'achat）をもち、この買得力は算定される。あるアメリカの銅板はいく枚かの毛布で支払われねばならないし、ヴァイグアはいくらいくらのやま芋の籠に相当する。そこには、数の観念が存在しているのである。もっとも、その数は国家権力とは別のもので決定され、また、クラやポトラッチが異るに応じて変るものではあるが。それればかりでなく、この買得力は実際に公的に定められている。たとえそれが特定の個人間、氏族間、部族間ないしは仲間の間だけで認められるにすぎないとしても、それが社会的、公的、固定的なものであることには変りないのである。マリノウスキー氏の友人のブルド氏（Brudo）は、マリノウスキーと同じように、長期間トロブリアンド諸島に滞在したのであるが、彼は真珠採取者にたいしてヴァイグア、ヨーロッパの貨幣あるいは一定の割合での品物のいずれかで支払っていた。したがって、ある制度から他の制度への移行が格別の波瀾もなく行われるということはありうるわけである。

われわれは、人類が長い間にわたって摸索を試みたと信ずる。第一段階では、人類は、慣習上、一定の物—そのほとんどは呪術的で、貴重なものであるが――は壊わされないということを発見し、それらに買得力を与えた（モース『貨幣観念の起源』前掲書参照）。第二段階では、人類はこれらの物を部族内部や遠く部族外部で流通さすことに成功した後に、これらの買得の道具が富の計算や流通の手段として役立ちうることを発見した。この段階が現在われわれが述べているところの段階である。第三段階は、これらの貴重品を集団や氏族から切断して、他のより良き制度を期待しながら、それを価値測定――合理的ではないとしても、普遍的な測定――の恒久的な手段とする方法を案出したセム人種の社会のかなり古い時期―もちろん、太古とまではゆかないが―に始まった。それゆえに、われわれとしては、貨幣が日常品であったり、あるいは、アフリカ、アジアにおけるように、銅や鉄等の板金や延べ棒から成っていたり、また、われわれの古代社会や現今のアフリカの社会のように、家畜から成っていたということは一応考慮外におくとしても、われわれのそれに先行するある貨幣形態が存在していたと信ずる[57]。

（一九）⑧一九図。トロブリアンド島の婦女は、北西部アメリカの『王女』や若干の他の者たちと同様に、それらの呪力に魅せられるといなとにかかわりなく、いわば、見栄を張る手段として用いるようである。

（二〇）八二頁の地図参照。『クラ』（Kula, Man, 1920）一〇一頁と比較せよ。マリノウスキーはこの循環の方向を説明する神話上あるいはその他の理由を見出さなかったと述べている。それらの理由を決定することはきわめて重要である。なぜならば、もしその理由が、神話的経路をたどって、その出発点に復帰しようとする志向に見出されるとすれば、この事実はポリネシアの事実、すなわち、マオリ族のハウに酷似してくるからである。

（二一）これらの文化と交易に関しては、㉚第三三章以下、⑨一二巻三七四頁、⑧九六頁参照。

（二二）⑧九四頁。

（二三）同書四九二、五〇二頁。

（二四）『遠く距った相手方』（ムリ・ムリ（muri muri）、ムリについては、㉚五〇五、五七二頁参照）は、われわれの銀行取引者と同様に、一連の『相手方』の一部には知られている。

（二五）儀式の品物にたいする正確で、一般的な観察については、⑧八九—九〇頁参照。

（二六）同書五〇四頁、一対になった名称は、八九、二七一頁、神話については、三二三頁参照。スーラヴァのことを聞く態度。

（二七）同書五一二頁。

（二八）同書五一三頁。

（二九）同書三四〇頁。

（三〇）ほら貝の使用に関しては、同書三四〇、三八七、四七一頁六一図参照。ほら貝は取引あるいは共餐の儀式のときなどにその都度吹かれる。ほら貝の使用の歴史とまではいえないが、その発達については、ジャクソン『真珠と貝殻』(Jackson, Pearls and Shells, University of Manchester Series, 1921) 参照。祭礼や契約にあたって、らっぱやたいこが用いられるのが、黒人社会（西アフリカのギネア人やバンツー族）やアジア人、アメリカ・インディアン、インド・ヨーロッパ人等の多数の社会に見出される。それは、いま研究している法や経済の題目と関連し、その歴史については、更に別個に研究する価値がある。

（三一）⑧三四〇頁、ムワニタ (mwanita)。

（三二）かように飜訳された語は、『もどかしさ』あるいは『興奮状態』をあらわすムワナ (mwana) あるいはムワイナ (mwayna) の反復語たるムヌムワイニセ (munumwaynise) である。同書四四九頁参照。

（三三）わたくしは、かような行が存在していたに相違ないと推測する。というのは、マリノウスキーも明確にこの呪文の主要な用語は相手方の身にふりかかり、その者をして気前のよい贈与をなさしめる精神状態を指すと述べているからである（三四〇頁）。

（三四）通常、タブーは、クラや葬宴であるソイのときに、必要量の食物、びんろう子、貴重品を集めるために、課せられる。三四七—五〇頁参照。この呪文は食物にも拡がる。

（三五）首飾りの各種の名称。それらは、その著書のなかでは、分析されていない。これらの名称は首飾りの意味のバギ

(bagi)(三五一頁)やその他各種のことばから成っている。その後に、同様な呪術的性質をもつ他の特殊な首飾りの名称が続く。

この呪文は、首飾りが求められ、腕環は顧みられないシナケタのクラの呪文であるから、首飾りについてだけ述べられているにすぎない。同じ呪文はキリウィナのクラにも使用されるが、そこでは腕環が求められるから、腕環の様様の名称が述べられている。しかし、その他の呪文は同一である。

この呪文の末尾は、ポトラッチの観点からだけではあるが、興味を惹くものである。『わたしはクラ(交易)をしてやろう。わたしはわたしのクラ(相手方)を欺いてやろう。わたしはわたしのクラを盗んでやろう。わたしはわたしのクラをかすめてやろう。わたしはわたしの船が沈むほどクラをしてやろう……わたしの噂は雷にもひとしく、わたしの歩みは地震に似ている』。この語句は不思議にもアメリカ・インディアン的な外観を呈するが、ソロモン群島にも類似のものが存在する。

(三六)同書三四五頁。末尾は前註と同一である。

(三七)⑧三四三頁。同書四四九頁と比較せよ。

(三八)同書三四八頁。この対句はつぎのような一連の詩行の後に来る。『ドブ島の男子よ。おんみの怒りは(潮のように)退く』、ついで、『ドブ島の婦女よ。……』と同じ行がつづく。キリウィナ地方の婦女は来訪者に身をまかすのにたいして、ドブ島の婦女にはタブーである。

(三九)同書三五六頁。これは方位を説く神話に相違ない。

(四〇)この場合に、レヴィ・ブリュール(Lévy-Bruhl)が通常使用する『融即』(participation)[58]という用語を使用することも可能である。しかし、たしかに、このことばは混同、混入、とくに、法的同一化、われわれがいま述べているような霊的交渉を起源とする。

(四一)同書三四五頁以下。

（四二）同書九八頁。

（四三）この語には、古代の猪の牙の貨幣の暗示も含まれているようである。

（四四）これはレブ族の慣習である。同書三一九頁、『神話』三一三頁参照。

（四五）同書三五九頁。ある有名なヴァイグアについて、つぎのように言われている。『多くの人がそのために死亡した』と。すくなくとも、ある場合（ドブ島、同書三五六頁）、ヨチレは腕環たるムワリ、すなわち、取引における女性的素因であるようにおもわれる。『われわれはそれをクワイポル（kwaypolu）にも、ポカラ（pokala）にもしない。それらは女性であるから』。しかし、ドブ島では、腕環が求められるだけである。この事実はそれ以上の意味がないのかもしれない。

（四六）ここに数種の取引制度が混合して存在するようにおもわれる。『バシ』は高価でない首飾り（九八頁）あるいは腕環である場合もある。しかし、厳密に云えば、クラでない他の物がバシとして提供されることもある。それらに含まれるものとしては、きんまを焼くための石灰のへら、粗製の首飾り、貨幣の一種として使用される磨かれた大斧（(beku) 三五八、四八一頁）である。

（四七）同書一五七、三五九頁。

（四八）マリノウスキーの著書は、トゥルンヴァルトの著書と同様に、真の社会学者の研究のいかにすぐれているかを実証するものである。また、トゥルンヴァルトのブイン族における『マモコ』（mamoko）（⑭第三巻四〇頁）、すなわち、『慰藉料』（Trostgabe）に関する研究によって、われわれはかかる事実の一部を知る手がかりを得たのである。

（四九）⑧一八九頁、第三七図、一〇〇頁の『第二次的交換』を参照。

（五〇）これらの贈物は『ワウォイラ』（wawoyla）の通俗の名称をもっているようにみえる（三五三—四頁、三六〇—一頁）。ウォイラ（woyla）、すなわち、『クラの贈物を求める』（四三九頁）参照。これは、将来の相手方が所有しうるすべての物が列挙され、その激しい語調は贈与者に決意を促すほどの呪文に現れている。

(五一) これはきわめて一般的な用語で、『財物の披露』の意味をもっている(同書四三九、二〇五、三五〇頁)。ヴァタイ(vata'i)なる語はドブ島民が与える同様な贈物を指す語である(三九一頁参照)。かかる到来物(arrival gifts)はつぎのような呪文中に列挙されている。『わたしの石灰の壺、それは沸騰する、……』。これらの普通の名称のほかに、種々の事情に応じて、特別な贈物にたいして特殊な名称が存する。シナケタの住民がドブ島の住民に贈る食物(逆は異っているが)、陶器、ござ等はポカラという単一の名称で呼ばれるが、これは報酬、供物等の意味に相当する。また、ポカラは個人が将来の相手を籠絡しようとして、てばなすググァ(guguá=身の回りの品)をも含んでいる(二七〇、三一三、三六九、五〇一頁参照。ポカポカラ(pokapokala)、三六〇頁参照)。これらの社会では、個人的使用に供される物と財産、すなわち、家族あるいは循環にあてられる耐久力のある物との差異に関して、明確な感情が存在する。

(五二) 同書三一三頁、ブナ(buna)。

(五三) 同書三四四、三五八頁、カリブツ(kaributu)。

(五四) マリノウスキーにたいしてつぎのように語られている。『わたしの相手は、わたしの氏族の成員(kakaveyogu)と同じだ。わたしと争うことだってありうるよ。わたしの真の親族(veyogu)はへそのおと同じで、いつも変らぬわたしの味方ですよ』(二七六頁)。

(五五) これは、クラの呪文のムワシラ(mwasila)に示されている。

(五六) 遠征の隊長やカヌーの船長が事実上優先権をもっている。

(五七) カサブワイブワイレタ(Kasabwaybwayreta)という興味深い神話(三二二頁)は、これらの全部の動機をまとめている。そこでは、神話の主人公がどんな方法で有名な首飾りグマカラケダケダ(Gumakarakedakeda)を獲得したか、また、彼はどのようにして他のクラ仲間全員を負かしたかが述べられている。タカシクナ(Takasikuna)

の神話（三〇七頁）参照。

(五八) 同書三九〇頁、ドブ島については、三六二、三六五頁等。

(五九) 石斧の取引に関しては、㉚三五〇―三頁参照、コロツムナについては、⑧三五八、三六五頁。通常は装飾をほどこされた鯨骨の匙、装飾されたヘラで、また、バシにも使用される。更に、他の中間の贈物がある。

(六〇) ⑧四八六―九一頁、北部マシム文化圏全般にわたってのこれらの慣習の分布は、㉚五八四頁、ワラガ（walaga）の描写は、㉚五九四、六〇三頁、⑧四八六―七頁参照。

(六一) ⑧四七九頁。

(六二) ⑧四七二頁。

(六三) 義兄弟によるムワリ（mwali）の製作や贈与はヨウロ（youlo）と称される。二八〇、五〇三頁。

(六四) ⑧一七一頁以下、九八頁参照。

(六五) たとえば、カヌーの建造、容器類の収集、食物の調達に関与した者である。

(六六) ⑧一六七頁。『全部族生活は不断の「公平な条件での交換」にすぎない。すべての儀式、一切の法律上、慣習上の行為は必ず有形の贈与と反対給付をともなってなされる。贈答された富は社会組織、酋長の権限、血族の紐帯および姻族の紐帯を維持する主要なる手段の一つである』一七五―六頁各所参照。

(六七) この関係は、相手方が同一であることが多いから、クラと同一視される（一九三頁）。ワシに関しては、一八七―八頁写真版三六参照。

(六八) この義務は、真珠採取者が遠くに採取に出かけねばならず、また、純粋な社会的義務のために多くの収益を喪失しなければならないという不便や損害にもかかわらず、今日でも依然として存続している。

(六九) 写真版三二、三三参照。

(七〇) サガリという語は、ポリネシア語のハカリ（hakari）と同様、分配という意味をもっている。同書四九一頁、一四七―五〇、一七〇、一九二―三頁参照。

(七一) これは、とりわけ、葬宴の場合に明瞭である。㉚五九四―六〇三頁参照。

(七二) ⑧一七五頁。

(七三) 同書三二三頁、他の用語はクワイポル(kwaypolu)である(三五六頁)。

(七四) 同書三七八―九、三五四頁。

(七五) 同書一六三、三七三頁。ヴァカプラ(vakapula)は特別の名称をもつ幾つかの部分に分かれている。たとえば、ヴェウーロ(vewoulo=くちきりの贈与)、ヨメル(yomelu=うちきりの贈与)がそれである。これはクラとの同一性を示している。これらのお礼の中の若干のものも特別な名称を有する。カリブダボダ(karibudaboda)はカヌーを建造した者にたいするお礼であるが、更に一般的に、たとえば、耕作に労働を提供した者にたいするお礼、とりわけ、収穫物による最終的なお礼(義兄弟による収穫物の年毎の給付の場合はウリグブ(urigubu)(六三―五、一八一頁))や首飾りの製作にたいするお礼に関して用いられる(一八三、三九四頁)。このお礼が巨額に上る場合には(貝殻円盤の製作の場合、一八三、三七三頁参照)、ソウサラ(sousala)と称せられる。腕環の製作にたいするお礼の名称はヨウロ(Youlo)であって、樵夫仲間を力づけるために与えられる食糧のお礼はプワユ(puwayu)と称せられる。『豚も、椰子酒もなくなり、やまいもも平げてしまった。それでもわれわれは常に…引張る。ああ重いことよ』。ヴァカプラとマプラの二個の語は、ヴァカがあきらかに使役的接頭辞であるから、動詞プラの異った形である。マリノウスキーは、多くの場合、マプラを『報酬』(repayment)と訳している(一七八頁以下、一八二頁以下参照)。一般に、それは『膏薬』に喩えられる。なぜならば、それは、仕事をなす場合の苦痛と疲労を癒やし、また提供した物や秘伝、譲渡した資格や特権の喪失を埋合わすものだからである。

(七六) 同書一七九頁、『性的奉仕にたいする贈与』はブワナ(buwana)、または、セブワナ(sebuwana)と称せられる。

（七七）次註参照。同様に、カビギドヤ（kabigidoya）（一六四頁）は、新しいカヌーの披露の儀式、それを執行する人、彼らの『新しいカヌーの船首を切る』行為等、更に、おまけをつけて返された贈物を指す。他の語は、カヌーの貸借（一八六頁）、歓迎の贈物（二三二頁等）を指す。

（七八）ブナ（buna）は『大きい子安貝』の贈物である（三一七頁）。

（七九）ヨウロは刈入れの労働にたいするお礼として与えられるヴァイグアを指している（二八〇頁）。

（八〇）同書一八六、四二六頁。これはあきらかに貰ったものより多くを返す一切の反対給付を指している。なぜならば、呪文を単に買得する行為にたいしてはウラウラ（ula-ula）という別の名称が存する（贈物の価格が巨額に上る場合には、ソウサラ）。また、ウラウラは贈物が生者はもちろん死者にたいしてなされる場合にも用いられる（一八三頁）。

（八一）ブルースター『フィジィ島の高地部族』（Erewster, Hill Tribes of Fiji 1922）九一―二頁。

（八二）同書一九一頁。

（八三）同書二三―六頁。

（八四）㉚語彙七五四頁、七七、九三―四、一〇九、二〇四頁。

（八五）ドア（doa）の描写、同書八九、七一、九一頁等。

（八六）同書九五、一四六頁。

（八七）貨幣は、贈与組織の中で、これらのニューギニア湾の諸部族が同じ意味のポリネシア語と同一の名称で呼んでいる唯一のものではない。われわれは、ずっと前に、ニュージーランドのハカリとセリグマンがニューギニア（モトウ族とコイタ族）について記述しているヘカライ（hekarai）、すなわち、食物展示の儀式（㉚一四四―五頁、写真版一六―七）とが同一であることを指摘した。

（八八）バンクス島のモタ族の方言中のツン（tun）という語――これはあきらかにタオンガと同一であるが―は（とくに

婦女を）購買するという意味をもっている。コドリントン（Codrington）[59]は、夜を買うクァト（Qat）の神話の中で、この語にたいして、『高い価格で買う』という訳を与えている（『メラネシア語』（Melanesian Languages）三〇七—八頁）。実際、それは、メラネシアのこの地域から十分立証されるポトラッチの規則にしたがってなされる購買である。

（八九）⑨一二巻三七二頁に引用の資料参照。
（九〇）⑭三巻三八—四一頁参照。
（九一）『民族学雑誌』（Zeitschrift für Ethnologie）一九二二年。
（九二）⑭三巻写真版二。
（九三）『未開のニューギニアにて』（In Primitive New-Guinea, 1924）二九四頁。ホームズ氏[60]は中間的な贈与組織に言及しているのであるが、十分とは言えない。
（九四）㉒参照。acter《アクテル》, vendre《ウエンドレ》という語を売渡とか、買得とか訳しては語意を損う危険性があるということは太平洋の諸社会に特殊なものではない。この問題については、われわれは後ほど論及するつもりであるが、われわれの常用フランス語においてすら、『vente』は売渡行為と買得行為の両者を意味し、中国語においても、売渡行為と買得行為を指す二個の単綴語には主音の差異が存するにすぎないことが想起される。

III　名誉と信用（北西部アメリカ）

ポトラッチの完成形態を示す北西部

ポリネシアおよびメラネシアの若干の民族に関する以上の観察から、すでに、贈与制度に

アメリカ・インディアン社会

ついてのかなり明瞭な輪郭が浮き出てくる。贈物の交換に例証される物質的、精神的活動力が、そこでは、非打算的であると同時に義務的な形態の下で機能している。更にまた、この義務は神話的、架想的あるいは象徴的、集団的とでも言いうるような態様で表される。それは交換された物につきまとう関心という形態をとるのである。交換された物が交換をなした者から完全に引離されることはまったくありえない。交換物によって設定される霊的交渉と提携関係はほとんど解消し難いものである。実際、かような社会生活の象徴—交換された物の影響力の永続性—は、これら太古的類型に属する環節的社会[61]内の下位集団の相互が終始鱗状に配列され、しかも、相互にすべてを負うていると感ずる態様をかなり的確に表示している。

アメリカ北西部地方のインディアン社会も同じ制度を見せているが、そこでは、これらの制度は更に強調された、より完全な形態を装っている。まず第一に、そこでは、物々交換は知られていないと言って差支えない。ヨーロッパ人との長い期間の接触を経た後でさえも、そこで、絶えず行われている富のおびただしい移転のどれもがポトラッチという儀式的形態以外の別のやり方でなされるようには思われない。[一] そこで、われわれの立場から、この制度を描写してみよう。

北西部アメリカの諸部族の社会状態

あらかじめ、これらの社会を簡単に描写しておくことが絶対に必要である。われわれがこれから述べる部族、種族、いなむしろ部族の集団はことごとくアメリカ北西部海岸に居住する。すなわち、アラスカの海岸には、トリンギト族、ハイダ族、[二] 英領コロンビアの海岸には、主として、ハイダ族、チムシアン族、クヮーキウーツル族が居住する。(三) 彼らは海あるいは河で、狩猟より漁撈に従って生計をたてているが、メラネシア人やポリネシア人とは違って、農業を営まない。しかしながら、彼らはきわめて裕福であって、今日でさえ、彼らの漁撈、狩猟、毛皮は、とくに、ヨーロッパの相場ではかれば、相当な余剰を残すのである。彼らはアメリカの全部族の中でもっとも堅固な家屋ときわめて発達した杉の製材工業をもっている。彼らのカヌーは優れていて、彼らは大洋に乗出ることはないが、島嶼間や海岸間をたくみに航行する。彼らは高い水準の物質文明をもっている。とくに、一八世紀の鉄の伝来以前でさえ、彼らはチムシアン族やトリンギト族の居住地域から産出する天然の銅を採取し、溶解し、鋳造して、それに刻印をほどこすことまで知っていた。これらの銅の一部は、紋章が描かれた楯の形態にされて、一種の貨幣として用いられた。このほかの種類の貨幣としては、チルカット (Chilkat) と称せられる美しい毛布であって、それはたしかに見事に縫取りがされ、今日でも装飾として用いられ、なかには、相当高価なものもあった。(四) また、これらの原住民は優秀な彫刻家であり、専門的な図案家でもある。彼らのパイプ、鉄鎚、杖、彫刻を施された角の匙などはわれわれの民族誌学上の収集物の中で誇るにたる物である。これらの全文明は相当広範囲にわたって驚くほど同一形態を示している。これらの社会は、それらの言語から、すくなくとも、三つの異った種族に所属することを知りうるのであるが、彼らは遙遠なる時代から、相互に接触があったことも明瞭である。(五) 彼らの冬季の生活は、最南端の部族についてさえ、夏季の生活とは非常に異っている。それらの部族は二重の社会形態を有する。すなわち、彼らは、春になると、四散して、山地に狩猟や木の根、滋養分豊かな漿果の採取に出かけ、また、河に鮭を捕獲しに行く。これに反して、冬ともなれば、彼らは『町』と称せられる場所に集会し、この集会の全期間を通じて、終始興奮した状態をつづける。そこでの社会生活は非常に強烈なものであって、夏季になされることもあるところの、部族の集会よりも更に烈しいことさえあった。この生活は興奮の連続であって、全部族と全部族、氏族と氏族、家族と家族とが始終相互に訪問し合うのである。それはいわば祭礼が継続的に繰返されるのであり、その各々の祭礼そのものが相当長期にわたることもあった。婚礼や様々の儀式および昇進式に際しては、人々は夏季から秋季にかけて、魚獲がもっとも豊かであった海岸に骨折って蓄積したものをことごとく前後をわきまえず消費してしまう。個々の生活においてさえも同様になすのである。あざらしを屠殺する場合とか、貯蔵された漿果や木菜の入った樽を開く場合には、氏族員は招待される。更に、鯨が漂着した場合には、すべての者が招かれる。

また、社会組織は、母系制胞族組織（トリンギト族、ハイダ族）とクヮーキウーツル族の父系制氏族の緩和形態との間に序列的に位置づけられるけれども、その非物質文明は不思議なほど同一形態を保っている。社会組織、とくに、トーテミズムの一般的性格はすべての部族においてほとんど同一である。かれらは、メラネシアのバンクス諸島と同様に結社を有するが、それは、屡々部族間にまたがり、また、『秘密結社』と不適当にも呼ばれていることもある。そして、男子結社、とくに、クヮーキウーツル族では、女子結社が氏族組織を截ち切っている。われわれがこれから述べようとする贈与や反対給付の一部は、メラネシアの場合と同様(六)に、この結社内での逐次の地位とその昇進(七)への途を開くために用いられる。これらの結社や氏族の儀式は酋長の婚礼、銅板の売買の儀式、入社式、シャーマンの儀式、葬礼に伴って行われる。これらの中、最後のものはハイダ族やトリンギト族では極端に発達しているものである。これらのすべては無限に繰返される『ポトラッチ』のさなかに行われる。あらゆる方向のポトラッチがあらゆる方向の他のポトラッチの返礼として存在する。メラネシアにおけると同様に、それは不断の『公平な条件での交換』をなしている。

北西部アメリカのポトラッチは義務的贈答制にほかならない

現象としてきわめて典型的であると同時に、これらの部族の特性を示すポトラッチ自体は、義務的贈答制以外のなにものでもない。(八) 両者が相違する唯一の点は、一方では、それによって惹起される烈しさ、誇張、対抗であり、他方では、権利、義務に関する概念の貧困であって、しかも、とくに、北部二部族、すなわち、トリンギト族とハイダ族では、メラネシアにおけるよりも単純で、洗煉されていない構造を有するのである。(九) しかし、そこでは、契約の集合的性格がメラネシアやポリネシアにおけるよりもはっきりあらわれている。(一〇) これらの社会は、外見は別として、われわれが『単純な全体的給付』(prestations totales simples) と称するものに更に接近している。したがって、それに伴う権利義務の概念や経済概念はそれほどの明快さも意識的な正確さをもたない。しかしながら、実際においては、これらの諸原則は形式上もきわめて明瞭にあらわれる。

ポトラッチの二つの特徴としての信

ここでは、二つの観念がメラネシアのポトラッチあるいはポリネシアの一層発展し、分

用と名誉の観念

解した諸制度のなかよりも、はるかに明確に出ている。それは信用、期限の観念と名誉の観念である。（一一）

期限付きの返礼の義務は贈物の性質から派生する

すでに見たように、メラネシアやポリネシアでは、贈物が循環する場合に、その返礼は引渡された物――この物自体が『保証』（sûreté）となっているが――の力によって担保されている。しかし、いかなる社会においても、期限付で返礼をなす義務を負担さすのは贈物の性質から来ている。あきらかに、共餐、カワカワ酒（kava）の分配あるいは身につけられる護符はただちに返礼されえないものである。すべての反対給付がなされうるためには、『期間』（temps）を必要とする。したがって、訪問、婚姻や縁組の締結、和睦の協定、定期的な競技や競争への参加、饗応の交換、儀式的、儀礼的な奉仕の提供、相互に『敬意を示しあう』（一二）ことに係わる場合には、期間の観念が論理上含まれる。しかも、これらの一切のものは、社会が裕福になるに応じて、一層増加し、ますます高価になる他のものと同時に、交換される。

物々交換、現実売買、信用取引という経済発展の仮説は正しくない

この点に関して、現在の経済史や法制史は非常に誤りが多い。それらは、近代の諸観念が滲透し、進化なる先験的観念を作り上げ、（一三）いわゆる必然の論理に服している。要するに、それらは古い伝統に立脚しているのである。シミアン（Simiand）(62)が言うように、この『無意識社会学』（sociologie inconsciente）より以上に危険なものはない。たとえば、キュク（Cuq）は一九一〇年に、なおつぎのように言う。『原始社会では、物々交換制だけが考察されるにすぎない。更に進歩した社会では、現実売買が行われる。信用取引は更に高度の文明の段階の特性をあらわす。それは、当初においては、現実売買と貸借とを組合した間接的な態様で出現する』(一四)と。実際には、信用取引の出発点はよそにある。それは、法律学者や経済学者によって興味なきものとして閑却されている慣習の範囲内に見出される。それは贈与であって、とくに、その最古の形態の複合現象であり、それはこの論文の中では直接に触れない全体的給付の形態である。ところで、贈与は必然的に信用の観念を生じさせる。発展は経済上の規則を物々交換から現実売買へ、現実売買から信用取引へ移行せしめたのではない。贈られ、一定の期限の後に返される贈与組織の上に、一方では、以前には別々になっていた二時期を相互に接近させ、単純化さすことによって、物々交換が築かれ、他方では、売買――現実売買と信用取引――と貸借が築かれた。なぜならば、われわれがいま描写している段階を越えたいかなる法（とくに、バビロニア法）も、われわれの周囲に残存するすべての古代社会が知っている信用を知らなかったということを証明するなにものも存しないからである。これこそ、ダヴィがすでに研究した(一五)ところの契約によって結び合わされる『二時期』（moments du temps）の問題を解決する単純にして実際的な方法である。

ポトラッチに現われる名誉の観念の機能

インディアンのかような取引において、名誉が演ずる役割も、右におとらず重要である。酋長の個人的権威やその氏族の威信が、債権者が債務者の地位に転ずるという具合に、その消費と貰った贈物より多くの物をお返しする義務とに密接に結びつけられているところは他のいずこにもない。そこにあっては、消費と破壊が、実際、際限なく行われる。あるポトラッチでは、自分の持っている一切の物を消費して、なに一つ残してはならない義務を負う。(一六) だれが一番の金持で、その富をもっとも派手に消費するかを我先にと競い合うのである。対抗と競争とがすべての基礎である。結社や氏族内の個人の政治上の地位やすべての種類の位階は、戦争、運、相続、縁組、結婚によるのと同じように、『財産の戦い』(gu erre de propriété)(一七) によって獲得される。実に、万事は『富の戦い』(lutte de richesse) であるかのごとくに考えられている。(一八) 子供の婚姻や結社内での地位は、交換され、返されるポトラッチの間でのみ決定されるだけである。また、それらの地位は、戦争、(一九) 賭、競争、闘技(二〇)で喪失されることがあるように、ポトラッチでも失われることもある。ときには、物の受贈は問題ではなく、返して貰うことを期待していないという態度を誇示するために、単に物を破壊することがある。(二一) 魚蠟や鯨油の樽をそっくり焼却するとか、(二二) 家屋や数千枚もの毛布を焼き払うとか、あるいはまた、競争相手を圧倒し、『やりこめる』(aplatir) ために、非常に高価な銅板を破壊したり、水中に投じたりすることをも辞さない。かようにすれば、みずからの社会的地位ばかりでなく、その家族の社会的地位が高められうるわけである。それゆえ、この種の経済や法の組織では、絶えず莫大な富が消費され、移転される。かかる移転をあえて交換、交易または売買の名称で呼ぼうとするならば、呼びえないこともないであろう。(二三) しかし、この交易は貴族的であって礼儀作法と気前のよい態度の横溢しているものである。そして、いずれにしても、それが異った気持で直接の利得のためになされる場合には、非常に烈しい侮蔑の対象となる。(二四)

名誉の観念の始源性　ポリネシアでは強力な効果をもち、また、メラネシアでも常に存在する名誉の観念は、ここでは、真実の傷痕を残している。この点に関してなお、古典的な著書は、人間を活気づけてきた動因の重要さやわれわれが以前の社会に負うているすべてのものにたいして、十分な評価を与えていない。ユヴラン（Huvelin）[63]のような経験豊かな学者ですら、名誉の観念――これは実効性に乏しいと評されているが――は、呪術的効力の観念から推断しなければならないと信じていた。[一二五] 彼は名誉、威信の中に呪術の代替物しか見出さなかったのである。現実は更に複雑である。名誉の観念は、呪術の観念と同じように、それらの文明と無関係ではない。[一二六] ポリネシアの『マナ』そのものは個々の実在の呪術的な力だけでなく、その名誉をも象徴する。また、『マナ』ということばの適訳の一つは権威、富である。[一二七] ハイダ族やトリンギト族のポトラッチは相互奉仕を名誉と考えることにある。[一二八] オーストラリアの部族のような、真に未開の部族においてさえ、名誉の問題は、われわれの社会と同様に気にかけられ、贈与、給付、食物の提供、席次あるいは儀式によって充足される。[一二九] 人類は署名なしうるようになるはるか以前に、その名誉と名を賭けることを知っていたのである。

全体的現象としてのポトラッチ

北西部アメリカのポトラッチは、その契約形態そのものに関するすべてのものについて研究しつくされている。しかし、ダヴィやレオンハルト・アダム（Léonhard Adam）が行ってきたその研究を更に広いわく組の中に位置づける必要があるが、その中では、それらの研究は、われわれがいま論じている問題にたいして新たな発展をもたらすに相違ない。なぜならば、ポトラッチは法律上の現象以上のものであり、それはわれわれが『全体的』（totaux）と呼ぶことを提案した現象の一つにほかならないからである。それは宗教的、神話的で、しかもシャーマン的である。というのは、ポトラッチに参加する酋長はそこで、彼らの祖先や神——酋長たちはこれらの祖先や神の名を帯び、その舞踏を行い、その霊魂に取っつかれているのである——を代表し、その化身となっているからである。[三〇] ポトラッチは経済的なものである。したがって、現に、ヨーロッパの通貨で計算される場合でさえも、その非常に大きい取引の価格、重要さ、原因、結果は評価されねばならない。また、ポトラッチは社会形態学上の現象でもある。諸々の部族、氏族、家族の集合、あるいは、種族の集合すらも、そこではげしい焦慮と興奮を見せる。人々は兄弟のごとく親密に交わるが、同時に依然として他人にとどまっている。大規模の交易や間断のない競技では、相互に交際するが、また、対抗するのである。[三一] われわれは極端に多数に上る審美的現象には暫く触れないでおこう。最後に、法的立場からも、すでに契約の形態から引出されたもの、契約の人的要素と称しうべきもの、更に、契約当事者の法的地位——氏族、家族、位階、婚礼に関連して——のうえに、つぎのことを付加しなければならない。契約の物的対象、すなわち、そこで交換される物は、その物自体を提供せしめ、かつ、返礼をなすことを強制する特殊な効力を有するということを。

北西部アメリカのポトラッチの四形態

われわれの説明にたいして——紙幅の余裕があるならば——、つぎのような北西部アメリカのポトラッチの四つの形態を区別するのが有益であったかもしれない。㈠、胞族と酋長の家族のみ（あるいはほとんどそれだけ）が参加するポトラッチ（トリンギト族）。㈡、胞族、氏族、酋長、家族がほぼ同じ役割を演ずるポトラッチ。㈢、対抗氏族の酋長間でなされるポトラッチ。㈣酋長と講社との間で行われるポトラッチ（クヮーキウーツル族）。しかしながら、かようなことをはじめていてはあまりにも議論を長引かせることにもなるし、その上、四つの形態の中の三つ（チムシアン形態は欠くが）の区別はすでにダヴィによって説明されている。(三二) 最後に、贈る義務、貰う義務、返す義務の贈与の三つの題目についてのわれわれの研究に関するかぎり、以上のポトラッチの四つの形態はほとんど同一である。

（一）しかしながら、奴隷の売買（⑰四一〇頁）を参照。

（二）この簡潔な叙述は証拠立てもされずになされるのではあるが、必要なものである。前以ってお断りするが、これは部族数や部族名、また、その諸種の制度の点では、完全なものではない。われわれは以下の多くの部族は差当っては考慮に入れておらない。

㈠、ヌートカ族（Nootka）（ワカシ集団あるいはクヮーキウーツル集団）、ベラ・クーラ族（Bella Kula）（近隣地の部族）。

㈡、南海岸のサリッシア族（Salishan）。他方、ポトラッチの発展に関する研究は、更に南方のカリフォルニアにいたるまで及ぼされなければならない。そこでは——これは他の観点から注目さるべきものであるが——、この制度がペヌチア族（Penutia）やホカ族（Hoka）と称される集団の社会まで、伝播しているようにおもわれる。パワーズ『カリフォルニアの諸部族』（Powers, Tribes of California, Contribution to North American Ethnology）三巻一五三頁（ポモ族）、二三八頁（ウィンツン族）、三〇三、三一一頁（マイズ族）参照。その他の部族については、二四七、三二五、三三二―三頁。一般的観察に関しては、四一一頁参照。

また、われわれがここでは簡単に述べている制度や技術は、実際はきわめて複雑なものであり、また、ある事実が存在しないということは、その存在するということに劣らず不思議な諸特徴を示すものである。たとえば、陶器は、そこでは、南太平洋文明社会の最低段階と等しく知られていない。

(三) これらの諸社会の研究を可能ならしめる資料は豊富である。しかも、それは豊かな言語学的考察が加えられ、転写ないしは飜訳された原典から構成されているから、驚くほど信頼性がある。⑬二一、一七一、二一五頁中の簡単な文献表参照。更に、⑫中のボァスとハント、㉟参照。しかしながら、これらの諸々の資料はつぎのような不便を有している。古い資料は不完全であるし、そうかと云って、新しい資料は、その細部におよび、深く論ぜられてはいるが、われわれの立場からすれば、なお不完全である。ゼサップ探険隊のボァスとその共同研究者が注目したのは言語、神話等や物質文明である。更に古い民族学の専門家(クラウゼ(Krause)[64]、ヤコブセン(Jacobsen))やより新しい民族学者(サピーア(Sapir)[65]、ヒル・タウト(Hill Tout))の研究でさえ同じような傾向を示している。法、経済の分析、人口統計学的分析は、やり直す必要はないとしても、すくなくとも、補足されねばならない(しかしながら、社会形態学はアラスカや英領コロンビアの幾つかの国勢調査によってはじめられた)。バルボー(Barbeau)はチムシアン族に関する完全なモノグラフの発表を約束している。なお、経済、法に関する多くの問題についての古い資料としてはつぎのものがある。クラウゼ『トリンギト・インディアン』(Krause, Tlinkit Indianer)、ドーソン(Dawson)の研究(ハイダ族、クヮーキウーツル族、ベラ・クーラ族に関する研究であるが)の多くは、『カナダの地勢調査報告』(Bulletin of the Geological Survey of Canada)および『カナダ王立協会会報』(Proceedings of the Royal Society of Canada)に掲載されている。スワン(ヌートカ)『フラッタリー岬のインディアン』(Swan (Nootka), Indians of Cape Flattery, Smithsonian Contributions to Knowledge, 1870)、メーン『英領コロンビア滞在四ケ年』(Mayne, Four Years in British Columbia, 1863)——これらは高く評価されるし、その年代の古さが決定的な権威を与えている。

これらの諸部族の呼称には、一つの困難が存する。クヮーキウーツル族は一部族を構成するが、同時にまた、数個の連合部族にもこれらの呼称を与え、全部がこの呼称を有するいわば国家のごときものを形成している。われわれは、爾後、どのクヮーキウーツル部族について述べているのか、その都度あきらかにしよう。われわれが別段断らなければ、そのクヮーキウーツルとは、いわゆる本来のクヮーキウーツル族のことである。更に、クヮーキウーツルという語そのものは、単に『富』、『地上の煙』の意味であるが、このこと自体がすでにわれわれがこれから述べようとしている経済事実の重要性を示すものである。

(四) エモンズ『チルカット毛布』(Emmons, The Chilkat Blanket)、④三巻中の論文。

(五) メイエ=コーエン『世界の言語』(Meillet et Cohen, Langues du Monde) 六一六頁以下のリヴェ(Rivet)参照。サピーアは『ナ・デナ語』(Sapir, Na-Déné Languages, American Anthropologist, 1915) の中で、トリンギト族とハイダ族をアサバスカ集団の支系に帰せしめる。

(六) 位階を取得するための支払については、⑬三〇〇―五頁、メラネシアに関しては、コドリントン『メラネシア語』(Codrington, Melanesian Languages) 一〇六頁以下、⑱一巻七〇頁以下参照。

(七) この昇進(ascension)ということばは固有の意味と比喩的な意味との双方に解釈されねばならない。後期ヴェーダのヴァジャペイア(vājapeya)の儀式(66)がはしごを登る儀式を含んでいるのと同様に、メラネシアの儀式も年若い酋長を壇に登らせることにある。北西部海岸のスナーナイムク族やシュシュワップ族も同様な壇を持っていて、そこから酋長がポトラッチを分配する(①第五報告書三九頁、第九報告書四五九頁)。他の部族はただ酋長や高位の結社員が着席する壇を有するだけである。

(八) かように、メーン、ドーソン、クラウゼ等の古代の学者はそのメカニズムを描写している。古代の学者の諸資料を収集したものとしては、クラウゼ前掲書一八七頁以下参照。

(九) もし言語学者の仮説が正しくて、トリンギト族とハイダ族が単に北西部の文明を採用したアサパスカ語族にすぎないとすれば(ボァス自身の仮説もこれとそうかけ離れていない)、トリンギト族とハイダ族のポトラッチの生硬な性質はおのずから説明される。また、北西部アメリカのポトラッチの烈しさは、この文明がひとしくこの制度を有していた二種族の邂逅点、すなわち、カリフォルニア南部からきた文明とアジアからきた文明の邂逅点にあるという事実から生ずるのかもしれない。

(一〇)⑬二四七頁以下。

(一一)ポトラッチに関しては、ボァスが①第一二報告書(一八九八年、六八一—二頁)の中で、以下のように記したきわめて優れた叙述が存する。

『英領コロンビアのインディアンの経済組織は開化した民族のそれとまったく同様に、広く信用を基礎にしている。インディアンたちは、そのすべての事業にわたって、仲間の助力を当てにする。彼は後日になってこれらの助力の補償をなすことを彼らに約束する。あたかもわれわれが貨幣で計算するように、インディアンが毛布ではかってみて、もしこれらの提供された助力が高価なものになるときには、彼はおまけをつけて借り受けた額のお返しをなすことを約束する。インディアンは表記方法をもたないから、取引の保護をはかるために、取引は公然となされる。一方では、債務を引受け、他方では、債務を弁済することがポトラッチである。かかる経済組織は、部族連合の全成員によって所有される資本が現在の流通しうる有価物の総量をはるかにこえるまで、発達している。いいかえれば、かような状態は現在のわれわれの社会で一般化している状態に酷似してくる。もしもわれわれがわれわれの全債権を支払って貰おうとおもっても、実際にはその支払に当てるべき十分な貨幣が存しないということに気付くに違いない。全債権者がその貸しを回収しようと企てるならば、悲惨な恐慌を招来し、その社会がそれから回復するには長期間を要するであろう。

インディアンはそのすべての仲間や隣人を盛大なポトラッチに招待し、外観上は永年の労働で蓄積した全成果を一時に浪費するかにみえるが、賢明で、称讃に値すると認めざるをえない、つぎの二つのことを気にかけているということをよく理解しておかなければならない。彼の第一の目的はその債務を弁済することである。この弁済は、多くの儀式とか、あるいは、公正文書のような方法で公然となされる。第二の目的は、彼の労働の成果から自己や子供のために最大の利益が生ずるように、それらを投資することである。この祭礼で、贈物を貰った者はそれらを借入物として受けて、彼らの現行の事業に利用するのではあるが、数年の後に、彼らは利子を付して贈与者あるいはその承継者に返す義務を負うのである。かくして、インディアンたちは、年若くして、孤児を残すようなことが生じた場合に、それらの子供の幸福を確保する手段として、ポトラッチを考えるようになっている』。『債務、弁済、回収、貸し』という語を訂正して、それらをもって、『与えられた贈物、返された贈物』（ボァスも結局は使用するに至ったのであるが）という語に替えるならば、ポトラッチにおける信用概念の機能に関して、かなり的確な観念を把握されうることになる。名誉の概念に関しては、①第七報告書五七頁参照。

（一二）トリンギト族の表現、㉞四二一頁。

（一三）信用の観念は現実売買の観念と同様に古いばかりでなく、単純であった——あるいは複雑であったとも言うこともできるのであるが——ということが看過されてきた。

（一四）『バビロニア第一王朝時代の契約に関する研究』（Étude sur les Contrats de l' Époque de la Premiére Dynastie Babylonienne, Nouvelle Revue de l' Histoire du Droit, 1910）一七七頁。

（一五）⑬二〇七頁。

（一六）クヮーキウーツル族の全財産の分配に関しては、㉜四六九頁参照。新参者の入社式については、同書五五一頁。エスキモー、シュシュワップ族の再分配は、①第七報告書九一頁。㉞四四二頁、『彼はそのおいの顔見せをするために全財産を消費した』。賭によって獲得したすべてのものの再分配については、㊱一三九頁。

（一七）財産の戦いに関しては、マア（Maa）の歌謡参照（㉜五〇七、六〇二頁）。『われわれは財産と戦う』。富の戦いと本当の戦いとが反対であることは、一八九五年にフォート・ルパートでの同じポトラッチにおいてなされた講演の中に発見される。㉕四八二、四八五頁参照。㉜六六八—七三頁と比較せよ。

(一八) とくに、賭で『面子《めんつ》』を失い、そのために死亡するハイヤース(Haïyas)の神話参照(⑯六巻八三節)。彼の姉妹と甥は喪に服して、彼を蘇生せしめる復讐のポトラッチをなす。

(一九) これに関連して、賭は更に研究されなければならない。われわれの間においてさえも、賭は契約としてではなく、名誉が賭けられ、引渡す必要のない財産が引渡される状態として考えられている。

賭はポトラッチの一形態あるいは贈答組織の一形態である。北西部アメリカにおける賭の発展は顕著なものがある。賭はクヮーキウーツル族にも知られている(⑫一三九四頁の『エバユ』(ebayu)、すなわち、骰子(lepa)一四三五頁参照。『レプ』(lep)(第二のポトラッチ、舞踏)一四四八頁と『マクワクテ』(maqwacte)一四二三頁参照)。しかし、クヮーキウーツル族の賭はハイダ族、トリンギト族、チムシアン族の間のそれに比較できる役割を演じていないようにおもわれる。この三部族は賭の常習者である。ハイダ族の棒打ち遊びの描写については、⑮五八頁以下、その遊びのさし絵と名称に関しては、一四一頁参照。トリンギト族の同じ遊びの描写と名称については、㉞四四三頁。トリンギト族の勝者の受領金のナク(naq)はハイダ族のジル(djil)に該当する。

諸種の説話には多数の賭の伝説が掲載され、また、賭によって一切を失った酋長の物語に溢れている。あるチムシアン族の酋長はその子供や親すらも失った(㉟二〇七頁)。あるハイダ族の伝説はチムシアン族とハイダ族との間の全体的な賭の説話を伝える(⑰八四三、八四七頁)。賭の作法としては、勝者は、敗者やその妻や子にたいして自由を付与することが必要である(㊱一三七頁)。これらの事実とアジアの伝説との関係を強調する必要はない。

のみならず、ここにもアジアの影響が存在することは疑いない。アメリカにおいて、アジア風な『運任せの勝負事』(jeux de hasard)が発達したことについては、タイラー『アジアとの交通の証拠としてのアメリカの籤遊びについて』(E. B. Tylor, On American Lot-games, as Evidence of Asiatic Intercourse, Bastian Festschr. In Suppl. Int. Arch. f. Fthn., 1896)五五頁以下参照。

(二〇) ダヴィは挑戦と張り合いの題目を論じているが、それに賭の題目を付加する必要がある。たとえば、ボァス『インディアンの伝説』二〇三―六頁参照。その伝説の中には、食べ合いの賭、闘技の賭、昇進の賭などが存在する。これらの題目の目録については、同書三六三頁を参照せよ。今日においても、賭はこれらの法や道徳の残存物である。もっとも、賭は名誉と信用だけを賭けるにすぎないが、それは富を循環させる手段である。

(二一) 破壊のポトラッチについては、⑬二二四頁参照。しかし、それには、つぎのような説明を加えなければならない。贈ることは、破壊することである(㉜三三四頁)。若干の贈与の儀式は破壊を含んでいる。たとえば、嫁資返済(67)の儀式、あるいは、ボァスが云っているように、『婚姻の債務の返済』の儀式は、『カヌー沈め』と称せられる儀式を包含している(同書五一八、五二〇頁)。しかし、この儀式は象徴的である。ハイダ族やチムシアン族のポトラッチへの訪問は、訪問者のカヌーを実際に破壊することを伴う。チムシアン族にあっては、カヌーに積載されている一切の物の荷揚が、丁寧に手伝われた後に、カヌーは破壊され、出発のときに、もっと立派なカヌーが贈られる(㉟三三八頁)。

しかし、適切に云えば、破壊は消費のすぐれた形態を形成するようである。それはチムシアン族やトリンギト族の間では、『財産を殺す』(tuer de la propriété)と称せられる(㉟三四四頁、㉞四四二頁)。実際、この名称は毛布の分配にまでつけられている。『多くの毛布が見えなくされてしまった』(同書四四二頁)。

これらのポトラッチの破壊の慣習には、つぎのような二つの動機が関係する。(一)戦闘の問題。ポトラッチは戦闘であって、トリンギト族では、『戦闘の舞踏』という名称をもっている(同書四八五頁、四三六頁参照)。戦闘では、斃された者の仮面、呼称、特権が剝奪されうるように、財産の戦いにおいても、財産は殺される―それは、自己の財産については、他の者に取られないようにするためであり、また、他人の財産については、他の者に返還する義務を負わせ、あるいは、返還できないようにする財産をそれらの者に与えるためである。(二)第二の問題は供犠のそれである。人が財産を殺すのは、それが生命を有しているからである。口上役はつぎのように云う。『われわれの財産の生命はわが酋長の努力によって維持されなければならない。われわれの銅板は破壊されてはならない。』と

（⑫一二八五頁）。死亡しているとか、ポトラッチを分配するとかの意味をあらわすヤーク（yäq）という語もおそらくかように説明されうるであろう（㉕五九頁、⑫の索引）。

しかし、原則としては、通常の供犠と同様に、破壊された物は氏族の祖霊のごとき霊魂に譲渡されるのである。これは、トリンギト族においては当然他のものより発達している（㉞四四三、四六二頁）。彼らの祖先はポトラッチに参加し、破壊から利益を得るだけでなく、彼らの生存している同名者に付与された贈物からも利益を受けるからである。火による破壊はこの問題の特徴を示している。トリンギト族については、㊱八二頁のきわめて興味深い神話を参照せよ。ハイダ族の『火による供犠』（Skidegate）については、⑰二八、三一、九一頁参照。この問題はクヮーキウーツル族では、それほど明瞭ではないが、彼らでも、『火に坐る神』と云われる神性が存在し、たとえば、神にたいして償いをするために、病める子供の衣服が供犠として捧げられる（⑫七〇五―六頁）。

（一二二）㉜三五三頁。

（一二三）『交換』、『売買』ということばさえもクヮーキウーツル語には無いようにおもわれる。わたくしは、ボァスの各種の語彙の中で、銅板の売捌に関してだけ売買ということばを発見したにすぎない。もっとも、このせり売りは売買以外のなにものでもないが、しかし、それは一種の賭、すなわち、鷹揚さの競争である。また、交換という語については、わたくしはライ（L'ay）という形式においてのみそれを発見しただけである。しかし、㉕七七頁に示されたテキストにおいては、それは呼称の交換に関して使用されている。

（一二四）『食物にたいして貪慾である』（⑫一四六二頁）、『速に身代をこしらえようと望んでいる』（同書一三九四頁）という表現を参照せよ。『けちな酋長』にたいするつぎのような呪詛参照。『思案するけちな者よ、激しく争うけちな者よ、打負かされたけちな者よ……、カヌーを贈ることを約したけちな者よ……、贈られた物を受取るけちな者よ……、財物を求めるけちな者よ、財物のためにのみ働くけちな者よ（財物と訳された語はマネク（maneq）であって、恩恵を返すという意味である）……、油断のならぬ者め』（同書一二八七頁）。他の話はポトラッチをなした酋長と物を受けるが、なにも返さない人々について述べている。『彼は、彼らに食物を与えた。彼は、彼らを嘔吐させたのだ（原文は venir となっているが、vomir の誤りであろう―訳者註）。彼は、彼らを怒らしてしまった……』（一二九三頁）。けちな者にたいする他の呪詛は同書一三八一頁。かような道徳が経済に反するとか、あるいは家族共同体に基づく安逸に相応すると考えるべきではない。チムシアン族は貪欲を非難し、また、彼らの半神的英雄たる鴉（創造主）が貪欲であるがゆえに、その父によって追放されたことを物語っている（㊱二六〇頁）。

（二五）『人格権侵害』（Injuria）（アップルトン記念論文集）、『呪術と個人的権利』（Magie et Droit Individuel）⑨一〇巻二八頁。

（二六）トリンギト族の間では、踊る名誉の代価を支払う（㊱一四一頁）。踊りを主催した酋長にたいする報酬も存する。チムシアン族の間では、『人は名誉のために何事でもする。富と虚栄の誇示が顕著である』とボァスは云っている（①第五報告書一九頁）。ダンカン（Duncan）は、つとに、『物を単純に誇示するために』と述べている（メイン前掲書二六五頁参照）。そのほか、多くの儀式、昇進の儀式などだけでなく、クヮーキウーツル族の『銅板を持上げる』儀式（㉕四九九頁）、トリンギト族の『槍を持上げる儀式』（㊱一一七頁）、葬式、トーテム、ポトラッチの棒を上げる儀式、家のはりや脂棒《あぶらぼう》を上げる儀式などは、この種の原則をあらわすものである。ポトラッチの目的は、『もっとも高貴な』家柄はなんというかということを知るためであることを忘れてはならない（㊱一一九頁）。

（二七）㉙マナの項参照。ここで、富の観念そのものに考察を加えるのが妥当である。われわれの見るところでは、裕福な者は、ポリネシアでは『マナ』をもつ人、ローマでは、『権威』（auctoritas）を有する人、北西部アメリカ諸部族では、『気前のよい人』（walas）（⑫一三九六頁）である。しかし、われわれは、精確に、富の観念、権威の観念――贈物を貰った者を支配する権利の観念――とポトラッチとの間の関係を指摘するだけでたりるし、しかも、この関係はきわめて明瞭である。たとえば、クヮーキウーツル族の間で、一番重要な氏族の一つはワラサカ氏族（Walasa-ka）―それは、また、家族、舞踏、結社の名称でもある―である。この名称は、ポトラッチを配るところの、『天上から来た偉大なもの』の意味である。ワラシラ（walasila）は富を指すだけでなく、『銅板のせり売りのときの毛布の分配』という意味をも有するのである。他の比喩で注目すべきものは、人はポトラッチを受けると、『重く』（lourd）なるという比喩である（㉜五五八―九頁）。更に、酋長は、彼の富を分ち与えた部族を『のみ下す』（avaler）とか、あるいは、彼は『財産を嘔吐する』などとか言われる。

（二八）トリンギト族の歌謡は、からす胞族（phratrie du Corbeau）について、つぎのように言う。『そなたがおおかみ胞族を貴くしたものだ』と（㊱三九八頁）。これら二つの部族においては、『尊敬』と『名誉』は贈られ、返される贈答の形式でなさるべきであるという原則が非常にはっきりしている（㉟四五一頁）。もっとも、ある種の贈物のお返しはしなくてもよい。

（二九）饗宴や贈与に関して、品位を保って受けて、無心を言わない礼儀作法が、これらの部族では、極端に目立っている。われわれの考えに示唆することの多いクヮーキウーツル族、ハイダ族、チムシアン族の三つの事実だけを指摘しておきたい。饗宴に際しては、酋長や貴族は少し食べるだけである。部下や平民は腹一杯詰込む。酋長や貴族は文字通り『おちょぼ口』で食べる（㉔四二七、四三〇頁）。腹一杯詰込む危険（㉟五九、一四九、一五三頁）。彼らはそれを饗宴で歌う（㉔四三〇、四三七頁）。彼らは空腹ではないことを知らすために、ほら貝を吹く（㉕四八六頁）。貴族はけっして物欲しそうな態度をとらないし、また、呪術医のシャーマンも報酬を求めない。彼の『霊魂』がそれを禁じているからである（⑫七三一、七四二頁、⑰二三八―九頁）。しかしながら、クヮーキウーツル族には『物乞い』の結社や舞踊が存する。

（三〇）トリンギト族とハイダ族のポトラッチでは、とりわけ、この原則が発達している（㉞四四三、四六二頁参照）。㊱三七三頁の演説を対照せよ。招かれた者が煙草を喫っている間は、霊魂も喫煙するのである。『わたくしたちは、ここにあなたがたの前で踊っていますが、踊っているのはたしかにわたくしたちではありませんよ。ずっと前に死んだわれわれのおじたちが、そこで踊っているのですよ』（㊱三八五頁）。賓客は霊魂、すなわち、『仕合せをもたらすもの』(gona'qadet)である(㊱一一九頁註a)。実際、われわれはここに、単に供犠と贈与の二つの原則が無条件に混淆しているのを見るのであるが、それは自然にたいする効果をのぞけば、すでに引用したすべての事例と対照することが可能であろう。生きている人々に物を贈ることは死者に贈ると同じである。トリンギト族の著名な説話(㊱二二七頁)は、死者が蘇生して、彼のためにポトラッチがどんなになされたかを知っていると述べている。霊魂が、生者によってポトラッチが与えられなかったと云って、生者を非難する趣旨の説話は数多存在する。クヮーキウーツル族が同じような原則をもっていたことはたしかである。たとえば、⑫七八八頁の口上参照。チムシアン族では、生者が死者を代表する。タテ(Tate)はボァスに、『供物はとくに祭礼で提供される贈り物の形態で出現する』と書き送っている(㉟四五二頁、また、二八七頁参照)。この題目に関するハイダ族、トリンギト族、クヮーキウーツル族との比較対照については、㉟八四六頁。

(三一)クラウゼは、トリンギト部族間での相互の接近の態様を見事に描写する(前掲書二四〇頁)。

(三二)⑬一七一頁以下、二五一頁以下。チムシアン形態では、氏族がより明瞭であるにもかかわらず、トリンギト形態とハイダ形態とはそれほど明確に区別されない。

Ⅳ 提供・受容・返礼の三つの義務

ポトラッチの本質としての贈る義務

贈る義務[一]はポトラッチの本質である。酋長はみずからのために、その息子、婿あるいは娘のために、更には、死者のために[二]、ポトラッチをしなければならない。酋長は精霊につきまとわれ、その庇護を受け(三)、また、財産を所有し、財産によって所有されている(四)ということを証明するときだけ、彼はその部族、村落、更には、その家族にたいして権威を保持しうるし、また、種族の内外をとわず、諸酋長間で彼の地位を維持しうるにすぎない(五)。そして、彼がその財産を証明するただ一つの方法は、それを消費し、分配して、他の者を圧倒し、『彼の名声の影に(六)』隠してしまうことによるほかはない。クヮーキウーツル族やハイダ族の貴族は古代中国の官吏や役人とまさしく同一の『面子《めんつ》』（face）の観念を有するのである(七)。ポトラッチを与えなかった神話上の大酋長の一人は『汚れた面(八)』（face pourrie）をもったと称されている。ここでは、かような表現は中国におけるよりも更に適切である。というのは、北西部アメリカにおいては、威信を失うことは、魂を喪失することと同様であって、その魂は真に『面子』であり、舞踊の仮面、すなわち、精霊を化身し、紋章あるいはトーテムをつける権利であるからである。このように、賭けられるのはペルソーナ（persona＝人格、仮面）であって、それは戦闘(九)あるいは儀式の上での手落(一〇)によって失われうることがあるように、それはポトラッチ(一一)であるいは贈与の賭(一二)で失われることもある。これらの社会のいずれにおいても、人々はしきりに与えたがる。冬季の儀式や集会のときをのぞいても、神あるいはトーテムから齎された思いがけない海の幸や山の幸を分配するために、友人を招待しなければならず(一三)、参加したポトラッチから獲得してきたものをことごとく皆んなの者に分配する義務を負い、また、酋長、家臣あるいは親族(一四)のいかなる奉仕であれ(一五)、それらにたいしては贈り物をなすことによって感謝を示さなければならない重要な時機が存在する。かような義務を履行しなければ、すくなくとも、貴族にとっては、礼儀にそむくこと

になり、その地位を失うようなこともありうるのである。(一六)

招く義務の機能　招待の義務は、氏族間あるいは部族間で履行される場合には、とくに明瞭である。招待は家族、氏族、胞族の成員以外の人にたいしてなされなければ意味をなさないようである。(一七)祭礼あるいはポトラッチに参加する資格を有する者、参加する意志をもつ者、あるいは、参加した経験を有する者はすべて招待されなければならない。(一八)それを等閑にすると、不幸な結果がおとずれる。(一九)チムシアン族のある重要な神話は、(二〇)ヨーロッパの民俗学の主要な題目、すなわち、洗礼式と結婚式への招待を等閑にされた仙女の伝承がいかなる精神状態から生じたかを示すものである。この伝承が縫込まれている制度的な構造がここにあからさまにあらわれ、それがどんな文明において働きをもっていたかが理解される。チムシアン族のある部落の姫が『かわうその国』で子をはらみ、不思議にも、『かわうその子』(Petite Loutre)を産み落した。彼女はその子とともに酋長なる彼女の父の部落に帰ってくるのである。『かわうその子』は大きなおひょう(北方海洋に産するひらめの一種—訳者註)を捕えてきたので、彼の祖父は彼の同僚の全部族の酋長たちをそれでもてなしたのであった。酋長は『かわうその子』を一同に引き合わせて、この子が動物の姿をして魚をとっているのに出会っても、捕えないでいただきたいと懇請した。『これがわしの孫じゃ。お客衆にさし上げた食べ物はこ奴が取ってきたのですわい』と云った。かようにして、祖父は冬の食物の欠乏する間、『かわうその子』が取ってくる鯨やあざらしや新鮮な魚を食べにやって来るときに、皆がもってくる各種の贈り物で金持になった。しかし、彼は一人の酋長を招くのをなおざりにしていた。ところで、ある日、このなおざりにされた部族のカヌーの乗組員が沖合で大きなあざらしを口にくわえている『かわうその子』に出会うと、カヌーの射手は『かわうその子』を殺して、あざらしを取り上げてしまった。祖父とその部族の者はその『かわうその子』を方々探し求め、漸くなおざりにされた部族によって惹き起された事の顚末を知ったのである。この部族は『かわうその子』をまったく知らなかったと言訳をしたのであった。その母親である姫は悲しみがもとで死亡してしまった。心ならずも、『かわうその子』を殺してしまった部族の酋長は祖父の酋長に罪滅ぼしにあらゆる贈り物をもって行った。その後で、神話はつぎのように言って、話を結んでいる。(二一)『かようなわけで、酋長に息子が生まれて、名前がつけられるときには、皆の者によく知って貰うために、盛大な祝が催される』と。ポトラッチ、つまり、財産の分配は軍事上、法律上、経済上、宗教上の『承認』(reconnaissance)――このことばのすべての意味において――の基本的行為である。(二二)人々は酋長あるいはその子を承認すると同時に、彼らは『見知られた者』(reconnaissant)となる。

ときには、クヮーキウーツル族やこの集団の他の諸部族の祭礼における儀式が、この招待すべき義務の原則をあらわすことがある。(二三)一部の儀式が『犬礼式』(cérémonies des Chiens)で始まる場合がある。これらの犬は仮面をつけた人によって扮せられ、ある家から出て、他の家に押入るのである。これはいわゆるクヮーキウーツル部族の三氏族の人々が彼らの中で一番高い序列の氏族のグエテラ族(Guetela)を招くのをおろそかにした出来事を記念するものである。グエテラ族は『局外者』(profanes)でいることを望まなくて、舞踊小屋に侵入して、すべてのものを破壊したのであった。(二四)

貰う義務も贈る義務と同様に強制される。人はだれでも贈り物を貰うのを拒んだり、あるいはポトラッチの受容を拒否する権利をもたない。(二五) 拒否することは、お返ししなければならないのではないかと気づかっていることを示し、お返しをしない間は、『鼻っ柱をくじかれる』(aplati) のではないかと気づかうことである。実のところ、そのときにはすでにぺしゃんこにされているのである。それは名前の『威厳を失う』(perdre le poids) ことでもあり、また、自分が打負されたとあらかじめ言い出るにひとしいか、(二六) あるいは反対に、ある場合には、みずから揚言して勝利者で、打勝ち難い者であると称するのと同然である。(二七) 実際、すくなくとも、クヮーキウーツル族では、身分階層制上承認されたある地位にいるとか、あるいは以前のポトラッチで勝っておれば、別段争いを生ずることもなく、招待を拒んでもよいし、また、出席しても、贈り物を貰うのを拒んでも差支えないようにおもわれる。しかし、そうした場合には、招待を拒んだ者にはポトラッチをする義務が発生する。とりわけ、これらの拒絶の儀式が明確に観察されうる『脂肪祭り』(fête de graisse) の盛大なお返しをしなければならない。(二八) 身分が高いと信じている酋長は、さじ一杯の脂肪が贈られても、それを貰うのを拒絶する。彼は『銅器』をとりに出かけ、(脂肪の)『火を消す』ために、その銅器をもって帰ってくる。その後、一連の儀式が行われて、挑戦を示し、拒絶した酋長にたいして他のポトラッチ、すなわち、他の脂肪祭りをやる義務を課するのである。(二九) しかしながら、原則として、すべての贈り物は常に受け取られ、称讃される。(三〇) さし出された御馳走にたいしては大きな声で感謝の意を表さなければならない。(三一)しかし、それを受けると、義務に拘束されるということは心得られている。(三二)人々は贈り物を『背負いこむところの、煩らわしいものとして』(sur le dos) 貰うのである。人々はある物あるいはある歓待を享ける以上のことをなしたのである。つまり、挑戦に応じたのである。また、お返しをする確信があり、身分不相応ではないということを示しうる自信があればこそ、挑戦に応じられたのである。(三三)このように相互に対抗していると、酋長たちはおかしな、しかも、たしかに異常と感ぜられる状態におかれるようになる。古代のゴールやゲルマニアにおけると同様に、また、現代フランスの学生、兵隊、農民たちの宴会におけると同様に、人々は盛り沢山の御馳走を平げて、招待主にたいしておかしな身振りで敬意を表さなければならない。挑戦をいどんだ者の承継者にすぎないときでも、この義務は行われる。(三四)贈ることを控え、貰うことを厭うのは、(三五)お返しすることをなおざりにするのと同様に、威信を失うのである。(三六)

強制的なお返しの義務

ポトラッチが純粋の破壊から成立っていない場合には、お返しの義務がポトラッチの本質である。(三七)破壊そのものは、精霊に捧げられた供犠であり、精霊が恩恵を受ける場合が多く、とくに、破壊が氏族内の上位の酋長、あるいは、すでに上位と承認されている氏族の酋長によってなされるときには、(三八)無条件にまったくお返しをする必要がないようにみえる。しかし、普通では、ポトラッチは、常に受けたポトラッチよりも盛大なポトラッチを返さなければならないし、同様に、すべての贈り物も貰ったよりも多くのものを返礼する義務を負う。その割合は普通は年に三〇パーセントから一〇〇パーセントである。家臣がなにかの奉仕をしたために、酋長から一枚の毛布を貰ったとしても、彼は酋長の家族の婚礼あるいは酋長の息子の入社式に際して、二枚の毛布を酋長にお返しする。しかし、こんどは酋長としては、対抗氏族が彼の気前よき行為のお返しのポトラッチを催したときに、そのポトラッチで取得するすべての物をその家臣に再分配するというのも事実である。

十分にお返しをする義務は強制的なものである。(三九) お返しがなされなかったり、あるいは、同等の有価物が破壊されないならば、『面子』が永久に失われる。(四〇)

返礼の義務への制裁は債務のゆえに奴隷になることである。この制裁は、すくなくとも、クヮーキウーツル族、ハイダ族、チムシアン族の間で働いている。この制度は、その性質や機能の上で、たしかにローマのネクスム（nexum＝拘束行為）に比較しうべきものである。借り、つまり、ポトラッチを返しえない者は、その位階あるいは自由人たる身分すら失う。クヮーキウーツル族の間では、信用のない者が借財をする場合、彼は『奴隷として売渡す』（vendre un esclave）と称される。この表現がローマの表現に類似していることに、今更注意を喚起する必要はない。(四一) ハイダ族はあたかもラテン人のこの語句を別個に発見したかのように、娘の母親が年少の酋長の母親にたいして幼時婚約の贈り物をなす場合に、彼女は『その酋長に紐をつける』とさえ言うのである。

全体的給付組織の不自然な産物としてのポトラッチ

しかし、トロブリアンド島のクラが義務的贈答制の極端な事例にほかならないと同様に、北西部アメリカ沿岸社会のポトラッチも贈答組織のいわば奇形児にすぎない。すくなくとも、ハイダ族やトリンギト族の間の胞族の存在する地域では、古代の全体的給付の重要な痕跡が存している。しかも、これはその親縁部族中の主要集団たるアタパスカ族の著るしい特徴でもある。なにごとについても、儀式ごとに、贈物が交換され、そして、なにもかもすべて後からかあるいはその場でただちにお返しされ、そのお返しはまたただちに分配される。[四二] チムシアン族もほぼ同じ規則をもっている。[四三] 更に、クヮーキウーツル族の間では、多くの場合、これらの規則はポトラッチ以外で作用するのである。[四四] われわれはこれほど明確な点をこれ以上強調しないつもりである。古い著者たちはポトラッチを別個の表現で敍述しないので、果してそれが明瞭な制度を形成するか否か不審におもわれるほどである。[四五] まったく知られていない部族の一つではあるが、研究すべき価値が絶大であるチヌーク族 (Chinook)[68] の間でも、ポトラッチということばは贈与の意味を含んでいるということを想い出しておきたい。[四六]

(一) ダヴィ氏が行ったポトラッチと政治的地位、とくに、婿と息子のそれとの関係についての論証を再び述べる必要はない。また、饗宴と交換との連帯的価値に註釈を施す必要もない。たとえば、一方は義父で、他方が婿である場合、二つの精霊の間でカヌーを交換すると、彼らはもはや『ただ一つの心』しかもたなくなる (㉜三八七頁)。ボァス (㉕第三巻二七四頁) は、『それは丁度名前を交換するようなものであった』と付け加えている。同書第三巻二三頁参照。他のクヮーキウーツル部族のニムキシュ族の祭礼についての神話の中においても、婚礼の饗宴は、『娘がはじめて来て食べる』部落の部落民としての地位に彼女を就任せしめることを目的とする。

（二）葬礼ポトラッチはハイダ族とトリンギト族については実証され、かつ、十分に研究しつくされている。チムシアン族では、このポトラッチは喪の終末、トーテム柱の設定および火葬に密接に結合されているようにおもわれる（㉟五三四頁以下）。ボァスは、クヮーキウーツル族の葬礼ポトラッチには触れていないが、神話の中には、かようなポトラッチに関して叙述されているのが発見される（㉕四〇七頁）。

（三）あるクヮーキウーツル族の酋長はつぎのように述べている。『これはわたしの誇りであり、わたしの家族の始祖の名前である（ここで、彼は称号であると同時に共通名である彼の名を名乗る）。なぜならば、わたしの祖先たちはすべてマクスワ（maxwa＝大ポトラッチ）の提供者であったから』（⑫八八七頁一の五四。八四三頁一の七〇を対照せよ）。

（四）『だから、わたしは財産を一身に担っている。わたしは財産で一杯なのだ。わたしは財産の数え手なのだ』（⑫一二八〇頁一の七〇）。

（五）ある人の紋章にたいする権利を維持するためのポトラッチ（⑮一〇七頁）。レグ・エック（Leg. ek）の説話に関しては、㉟三八六頁参照。レグ・エックはチムシアン族の有力な酋長の尊称である。チムシアン族の酋長の他の主要な尊称であるネスバラス（Nesbalas）酋長の物語とハイマス（Haïmas）酋長を嘲弄した彼の態度に関しては、同書三六四頁参照。クヮーキウーツル族で、一番有力な酋長の尊称の一つはダベンド（Dabend）である（㉕一九頁。⑲一四〇六頁の dabendgal'ala参照）。これは、ポトラッチの前では、『目的を達しえないもの』という意味の名をもち、ポトラッチの後では、『目的を達成しえたもの』という意味の名をもつ。

（六）銅板を買得するということは、銅板を買得者の『名義に』（sous le nom）することである（㉜三四五頁）。他の比喩は、ポトラッチの提供者の名前は、ポトラッチを行ったために、『威厳を増す』ということである（同書三四九頁）。反対に、その名前は、ポトラッチを受けたために、『威厳を失う』（同書三四五頁）。また、物を贈った者が貰った者にたいして優越権をもつという同様な観念を表示する他の表現も存在する。それは、貰った者はそれを償わないかぎり、いわば奴隷同然であるという観念である。この場合、ハイダ族では、『名前が汚される』といわれる（⑮七〇頁）。トリンギト族では、『贈り物を貰った者はそれを背負い込まされる』と言われる（㉞四二八頁）。ハイダ族は示唆に富む二つの表現を有する。すなわち、それは、『目下の者と戦う』という意味をもつとおもわれる針を『すすめる』、『早く走らせる』という表現である（⑮一六二頁）。

（七）ハイマスがどんな具合にしてその自由、特権、仮面およびその他補助の精霊、家族、財産を喪失したかの説話を参照せよ（㉟三六一―二頁）。

（八）⑫八〇五頁。ボァスのクヮーキウーツル族の報告者であるハントは彼につぎのように書き送っている。『わたくしには、マクシュヤリゼ酋長（Maxuyalidze ＝ポトラッチの提供者の意味）が、どうしていちども歓待を催さなかったのか理由がわかりません。これっきりです。だから、彼はケルセム（Qelsem）、つまり、「汚れた面」と呼ばれました』（同書一の一三―五頁）。

（九）ポトラッチが戦闘と同じものであることは以前に指摘した。棒の先端につけられた短刀はクヮーキウーツル族のポトラッチの象徴である（㉕四八三頁）。トリンギト族のポトラッチの象徴は立てられた槍である（㊱一一七頁）。トリンギト族の間の償いのポトラッチの儀礼を参照せよ。クルー人とチムシアン族との戦い（同書四三二―三頁）、だれかを奴隷にした場合の踊り、だれかを殺した場合の踊りなしのポトラッチ、銅板の贈与の儀礼を参照せよ（同書二二一頁註六）。

（一〇）クヮーキウーツル族の間の儀式の上での手落に関しては、㉜四三三、五〇七頁など参照。その償いはポトラッチ、あるいは、すくなくとも、贈り物をすることである。

これこそ、これらの社会全般を通じての極めて重要な法および儀式上の原則である。富の分配は精霊にたいする賠償、贖罪ならびに精霊と人との霊的交渉の回復の役割を果す。ランベール師[69]は、その『ニューカレドニアの原住民の習慣』(Mœurs des Sauvages Néo-Calédoniens) 六六頁の中で、カナカ族[70]では、母系親族のある者が彼の父親の家族内で生命を失うようなことがあると、賠償を請求する権利が彼らに認められると述べている。これに類似する制度はチムシアン族の間でも見出される（ダンカン前掲書二六四頁。息子の生命の喪失の場合のポトラッチに関する二九六頁参照）。マオリ族のムル（muru）の制度はこれと比較しうるであろう。

捕虜身受のポトラッチも同じように解釈されるべきである。なぜならば、それは捕虜を取戻すだけではなく、『名誉』をも回復することで、そのために、捕虜を出した家族はポトラッチをしなければならない。ゼバサ（Dzebasa）の説話（㉟三八八頁）を参照せよ。トリンギト族にも同じような規則が存在する（クラウゼ『トリンギト・インディアン』二四五頁、ポーター『第一一回国勢調査』五四頁、㉞四四九頁）。

儀式の上での手落を償うポトラッチはクヮーキウーツル族に多い。しかし、仕事に取掛かろうとする双生児の親の罪滅しのポトラッチに注目する必要がある[71]（⑫六九一頁）。夫の明白な過失に基づいて、夫のもとを去った妻を呼び戻すためには、義父にたいして、ポトラッチをしなければならない（同書一四二三頁語彙参照）。この原則は擬制的に使用されることもある。ある酋長がポトラッチをする機会を作りたいならば、彼は義父のところに妻を送り返すのである。その結果、彼はあらたに富を分配する口実をもちうる。

（一一）要するに、ポトラッチは与えなかったとしても、受けなかったとしても、危険なものである。神話上のポトラッチに加わった者は、それがもとで死亡するのである（⑯六二六頁。チムシアン族の同じ神話については、六六七頁参照）。ボァス『インディアンの伝説』（三五六頁）と対照せよ。たとえば、現世で精霊のポトラッチで飲食するように、ポトラッチを与える者の食べ物を受けるのは危険である。クヮーキウーツル族（アウィケノック族）の伝説について同書三二九頁を参照せよ。また、からすがその肉から食物を取出す美しい神話（数例もある）の中、カタトロック族（同書七六頁）とヌートカ族（同書一〇六頁）の神話を参照せよ。更に、㉟六九四—五頁と比較せよ。

（一二）実際、ポトラッチは賭と試煉である。たとえば、その試煉は饗宴中にしやっくりをしてはならないという類から成っている。『しやっくりをするほどならば死んだ方がましだ』と言われる（㉔四二八頁）。『わが客衆に食物を全部片付けさせてしまおう』という挑戦の慣例参照（⑫九九一頁）。『食物を与える』とか、『食物を返す』とか、更には、『復讐する』とかの意味を表わすことばの間には、明確な区別はおかれていない（同書のエネサ（yenesa）とエンカ（yenka）、すなわち、食物を与える、償う、復讐するの語彙参照）。

（一三）漁撈、収穫、狩猟、貯蔵食料の樽開きの後の儀礼に際してのこれらの諸々の義務に関する長い一覧表は、⑫七五七頁以下に掲載されている。その儀式方式に関しては、六〇七頁以下参照。

（一四）チムシアン族は酋長のポトラッチと家臣のポトラッチとの間の配分を規定し、双方のそれぞれの分け前を定めた注目すべき制度を有する。氏族や胞族で切断された種々の封建的諸階層の内部においては、競争者が相互に対立するにもかかわらず、諸階層間を規制する社会的規範も存在する（㉟五三九頁）。

親族にたいする返礼については、同書五三七頁。トリンギト族とハイダ族とで相互に対立する組織ならびに家族によるポトラッチの割当に関しては、⑬一九六頁参照。

（一五）㉟四三九、五一二頁参照。奉仕にたいする返礼に関しては、五三四頁参照。クヮーキウーツル族の実例としては、毛布の数え手にたいする返礼、㉜六一四、六二九頁。

（一六）マセットのハイダ族の神話（⑯四三番）は、ポトラッチを十分にしなかった老酋長の説話を伝えている。すなわち、他の者たちは、彼をもはや招待しなくなり、ために、彼は死亡する。彼の甥たちが彼の像を作り、彼の名前で一〇回もの饗宴を行ったので、彼は生返る。マセットの他の神話（同書七二七頁）の中で、精霊がある酋長にたいしてつぎのように言う。『おんみの財産は多すぎるようだ。ポトラッチをしなければならぬわい』と。彼は家を建築し、手伝ってくれた者にお礼をする。更に、別の神話（同書七二三頁一の三四）の中には、ある酋長が『わしは財産を独り占めする意志はないのだ』と言い、『わしは一〇回ポトラッチをするつもりだ』と述べている。

（一七）氏族が定期的に対抗する態様については、㉜三四三頁（クヮーキウーツル族）、㉟四九七頁（チムシアン族）。胞族の存するところでは、かようなことは、言うまでもないことである。⑮一六二頁、㉞四二四頁参照。この原則は、からすの神話の中で明確に述べられている（㊱一一五頁）。

（一八）トリンギト族は注目すべき語法を有している。『被招待者』は『漂う』、彼らのカヌーは『海上を漂泊する』、彼らが持ち来るトーテム・ポールは漂流するものとみなされる。そして、それらの漂泊を止めるのが、ポトラッチや招待なのである（㊱三九四―五頁）。クヮーキウーツル族のかなり通俗の称号の一つは、『人が漕ぎ寄る者』とか、『人が蝟集する場所』である（⑫一八七頁）。

（一九）だれかある人を無視して侮辱をあたえれば、そのために、彼と共同責任を負担する親族はポトラッチに参加するのを差控えることになる。チムシアン族の神話の中においては、偉大な神霊が招待されないかぎり、諸々の神霊は参加しない（㉟二七七頁）。ある説話は、大酋長のネスパラスが招待されなかったので、他のチムシアン族の酋長たちがやって来なかった旨を伝えている。彼らはつぎのように言う。『彼は酋長である。彼といざこざを起すようなことは到底できない』と（同書三五七頁）。

みなし子、みすてられた者、あわれな身内の者を招待しなければ、危険であるという通常の物語！これは、ヨーロッパやアジアの民間伝承とも相通ずるが―に注目せよ。『インディアンの伝説』三〇一、三〇三頁。ボァスの㉟の二九二頁、二九五頁では、乞食がトーテムあるいはトーテム神である。この題目に関する目録は、同書七八四頁以下参照。

勿論、ポトラッチへの参加資格を失った者、祭礼をしない者、または、祭礼名を有しない者は招待しなくても差支えない（⑫七〇七頁）。ポトラッチを返さなかった者も同様である（同書のワヤ（waya）とワヤポ・レラ（wayapolela）の項目下の語彙参照）。

侮辱すれば、政治的結果を発生することもある。その事例としては、アメリカ東部のアタパスカ族とトリンギト族のポトラッチ（㉞四三五頁）。㉟一一七頁参照。

（二〇）㉟一七〇―一頁。

（二一）現に、ボァスは、彼の原住民の報告者であるタテ（Tate）の原文から採用したこの文句を註に挿入している（同書一七一頁)。しかし、神話の寓意と神話自体とは分離されるべきではない。

(二二) ネグナクス (Negunaks) のチムシアン族の神話の細部については、同書二八七頁以下、また、この題目と同じものに関しては、八四六頁の註を参照せよ。

(二三) たとえば、黒すぐりの祭礼 (fête des cassis) に招待する場合に、口上役は、『われわれはここにみえていない人たちをもお招きしたのです』という (⑫七五二頁)。

(二四) ㉜五五三頁。

(二五) トリンギト族では、ポトラッチに招かれながら、二年間も加わらない客を『めめしい男』と呼ぶのである (㊱一一九頁)。

(二六) ㉜三四五頁。クヮーキウーツル族では、あざらしの脂肪は胸をむかつかせ、いやがられるのであるが、あざらしの祭礼には参加しなければならない (⑫七五二頁)。『全部を平げてしまうように努めましょう』。同書一〇四八頁参照。

(二七) かようなわけで、ときには、客にたいして気づかいながら招待の申込がされる。というのは、客が招待の申込を断るのは、彼が上手であることを示すことになるからである。あるクヮーキウーツル族の酋長が同種族のあるエスキモーの酋長につぎのように言っている。『わたしの折角の招待を断って、わたしに恥をかかせないでほしい。わたしの願いを受入れて下さい……等。わたしは買ってくれる者 (すなわち、与えてくれる者) にたいしてだけ諂ったり、物を与えたりするような人間ではありませんよ。そうなのですよ。ねえ、君』 (㉜五四六頁)。

(二八) 同書三五五頁。

(二九) ⑫七七四頁以下の油とサラルの漿果の祭りに関する他の説明を参照せよ。これはハントによって叙述されたのであるが、すぐれたもののようにもおもわれる。また、この儀礼は、招待も贈与もされない場合にも、使用されるようである。張り合う者を蔑んでなされるかような祭礼方式は、エスキモーの場合と同様に、たいこの伴奏で歌謡が歌われる (同書七七〇頁)。

(三〇) ハイダ族の慣用語句は、『同じようにせよ、よい食べ物を与えよ』である(⑯六八五頁)。クヮーキウーツル族については、⑫七三八、七六七頁。七七〇頁のポレラサ(Polelasa)の物語参照。

(三一) 期待に添わないことを表象する歌謡は非常にはっきりしている(㊱三九六頁註二六、二九)。

(三二) チムシアン族の酋長は、通常ポトラッチに招かれた者が持ってくるポトラッチの進物を検分するため、特使を差向ける(㉟一八四頁、四三〇、四三四頁参照)。八〇三年の勅法(capitulaire)によれば、カール大帝の官廷には、[72] このような検分を司る役人がいた。

(三三) トリンギトのからす胞族の神話は、対抗胞族がやかましく騒ぎたて、舞踊小屋で、両胞族を分ける真中の線を踏越えたために、クロー胞族が饗宴に出席しなかった情況を伝える。クロー胞族は彼らには勝ちそうにもないとおもったのである(㊱一一八頁)。

物を貰ったという事態から発生する不均衡はクヮーキウーツル族の口上の中に見事に描写されている(㉜三五五、六六七、六六九頁)。

(三四) このような事例としては、㉞四四〇—一頁。

(三五) トリンギト族では、より多くのものを返礼せしめようとする儀式と同時に、主人が客にたいして贈物の受容を強制せしめるような儀礼も存する。客が満足しない場合には、出て行く態度を示す。贈与者は死亡した親族の名前を唱えながら、二倍の贈り物を提供する(㉞四四二頁)。この儀礼は当事者双方が有する彼らの祖霊を代表する資格とも関連があるように考えられる。

(三六) ⑫一二八一頁の『部族の酋長たちは、いままでにいちども(饗宴の)お返しをしたことがない………。彼らは、みずから恥をかく行為に出ているのだ。だから、おんみらはこれらの名誉を失墜した者たちを制する大酋長として重みをますのだ』という口上を参照。

(三七) 大酋長レゲク(Legek=チムシアン族の王侯の尊称)のポトラッチのときの口上(㉟三八六頁)を見よ。ハイダ族にたいしてつぎのように告げられる。『おんみたちはかつて偉い酋長がしたように、銅板を海に投げ込むなどはとてもできないから、酋長の中ではどんじりの者だ』と。

(三八) 理想としては、ポトラッチを与えて、その返礼をされないことである。ある口上の中の『汝は財物を与えて、その返礼を受けないことを願ってもよろしい』(⑫一二八二頁) 参照。ポトラッチを与えた者は樹木または山岳に喩えられる。『余は偉大な酋長、巨大な樹木である。汝は余の足下におり、………柵のように、余を囲繞している。………余は汝に財物を付与する』(同書一二九〇頁、第一節)。『またとないようなポトラッチのポールを高々と掲げよ。これこそ、唯一の繁った樹木、唯一の太い根である………』(同書第二節)。ハイダ族は槍の喩えでこれらを表現する。物を貰った者は『酋長の槍で生計をたてる』(⑯四八六頁)。

(三九) 十分なお返しのなされなかったポトラッチについての凌辱の物語(㉟三一四頁)を見よ。チムシアン族はウーツェナルク族によってお返しのなされなかった二枚の銅板をたえず念頭においている(同書三六四頁)。

(四〇) 挑戦の銅板と同じ価値をもつ銅板が破壊されないかぎり、『名前』がすたる(㉜五四三頁)。

(四一) かようなわけで、信用のない者が義務的な分配あるいは再分配をするために必要なものを借りる場合に、その者は『彼の名前を賭ける』。これと同義の表現は『彼は奴隷として売渡す』である(㉜三四一頁、⑫一四五一頁。また、一四二四頁のケルゲルゲンド(kelgelgend)の項目を見よ。一四二〇頁参照)。

(四二) ハイダ族、チムシアン族、トリンギト族の和解の儀式は給付と即座の反対給付から成る。要するに、それは担保物(紋章入りの銅板)、人質(奴隷、婦女)の交換である。たとえば、ハイダ族とチムシアン族との戦いの事例(⑰三九五頁)を見よ。『彼らは各自相手方の婦女と結婚した。彼らはふたたび仲違いをするようになることを懸念したからである。このようにして、平和になった』。ハイダ族とトリンギト族との戦いでは、償いのポトラッチが存在する(同書三九六頁)。

(四三) ㉟五一一一二頁。

（四四）（クヮーキウーツル族）ー続けざまの両方の方向の財物の分配（㉜四一八頁）。儀式の上での手落にたいする償いのなされた翌年のお返し（同書五九六頁）。花嫁代にたいするおまけつきの返礼（同書三六五ー六、五一八ー二〇、五六三頁）。

（四五）北西部アメリカの言語では、このポトラッチということばを使う前提としての観念や語彙は、チヌーク語を基礎とするアングロ・インディアンの『サビール語』[73]が有するような明確さはもたないようにおもわれる。

いずれにせよ、チムシアン族の言語は、部族間の大ポトラッチたる『ヤオク』（yaok——㉟五三七頁。五一一、九六八頁を対照せよ。そこでは、ポトラッチという訳が与えられているが、適切ではない）と他の種類のポトラッチとを区別する。ハイダ族は、葬礼のポトラッチたる『ワルガル』（walgal）と他の原因のポトラッチたる『シトカ』（sitka）とを区別する（⑮三五、六八、一七八ー九頁）。

クヮーキウーツル族の言語では、クヮーキウーツル語とチヌーク語との共通語の『ポラ』（poLa＝満腹さす）はポトラッチではなくて、饗宴あるいはその結果を指すようにおもわれる（㉕二一一頁）。ポラス（poLas）ということばは饗宴を催す者（㉖四三、七九頁）と満腹させられる場所（ザワデエノクス族（Dzawadaenoxu）の酋長の一人の尊称という伝説）を指す。⑫七七〇頁参照。クヮーキウーツル族において、もっとも一般的な名称はペス（p'es）であって、これは（競争者の名声を）『ぺしゃんこにする』（⑫の索引参照）とか、あるいは、からにされる籠（㉕四五一頁）の意味である。部族あるいは部族間の大ポトラッチは『マクスワ』（maxwa）という特別の名称をもつようである（㉕四五一頁）。ボァスはこの『マ』（ma）という語根から、別の二つのことば、すなわち、マウィル（mawil——入社式をする部屋）としゃちの名前を多少無理な手法で引き出している（⑫の索引）。事実、クヮーキウーツル族には、あらゆる種類のポトラッチおよび各種の支払、払いもどし、いなむしろ、贈与と返礼、すなわち、婚礼、シャンマーにたいするお礼、前借り、遅延利息などの、要するに、あらゆる種類の分配および再分配を指称する多数の特別な用語が見出される。たとえば、拾い上げるという意味の『メンまたはメナ』（men〔a〕）は、『少女の衣裳が人々に投げられて、拾って貰う小ポトラッチである』(⑫二一八頁)。また、『パヨル』(payol)は銅板を与えるポトラッチであって、カヌーを与えるポトラッチには別個のことばがある(⑫一四四八頁)。これらのことばは多数であり、かつ、明確さを欠き、具象的であって、古代のすべての語彙の場合と同じように、相互に重なり合っている。

(四六) バルボー『ポトラッチ』(Barbeau, Le Potlatch, Bulletin de la Société Géographique de Québec, 1911) 二七八頁参照。

V 交換の対象物にひそむ力

贈物に潜む循環を強制する力

以上の分析を更におしすすめてゆくと、ポトラッチで交換される物の中には、贈物を循環させようとする力、つまり、贈物にたいして与えられ、返されることを強制するある力が存在することを検証しうる。

クヮーキウーツル族、チムシアン族の家宝の性質

まず第一に、すくなくとも、クヮーキウーツル族やチムシアン族は、各種の財産の間にローマ人、トロブリアンド島民、サモア島民と同様な区別を設ける。彼らには、まず、消費され、普通に分配される物がある(わたくしは、それらに交換の痕跡を発見しえなかった)。[一] しかし、他方、護符、紋章入りの銅板、毛皮の敷物、紋章付きの織物のような家宝もある。これらの範疇に入る物は、婦女が婚姻にあたって引渡され、諸種の『特権』が婿に与えられ、また、名前や地位が子供や娘の夫に与えられる際の儀式と同じ儀式をもって伝えられる。[二] これらの場合、譲渡（aliénation）と称するのは正確ではない。それらは、売買あるいは真の譲渡（cession）の対象というよりも、むしろ、貸借の対象をなすからである。クヮーキウーツル族では、それらの物のあるものは、ポトラッチにあらわれるけれども、譲渡されえない。要するに、これらの『財産』は聖物（sacra）[74]であって、家族はたとえそれらを手放すことがあったとしても、ただ澁々ながら手放すにすぎず、また、ときとしては、けっして手放さない場合すら存する。

ハイダ族の神格化された財産の概念

更に仔細な観察を加えるならば、ハイダ族においても、同様な財物の区別があらわれてくる。ハイダ族は、実際、太古の人たちに倣って、財産や富の概念を神格化さえするのである。アメリカでは非常に稀れな事例に属するのであるが、彼らは宗教的、神話的努力によって、『財産女』（Dame propriété, Property Woman）[75]――われわれは、これに関する神話と記述とを有しているのであるが――のごとく抽象概念を具象化するに成功している。[三] 彼らにあっては、それは主要胞族たるわし胞族の産みの親、始祖的女神にほかならないのである。しかし、他方、不思議なことであるが――これはアジアの世界および古代の事物をはるかに想起せしめるものであるが――、彼女は『女王』（reine）、すなわち、棒打ち遊び[76]の第一の木片――それは他のすべてのものに勝ち、幾分かはそこから名を得ているようにおもわれる――と同一であるようにみえる。この女神はトリンギト族の分布する地域にも発見され、[四] また、その神話は、崇拝するとまではいかないとしても、チムシアン族[五]およびクヮーキウーツル族にも見出される。[六]

財物は生命をもつ

これらの貴重な財物の全体は呪術的な祖先伝来物（douaire）を構成する。それは、屢々、それらを付与する者、それらを受領する者（récipiendaire）、更には、これらの護符を氏族に授けた精霊ならびに精霊からそれを受けた氏族の始祖的英雄と同視される場合が多い[七]。いずれにしても、これらすべての部族において、それらの物の全体は常に霊的な起源をもち、霊的な性質を帯有する[八]。その上、それらは箱、どちらかといえば、それ自体に強力な個性が賦与され、口をきく紋章入りの大きな箱に収められている。しかも、その箱はその所有者と霊的交渉をもち、彼の魂やその他のものをもいれているのである[九]。

　これらの貴重な財物や富の象徴のそれぞれは、トロブリアンド島の場合と同じように、個性、名称[一〇]、特性、権威を帯有する[一一]。大きなあわび（abalone）の貝殻[一二]、それでおおわれた楯、それで飾られた帯や毛布、動物や人の顔、目、姿態を織込み、刺繡した紋章入りの毛布などはすべて個性を有する[一三]。家、梁、装飾された壁はそれ自体生きた実在である[一四]。屋根も火も彫刻も絵も口をきくことができる。呪術的な家は単に酋長やその部下や対抗胞族の成員によるだけではなく、神や祖先によって建てられるからである。家こそは精霊や若い入居者を同時に迎え、送り出す場所である[一五]。

財物は生産力を有する

　なおその上に、これらの貴重な財物のそれぞれはその内部に生産力を包蔵する[一六]。それは単なる象徴や担保にすぎないものではなく、富を表象し、担保するものであり、位階や繁栄の呪術的、宗教的根源である[一七]。儀式用の匙や皿や氏族トーテムや地位を表象するもので飾られ、彫刻されていて、生命の賦与された物である[一八]。それらは神霊によって祖先に与えられた食物を無尽蔵に創造する道具の再現である。それらの道具そのものが神秘的なものと考えられる。かようにして、物はそれを創造した神霊と混同され、食事に用いられる道具は食物と混同されるようになる。したがって、クヮーキウーツル族の皿とハイダ族の匙は非常に精確な循環過程を有する重要な財物であって、酋長の家族と氏族との間に慎重に分配される。

（一）チムシアン族では、財産と食物との区別が非常に明確である。ボァスは、つぎのように言う――これは彼の報告者たるタテの言に依拠したものであろう――。『濃厚な食物と云われるものを占有することは、家族内で威厳を維持するために欠くべからざることである。しかし、食物そのものは富を構成するものとしては算入されない。富は、蓄積された後に、ポトラッチで分配された物あるいはその他の種類の物の売買（これはわれわれが現に義務的贈答と称しているものであるが）によって獲得される』（㉟四三五頁）。

クヮーキウーツル族も同様に単なる食物と富＝財産との区別をする。富、財産ということばの意味は同じである。財産には二つの用語がある。第一のものは、『エク』（yăq）あるいは『ヤク』（yàqu）である（⑫の語彙一三九三頁。また、分配するという意味の yâqu を見よ）。このことばには、財産という意味の『エカラ』（yeqala）と護符、手回り品を意味する『ヤクスル』（yaxulu）という二つの派生語がある。『エ』（yă）の派生語に関しては、同書一四〇六頁を見よ。もう一つのものは『ダデカス』（dadekas）である（㉕五一九頁。また、四三三頁を参照せよ）。ネウィティー族の方言の『ダオマ』(daoma)、『デデマラ』（dedemala）（⑫の語彙を見よ）。このことばの語根は『ダー』（dâ）である。この語根の意味はインド・ヨーロッパ語の同じ語根の『ダー』（受ける、取る、手ではこぶ、扱うなど）と不思議にも似ている。その派生語の中には意味深いものもある。たとえば、『敵を呪術にかけるためにその衣裳の一片をとる』という意味をもつことばもあるし、また、（銅板の買得にあたって、おまけ付で返してもらうために前もって付与される毛布に関して）、『手中におく』、『家の中におく』の意味をもつものもある（手中物（manus）と財産（familia）の意味を比較せよ。後述参照）。更にまた、『多数の毛布を相手の毛布の積重ねの上に載せて、このようにして、それを受取る』という意味をもつ語もある。同じ語根からの派生語としての『ダデカ』（dadeka）が、『互に嫉妬しあう』という意味をもっているのは非常に奇妙である（㉕一三三頁）。あきらかに、本来の意味は、『取得された物は他の者から嫉妬される』というものであろう。戦うという『ダデゴ』（dadego）は財物と戦う』という意味であることは疑いない（㉕一三三頁）。

　更に同じ意味をもつ他のことばもあるが、それらは一段と明瞭である。たとえば、『マメカス』（mamekas）は『家の中の財産』の意味である（㉕一六九頁）。

（一一）⑫七〇六頁以下、精神的にも、物質的にも貴重なもの（われわれは意識的に『有用な』ということばを使用しない）で、この種の信仰の対象にならないものはない。『精神的な』財は贈与や交換の対象[77]である動産、不動産を含む財産である。たとえば、オーストラリア人のような更に未開な文明では、コラボリーを承継する民族にたいしては、習得したその演技が残される。同様に、トリンギト族では、ポトラッチの後にポトラッチをなした人々にたいしては交換の舞踊が残し伝えられる（㉞四四二頁）。トリンギト族にあって、人々の嫉妬を掻きたてるほど重要で神聖な財産は称号とトーテム紋章である（同書四一六頁）。のみならず、これらは人々に幸福と富裕を齎す財産である。

　トーテム紋章、饗宴とポトラッチ、ポトラッチで獲得した名称、ポトラッチを受けた結果として、他の者がその返礼の義務を負う贈物、これらのものはすべて一聯の関連を有している。たとえば、クヮーキウーツル族では、ある口上の中で、『されば、今度は、わたしの饗宴が彼（婿を指す）のところに行く』と言う（㉜五〇七頁）。

　チムシアン族では、舞踊や行列の紋章入りの仮面や帽子は、ポトラッチで与えられた贈物の額に応じて（酋長の母方のおばが『その部族の婦女』に与えた贈物に応じて）、『ある額の財産』と言われる（㉟五四一頁）。

　反対に、たとえば、クヮーキウーツル族では、物、とくに、二つの貴重な物、すなわち、『死を齎す者』（halayu）と『不老長寿の水』――これらは石英の結晶であることは明確であるが――という重要な護符やすでに述べた毛布などは精神的な形態で理解される。クヮーキウーツル族のおかしなことわざの中では、これらの物は祖父と同一視されている。これらの物は将来孫に返されることを予定して、婿に与えられるにすぎないから、かような同一視も当然である（㉜五〇七頁）。

（三）ジィールコンス（Djilqons）の神話に関しては、⑮九二、九五、一七一頁に、マセット（Masset）の説話は、⑯九四、九八頁に、スキデゲート（Skidegate）の説話は、⑰四五八頁に見出される。その名はわし胞族に所属する若干のハイダ族の家族名に現われている。⑮二八二―三頁を参照せよ。マセットでは、運命の女神の名は概して、『スキール』（Skil）である（⑯三〇六、六六五頁）。『スキールの鳥』、つまり、『スカール』（Skirl）を参照せよ（⑮一二〇頁）。『スキールタゴス』（Skiltagos）は、銅板＝財産を意味し、銅板発見の方法の伝説的物語がこの名に結びつけられる（同書一四六頁、挿画四参照）。ある彫刻を施されたポールは『ジィールカダ』（Djîlqada）とその銅板、ポール、紋章を表現する（同書一二五頁）。

スキールの正しい尊称は『評判をかきたてる財産』である。また、彼女は四つの補足的な尊称をもつ（同書九五頁）。彼女は『石の肋骨』（実際は、銅の肋骨であるが）と称される息子をもつ（同書一一〇、一一二頁）。スキールあるいはその息子、娘に出会った者は賭で運がむいてくる。彼女は魔法の草をもち、それを食べた者は裕福になる。また、彼女の毛布の一端に触れると、金持になる。彼女の名の一つには『家の中にとどまる財産』というのがある。多くの者は『スキールを待ち受ける者』とか、『スキールへ通ずる道』とかの彼女の名を内包する尊称をつける。ハイダ族の系図のE一三、一四およびからす胞族の系図のR一四、一五、一六を見よ。彼女は『疫病女』に対するものであるようにおもわれる（⑰二九九頁）。

（四）この神話はスワントンの㊱一七三、二九二、三六八頁に全部述べられている。㉞四六〇頁をも対照せよ。シトカでは、スキールの名は『レナクシデック』（Lenaxxidek）であることは疑いない。これは一人の子を有する婦女である。その子が乳を吸う音が聞えると、人々はその後を追いかける。この子に引掻かれて、傷痕を残すようなことがあっても、その傷痕の瘡ぶたの切片は人々を幸福にすることができる。

(五) チムシアン族の神話は完全ではない(㉟一五四、一九二頁。同書七四六、七六〇頁のボァスの註参照)。ボァスは別段、同一であることを指摘していないが、同じであることは明瞭である。チムシアン族の女神は『富の衣』(garment of wealth)をまとう。

(六)『コミノカ』(Qominoqa)、つまり、『富女』(femme riche)の神話も同じ起源に属するに相違ない。この女神はクヮーキウーツル族の若干の氏族に維持されたある宗教の対象にもなっている(たとえば、⑫八六二頁)。コエクスソテノク族(Qoexsotenoq)の英雄神は『石の身体』という尊称をもち、『身につけた財産』となっている(㉕一八七頁)。

(七) しゃち氏族の神話を参照せよ(ボァス『アメリカ言語便覧』(Handbook of American Languages)第一巻五五四―九頁)。氏族の始祖的英雄自身もしゃち氏族の成員である。『わたしはあなたからログワ(logwa=護符)を頂戴したいのです』と彼は出会った精霊に云う。この精霊は人間の姿をしているが、実はしゃちである(五五七頁)。精霊は彼が同じ氏族の成員であることを知り、彼に銅の尖端の捕鯨用の銛を与える(原文では、しゃちが鯨を捕えることが忘れられている)。また精霊は彼にそのポトラッチ名をも与える。彼の名前は『満腹させられる場所』、『満腹感を味う者』となり、その家は『しゃちの家』であって、『正面にしゃちが描かれている』。また、『家にあるおまえの皿はしゃちの皿である』。更に、『「ハラユ」(死を齎す者)、不老長寿の水ならびにおまえの賄用の庖丁である石英の刃のついた庖丁は(しゃちのものである)』(五五九頁)。

(八) 鯨を納める不思議な箱―これはその名を一人の英雄に与えられているが―は、『海岸から来た富』という名称をもっている(㉜三七四頁)。『わたしの方に漂いくる財産』、同書二四七、四一四頁を参照せよ。すでに言及した『評判をかきたてる財産』を対照せよ。マセットのある有力な酋長の尊称は『その財産で評判をたてた者』である(⑯六八四頁)。クヮーキウーツル族では、財産は生命をもつ。マァムタギラ族はつぎのように歌う。『酋長のお蔭でわが財の生存えることを。わが銅板の末永く破壊されざらんことを』(⑫一二八五頁)。

(九) 家産 (paraphernaux de la famille)、すなわち、親、娘、婿の間を循環し、息子が入社式をすますか、あるいは結婚したときに、その子のもとに帰ってゆく財産は、通常装飾が施され、紋章入りの箱の中に納められる。この箱の意匠、構造、用法はカリフォルニアのユーロック族からベーリング海峡の諸部族にいたるまでの北西部アメリカ文化にまったく特有のものである。一般に、この箱はトーテムあるいは精霊の顔や目で飾られ、その中には、それらを表徴するもの—刺繍で飾られた毛布、『生』と『死』の護符、仮面、仮面帽子、冠ならびに弓—がいれてある。神話には精霊とその箱や内容物とを混同している場合が多い。たとえば、㊱一七三頁参照。ゴナカデト (gonaqadet) は箱、銅板、帽子、鈴のついた玩具などと同一視される。

元来、それぞれの入社式あるいは結婚式に際しての、その譲渡ないしは贈与によって、受領者は『超自然的な』実在、シャーマン、呪術師、貴族、結社内の舞踊と座の有資格者となる。⑫九六五—六頁のクヮーキウーツルの家族の物語の中の口上を見よ。また、一〇一二頁参照。

この不思議な箱はいつも神秘的であって、家の奥深く保存される。箱の中には、多数の小さな箱が順次に幾重もはめ込まれていることもある。ハイダ族に関しては、⑯三九五頁を見よ。ハイダ族の箱には、精霊、たとえば、『鼠女』(femme souris) (⑰三四〇頁)、あるいは不法な保有者の目を抜取るからすが入れてある。ボァスの㉟八五一、八五四頁を参照せよ。漂う箱の中に閉じ込められた太陽の神話は広く知られているものの一つである(同書五四九、六四一頁)。これらの神話が古代社会に普及していたことは周知のとおりである。

英雄物語の中で一番一般的な挿話の一つは、英雄だけが軽々と持ち上げることができる鯨の入ったわりに小さい箱の挿話である(㉜三七四頁、㉖一七一頁)。その食物は無尽蔵である(同書二二三頁)。この箱は生命をもち、自身の力で浮び漂う(㉜三七四頁)。カトリアン (Katlian) の箱は富をもたらす(㉞四四六、四四八頁)。箱に納められている護符や富そのものは養ってやる必要がある。多数の箱の中には、『私有するにはあまりにも強力な』精霊が納められている箱もあり、その精霊の仮面をつければ、仮面をつけた者は死に見舞われることもある（㊱三四一頁）。

これらの箱の名はときにはポトラッチでのその用途を象徴することがある。ハイダ族の大きな脂肪の箱は母と呼ばれる（⑯七五八頁）。『赤底の箱』（太陽）が『部族の海』に水――水とは酋長によって分配される毛布のことである――を撒く（㉜五五一頁）。

不思議な箱の神話はまた北部アジアの太平洋沿岸社会の特徴でもある。ピルスーツキー『アイヌの言語研究のための資料』（Pilsudski, Material for the Study of the Ainu Languages, Cracovie, 1913）一二四―五頁には、比較しうべき神話の好例が見出される。この箱は熊から与えられ、英雄はタブーを遵守しなければならない。箱は金銀の財物や富をもたらす護符で一杯になっている。そればかりでなく、この箱の意匠は北太平洋全域で同じである。


（一〇）ハイダ族では、『家産には個別的に名称がつけられている』（⑮一一七頁）。家屋、扉、皿、彫刻の施された匙、カヌー、鮭を捕える網はそれぞれ名称をもつ。『財の絶え間なき鎖』という表現（同書一五頁）を見よ。われわれは、貴族、男子、女子、彼らの特権、すなわち、舞踊、ポトラッチなど――これらもまた財産であるが――の各種の名称のほかに、更に、クヮーキウーツル族の諸氏族によって命名された財物の一覧表をもっている。われわれが動産と呼ぶ物の中に入り、しかも、われわれと同じ条件で、彼らが命名し、人格化している物は皿、家屋、犬、カヌーである（⑫七九三頁）。ハントは、この一覧表で、銅板、大きなアバロンの貝殻、扉の名称に言及するのを忘れている。ある種の装飾のあるカヌーに繋がれた綱に通されたさじ型の橈は、『さじ橈のいかりづな』の名称をもつ（㉜四二二頁）。チムシアン族では、カヌー、銅板、匙、石製の壺、石刀、酋長の妻の皿がそれぞれ名称をもつ（㉟五〇六頁）。

（一一）これらの部族の間の唯一の家畜は犬である。犬は氏族（酋長の家族のことであろう）ごとに違った名をもち、また、売買しえない。クヮーキウーツル族はつぎのように云う。『犬はわれわれのように人間である』（⑫一二六〇頁）。犬は敵の呪術や襲撃から『家族を護ってくれる』。ある神話は、あるエスキモーの酋長とその犬のワネド（Waned）とが交互に同じ名前を使う情況を伝える（同書八三五頁）。レウィキラク族の四足の犬の幻想的な神話（㉕一八、二〇頁）を見よ。
（一二）『アバロン』は鼻飾り、耳飾りとして使用される大きなあわびの貝殻を指すチヌーク族のサビール語である（㉔四八四頁、⑮一四六頁）。それはまた紋章入りの毛布、帯、帽子の上に並べられる（⑫一〇六九頁の事例を参照）。アウィケノック族やラシコアラ族（クヮーキウーツル集団の諸部族）の間では、アバロンの貝殻は、不思議なことには、ヨーロッパ風の形をした楯の周囲に配列される（①第五報告書四三頁）。かような楯はまた中世を示唆する銅楯に類似するものである。

アバロンの貝殻は現今銅貨が使用されていると同様な態様で、かつては一種の貨幣として使用されていたに相違ないと推察される。南部サリッシア族のスタトロック族（Çtatloq）の神話は、『ココイス』（K'okois＝銅）と『テージャス』（Teadjas＝アバロン）の二人の人物を結びつけ、彼らの息子と娘とが結婚し、孫が熊の『金属の箱』を持去り、その仮面とポトラッチを奪う話を伝える（『インディアンの伝説』八四頁）。アウィケノック族の神話では、銅板の名称と同様に、貝殻の名称は『月の娘』に結びつけられる（同書二一八―九頁）。

ハイダ族の間では、これらの貝殻――すくなくとも、それが価値が大きいもので、しかも、著名であるかぎりでは――は、丁度メラネシアの場合と同じように、それぞれ名前をもつ（⑮一四六頁）。しかもまた、それらは人あるいは精霊の名をつけるのに使用される。たとえば、チムシアン族では、ボァスの㉟九六〇頁中の固有名詞・索引を見よ。クヮーキウーツル族については、アウィケノック族、ナコアトク族、グワセラ族の諸部族に関する氏族別の『アバロンの名称』（⑭一二六一―七五頁）を見よ。この慣行はたしかに諸部族間共通のものであったに相違ない。ベラ・クーラ族のアバロンの箱そのものはアウィケノック族の神話中で言及され、しかも、正確に描写されている。それればかりでなく、この箱にはアバロンを包む毛布も納められていて、双方がともに太陽のごとく光り輝いている。ところで、神話に含まれたこの説話の中の酋長の名は『レゲク』（Legek）である（『インディアンの伝説』二一八頁以下）。この名称はチムシアン族の有力な酋長の称号ともなっている。神話がこれらの物と一緒に伝播されたということは明確である。マセットのハイダ族の神話の一つ、『創造主からす』の神話の中で、からすが妻に与える太陽はアバロンの貝殻である(⑯二二七、三一三頁)。アバロンの尊称をもつ神話上の英雄の名については、㉕五〇、二二二頁参照。トリンギト族では、この貝殻はさめの歯と結びつけられる(㊱一二九頁—すでに言及したメラネシアの抹香鯨の歯の用法と比較せよ)。

その上、これらの全部族は『デンタリア』(dentalia=小さい貝殻)の首飾りを崇拝する。とくに、クラウゼ前掲書一八六頁を見よ。要するに、われわれはここでもメラネシア、更に一般的には、太平洋地域におけると同じ信仰と同じ慣習に供されるまさしく同一の貨幣形態を見出すのである。

そればかりでなく、これらの各種の貝殻は、ロシヤ人によるアラスカ占拠当時、彼らによってなされた交易——この交易はカリフォルニア湾からベーリング海峡へいたるまでの二つの方向で行われた——の対象であった(⑯三一三頁参照)。

(一三) 毛布は箱とまったく同じように装飾される。その意匠は箱の意匠の模倣すら多い(クラウゼ前掲書二〇〇頁)。毛布には絶えずなにか神秘的なものがまつわりつく。ハイダ族の『精霊の帯』—裂れた毛布——の表現(⑮一六五、一七四頁)を見よ。若干の神話上の外套は『世界の外套』である(『インディアンの伝説』二四八頁)。スワントンの⑯四三〇、四三二頁の口をきくござと比較せよ。毛布、ござおよび皮革の外被の崇拝はポリネシアの紋章入りのござ崇拝と比較されねばならないと考える。

(一四) トリンギト族ではつぎのように考えられる。家の中のあらゆる物が口を利き、精霊が家の柱や梁桁と話をし、柱や梁桁はみずから物を言う。かくして、トーテム動物、精霊、人および家屋内の物の間では会話がとりかわされると。これはトリンギト族の宗教の通例の特徴である。㉞四五八—九頁参照。クヮーキウーツル族においても、家屋は物事を聴取し、口を利く(⑫一二七九頁一の一五)。

(一五) 家屋は動産の一種とみなされる(ゲルマン法では、久しきにわたって家屋はこのように考えられたことはよく知られている)。家屋は人々により運ばれ、家屋は移転する。一瞬の中に建てられた—通常祖父が提供するものであるが—『不思議な家』にまつわる数多の神話を参照（㉟八五二—三頁)。クヮーキウーツル族に関しては、㉜三七六、三七〇頁参照。

(一六) つぎに挙げる事物は、貴重な財物であると同時に、呪術的、宗教的価値を有するものである。㈠、わしの羽毛—これは屢々雨、石英、『良薬』と同一視される（㊱三八五頁、⑯二九二頁)。㈡、杖、櫛（㊱三八五頁、⑮三八頁、㉔四五五頁)。㈢、腕環—下フレーザー河沿岸部族がその事例である(『インディアンの伝説』三六頁、㉔四五四頁)。

これらのすべての事物は、さじ、皿、銅板を含めて、クヮーキウーツル族の間では、まさしく護符、超自然的な物を意味するログワという属名を有する（モース『貨幣観念の起源』、ユベール＝モース『宗教史論文集』の序文中のこのことばに関する考察を参照せよ)。ログワの観念はまさしくマナの観念である。しかし、われわれの研究の論点ないしは題目としては、富や食物を齎す富や食物の『効力』である。ある口上は、護符、つまり、『偉大な練達の財産を増す者』であるログワについて述べている（⑫一二八〇頁)。ある神話は、ログワが『たくみに財産を獲得した』情況ならびに四個のログワ（帯その他）が財産を蓄積した情況を物語っている。それらの中のあるログワは『財が殖えるようにする物』と呼ばれた（㉕一〇八頁)。実際、富が富を産むのである。ハイダ族のことわざは、年頃の娘が身につけるアバロンの貝殻に関して、『金持にする財』とさえ云うのである（⑮四八頁)。

(一七) ある仮面は『食物を手に入れるもの』と呼ばれる。ニムキッシュの神話の『さればそなたは食物に恵まれるであろう』（㉕三六頁）を対照せよ。クヮーキウーツル族では、最有力の貴族は、『招く者』、『食べ物を与える者』、『わしの柔毛を与える者』という尊称をもつ（㉜四一五頁)。

飾りのつけられた籠や箱（たとえば、漿果の取入れに用いられるもの）もまた呪術的である。たとえば、スワントンの⑯四〇四頁のハイダ族の神話を見よ。カルス（Qäls）の非常に重要な神話はかます、鮭、雷鳥と雷鳥の口から吐き出された漿果で一杯になった籠とを一緒にする（下フレーザー河沿岸部族、『インディアンの伝記』三四頁)。アウィケノック族の神話もまた同じである（①第五報告書二八頁）。ある籠は『いまだ空《から》を経験せざるもの』という名前を有する。

（一八）それぞれの皿はその彫刻の図案に応じて名前が付けられる。クヮーキウーツル族では、図案は『動物の頭《かしら》』を象徴する。ある皿は『絶えず充満されている皿』と称される（ボァス『クヮーキウーツル部族』(Kwakiutl Tribes)（コロンビア大学）二六四頁）。ある部族の皿はログワである。それらは一人の祖先、すなわち、『招く者』に話をしかけ、連れて行って貰いたい旨を告げる（⑫八〇三頁）。カニキラク(Kaniqilaku)の神話（『インディアンの伝説』一九八頁）参照。㉖二〇五頁参照。『変容神』(transformeur)(78)が（彼を苦しめた）義父に呪術のかかった籠から漿果を与えて食べさせると、漿果は茨に変って、義父の身体の全体から出てきた。

VI　名誉の貨幣(一)

固有の価値をもち、信仰、崇拝の対象となる銅板

紋章入りの銅板(二)はポトラッチの本質的な財産であり、しかも、重要な信仰の対象、また、崇拝の対象でさえある。まず第一に、これらの全部族には、生命を有する実在たる銅板に関する崇拝と神話が存在する。(三)すくなくとも、ハイダ族とトリンギト族では、銅板は、それ自体崇拝の対象であるところの鮭と同一視される。(四)しかし、このような抽象論的、技術的な神話的要素以外に、(五)これらの銅板はすべてそれだけで個々の特殊な信仰の対象でもある。氏族の首長の家族に属する主要な銅板は各々名称、個性をもっている。(六)また、それは、ことばの完全な意味で、呪術的、経済的、恒久的な固有の価値をもち、(七)

その価値はそれが経過するポトラッチの循環の下でも、また、その一部あるいは全部の破壊をこえてすら、永続するのである。(八)

銅板の有する吸引力

加えて、銅板は引きつける効能をもっていて、あたかも富が富を呼び、威信が名誉をもたらし、精霊の入身を誘い、有利な盟約を生ぜしめるように、他の銅板を引きよせる。(九) このように、銅板は生命をもち、自律的な活動を有し、そして、他の銅板を引きつける。(一〇) クヮーキウーツル族では、このような銅板の一つは、『銅板を引きよせるもの』(entraîneur de cuivres) と呼ばれるが、この慣用句は銅板の所有者の名前は『みずからの方へ財の流れよすもの』(propriété s'écoulant vers moi) であることと銅板が彼の周囲に集まる情況とを描写する。(一一) 屢々、銅板につけられるもう一つの名称は『財をもたらすもの』(apporteur de propriétés) である。ハイダ族やトリンギト族にあっては、銅板は、それを身につけた姫の周囲を取囲む守護物である。他の所では、それを所有する酋長は無敵とされる。(一二) 銅板は家屋内の『平な神物』である。(一三) 屢々、神話は銅板を与える精霊、銅板の所有者、銅板そのものを同一視している。(一四) 銅板の力を形成するものを、あるいは精霊によるもの、あるいは富によるものと区別をなすことは不可能である。銅板は口を利き、苦情を訴え、また、提供され、かつ、破壊されることを要求する。(一五) あたかも酋長が分配すべき義務を負っている毛布に蔽われて埋葬されるように、銅板はその暖さを保つために毛布で蔽われることもある。(一六)

護符・仮面と同一の機能をもつ銅板

しかし、他方においては、移転されるのは財産であると同時に、富と幸運である。(一七) あらたに入社式を行った者を銅板や護符の所有者たらしめるのは彼の精霊や補助的な精霊であり、また、これらの銅板や護符は、それ自体他の銅板、更に多くの富、より高い地位ならびに他の精霊——これらはすべて同じ価値をもつものであるが——を獲得する手段となる。要するに、われわれが蓄積や交互的なポトラッチの対象である富の他の恒久形態——仮面や護符など——とともに銅板を観察するならば、すべてのものはその使用目的および効果において同一であることを知るのである。(一八)それらの物を通じて、地位は獲得される。なぜならば、人は富を獲得するがゆえに、彼は精霊を得るからである。しかも、この精霊が今度は彼に乗り移り、彼をして英雄のように諸々の障害を克服することを可能ならしめるのである。しかる後に、この半神的英雄はそのシャーマンの恍惚状態、儀式の舞踊および保護の奉仕にたいして対価の支払を受ける。すべてのものは相互に結合され、混同される。物は人格性を有し、また諸々の人格性は、いわば氏族の恒久的な物である。称号、護符、銅板および酋長の霊魂はホモニム (homonyme)、シノニム (synonyme) であって、同一の性質と同一の機能をもっている。(一九)財物の循環は男子、婦女、子女、祭礼、儀式、舞踊の循環、更には、冗談や誹謗の循環すらをも随伴する。要するに、その循環は同じである。物が与えられ、返礼されるのは、まさしく、『敬意』——われわれは更に『儀礼』と呼びうるかもしれない——が相互に取交わされるからである。しかし、それればかりでなく、それは、物を与える場合に、人は自分自身を与えるからであり、また、人が自分——自分自身と彼の財産——を他人に『負っている』からである。

（一）この表現はドイツ語のレノミールゲルト（Renommiergeld）から取ってきたもので、クリケベルグ（Krickeberg）によって使用された。それはこれらの楯の用途を正確に描写する。というのは、これらの金属板は貨幣であると同時に、とくに、誇示のための対象であって、ポトラッチに際して、酋長あるいはポトラッチを受ける相手方の者がそれを携える。

（二）北西部アメリカの製銅業に関しては、はげしく論議されているが、いまだ十分には知られていない。リヴェ（Rivet）[79]は、その著名な論文の『コロンブス以前の金銀細工』（Orfévrerie précolombienne, Journal des Américanistes, 1923）の中においては、そのことを意識的に触れなかった。いずれにしても、この技術はヨーロッパ人の到来以前に存在していたということはたしかである。北部部族のトリンギト族とチムシアン族はコパー河から自然銅を探し出し、発掘するか、あるいは、貰った。クラウゼ前掲書一八六頁を見よ。すべてこれらの部族は『大きな銅山』の物語を伝えている（㊱一六〇頁、⑮一三〇頁、㉟二九九頁）。

（三）銅板は生命をもつ物である。銅鉱や銅山は不思議なものであって、『富を産む木』でおおわれている（⑯六八一、六九二頁、⑮一四六頁）。銅があるにおいを有することも事実である。チムシアン族の間では、銅に細工を施す特権が主要な伝説群の対象である。ツソーダ（Tsauda）とガオ（Gao）の神話（㉟三〇六頁）を見よ。同じ題目の一覧表に関しては、同書八五六頁参照。ベラ・クーラ族では、銅板には人格が与えられているようである（『インディアンの伝説』二六一頁）。ボァスの『ベラ・クーラ・インディアンの神話』（Mythology of the Bella Coola Indians, JesupExp., vol.1, part.2）七一頁では、銅板の神話とアバロンの貝殻の神話とが結ばれる。チムシアン族のツソーダの神話は、爾後に論ずる鮭の神話と結びつけられる。

（四）銅は赤いから、太陽と同一視される（㊱三九、八一番）。また、銅は『天から降った火』と同一視され（銅の名称）、また、すべてこれらの場合に、鮭と同じものと見なされる。この同一化は、とくに、クヮーキウーツル族の間の双生児、つまり、銅の子と鮭の子の崇拝の場合に明確である（⑫六八五頁以下）。この神話の脈絡関係は春季、鮭の到来、新しい太陽、赤い色、銅のようである。この銅と鮭の同一化は北部種族の顕著な特性を示している（㉟八五六頁）。その事例は、スワントンの⑯六八九、六九一、六九二頁を見よ。そこには、ポリュクラテス（Polycrate）の指環の伝説、すなわち、鮭が銅を呑込む伝説に実によく似た神話が見出される（⑰八二頁）。トリンギト族（ハイダ族も倣っているが）はムルディ・エンド（Mouldy-End＝鮭の名）と称される生き物の神話をもつ。銅の鎖と鮭のシトカの神話（㊱三〇七頁）を見よ。ウランゲル島の説話では、箱の中の一匹の鮭が人間に変る（同書五番）。他の同じようなボァス㉟八五七頁を見よ。チムシアン族のある銅は『河をさかのぼる銅』の名前をもつが、これはあきらかに鮭を示唆するものである。

銅の崇拝と石英の崇拝との相関関係は研究すべき余地がある。たとえば、石英の山の神話（㉖一一一頁）を参照せよ。同様に、すくなくとも、トリンギト族の間の硬玉の崇拝は銅の崇拝と比較対照されねばならない。硬玉＝鮭が口を利く（㊱三〇七頁）。シトカでは、硬玉が口を利き、名をつける（同書四一六頁）。最後に、貝殻の崇拝と銅の崇拝との関連を想起しなければならない。

（五）チムシアン族のツソーダの家族は銅の鋳造師で、その秘伝を保持する者のようである。クヮーキウーツル族のザワデエノクス族の酋長の家族の神話も同種の神話に属するようにおもわれる。この神話はラクワギラ（Laqwagila＝製銅人）、コムコムギラ（Qomqomgila＝金持の男子）、コモコア（Qomoqoa＝金持の婦女）を結びつけ、しかも、彼ら全部を雷鳥の子である白鳥（太陽）に結合する。この白鳥は銅のにおいのする双生児を産むのである（㉕六一－七頁）。

『製銅人』という同じ尊称をもつ祖先と貴族に関するアウィケノック族の神話はずっと興味の乏しいものである。

（六）それぞれの銅板は名称を有する。クヮーキウーツル族の口上は、『名のある大きな銅板』と言う（㉜三四八－五〇頁）。われわれはクヮーキウーツル族の大きな銅板の名称については十分な知識が与えられている。それらはその銅板にまつわる崇拝や信仰に言及する。その中のあるものは、『月』の名称をもち（ニスカ部族、⑫八五六頁）、あるものは、ゾノコア（Dzonoqoa）のように、銅板を与える精霊――銅板はこの精霊の化身として現われたものであるが――の名称をもつものもある（同書一四二一頁）。これらの銅板はその精霊の姿を再現している。また、ある銅板はトーテムの始祖の精霊の名をもち、その中のあるものは、たとえば、『ビーバの面』（同書一四二七頁）、あるものは、『とどあしか』（同書八九四頁）と呼ばれる。他の銅板の名称としては、『T型の銅板』あるいは『長細き上弦型』（同書八六二頁）のように、単にその形態を示唆するにすぎないのもあるし、単純に、『大きい銅板』、『やかましい銅板』（これはまた酋長の名でもある）と称されるにとどまるものもある。ある銅板がその化身となり、しかも、その価値を集約するポトラッチを示唆する。マクストセレン（Maxtoselen）という銅板の名は、『彼らが恥とする銅板』の意味である（㉕四五二頁。『彼らはその借り（gagim）を恥とする』を対照せよ）。他には、『いさかいのもと』という名もある（⑫八九三、一〇二六頁等）。

ほとんどのトリンギト族の銅板の名称はトーテム名である（㉞四〇五、四二一頁）。ハイダ族とチムシアン族の銅板の名前に関しては、われわれは銅板の持主である酋長と同じ名をもつ銅板を知っているにすぎない。

（七）トリンギト族の銅板の価値はその大きさに応じて変り、しかも、奴隷の数で勘定される（㊱一三一、二六〇、三三七頁）。

ボァスは、それぞれの銅板が一連のポトラッチを経過するに応じて、価値を増す情況を詳細に検討した。たとえば、一九〇六年から一九一〇年頃のレサクサラヨ（Lesaxalayo）という銅板の実際の価値は一枚四ドルの毛布九千枚、カヌー五十艘、ぼたんのついた毛布六千枚、銀の腕環二百六十個、金の腕環六十個、金の耳環七十個、ミシン四十台、蓄音器二十五台、仮面五十個であった。そして、口上役は『ラクワギラの酋長のために、いま、わたしはこれらの粗末な品物を全部差上げます』と言うのである（⑫一三五二頁。また、この中では、銅板は『鯨のからだ』になぞらえられる）。

（八）銅板の破壊は特殊な性質を有するようにおもわれる。クヮーキウーツル族では、ポトラッチごとに、銅板の一部が壊されてゆくから、破壊は少しづつ行われる。そして、他のポトラッチにおいて、これらの破片を再び手に入れて、全部揃ったときに、それらをまとめて原型に回復するように努めるのが栄誉とされる——かような銅板は価値を増大する（㉜三三四頁）。

いずれにしても、銅板を消費、破壊することはそれを『殺す』ことである（⑫一二八五頁）。その普通の表現は、『銅板を海に投ずる』である。これはまたトリンギト族とも共通である（㊱六三、三九九頁）。これらの銅板が沈まなくて、水にひたされないのは、すなわち、死なないのは、それらが模造品で、木で作られていて、浮くからである（㉟三六九頁）。銅板が破壊されると、『浜辺で死亡した』と称される（㉜五六四頁）。

（九）クヮーキウーツル族には二種類の銅板が存在するようにおもわれる。すなわち、家から外には出されず、しかも、ただ造り直されるため、破壊されるにすぎないところの、一番重要な銅板と、そのまま流通せしめられ、いわば、重要な銅板に付随するものとして用いられる価値の少い銅板とである（同書五六四、五七九頁）。クヮーキウーツル族では、これらの価値の少い銅板を所有することは、たしかに、二流の貴族の称号と身分をもつことに相当する。そして、この銅板はそれらの称号や身分とともに、酋長間、家族間、世代間、両性間をそれぞれ移動する。しかしながら、立派な称号や大きな銅板は氏族内、すくなくとも、部族内に定著するようにおもわれる。のみならず、事実、そうでないわけにはいかない。

（一〇）酋長ハヤス（Hayas）のポトラッチに関するハイダ族の神話は、銅板がつぎのように歌うのを伝える。『これはまったくひどいことです……ゴムシワ（Gomsiwa＝町と英雄の名）を止めなさい。小さい銅板のまわりに銅板が増えてきた』（⑯七六〇頁）。話は『小さい銅板』がひとりでに『大きい』銅板になって、その周囲に他の銅板が集ってくるという意味である。子供の歌謡の中にも（⑫一三一二頁）、『部族の酋長たちの偉い名をもつ銅板は、そのまわりに集るだろうよ』というのがある。銅板は、『自然に酋長の手（原文では家となっているが誤りか—訳者註）の中に入ってゆく』と考えられる。銅板は『家の中で出会う』。銅板は『そこで再び出会う平な物』である（同書七〇一頁）。

（一一）『招く者』（Qoexsot'enox）の神話の中の『銅板をもたらす者』の神話（㉕二四八頁）を参照せよ。この銅板は『財をもたらす者』と呼ばれる（㉜四一五頁）。『招く者』の尊称をもつ貴族の密唱はつぎのごときものである。

わたしの名は『財をもたらす者』ゆえに、
わたしの名は『財のわたしの方に向い来るもの』であろう。
銅板は『銅板をもたらす者』ゆえに、
銅板はわたしの方に向って来る。

（一二）たとえば、㊱三七九頁参照。チムシアン族の銅板は『楯』と称される（㉟三八五頁）。あらたに入社式を挙げた若者を祝って、銅板を与えるときの口上の中では、授けられた銅板は甲冑、すなわち、『財産の甲冑』である（㉜五五七頁――首の周囲に吊される銅板を指す）。若者の名前は『ヤコイス』（Yaqois）、すなわち、『財を担う者』である。

（一三）クヮーキウーツル族の成女期の姫を隔離するときの重要な儀式は、これらの信仰を端的に示すものである。彼女は銅板とアバロンの貝殻をつけ、このときに、『家の中で出会う平な神物』という銅板の名称をとなえることになる。そこで、『彼女やその夫は容易に銅板を入手するはずだ』と云われる（⑫七〇一頁）。『家屋の中の銅板』はアウィケノック族の英雄の姉妹の尊称である[80]（㉕四三〇頁）。クヮーキウーツル族の貴族の娘の歌謡は一種のスヴァヤムヴァラ（svayamuvara. ヒンズー人の婿選びで同一の儀式に従うものであろう）を予期して、つぎのように述べられる。『わたしは銅板の上に坐っている……わたしが『家の皿』を貰うときに使うために、わたしの母は帯を織ってくれる』（⑫一三一四頁）。

（一四）銅板は屢々精霊と同一のものと見なされる。それは生命をもつ楯と紋章の非常に有名な題目である。銅板と『ゾノコア』と『コミノカ』との一致に関しては、同書一四二一、八六〇頁参照。銅板はトーテム動物である（㉟四六〇頁）。他の場合には、銅板はある神話的動物の付きものにほかならない。『鹿の銅の皮』と『鹿の銅の叉角』とがクヮーキウーツル族の夏季の祭礼で一定の役割を演ずる（㉜六三〇—一頁参照）。同書七二九頁の『そのからだの雄大』（文字通りに、そのからだの立派さ）を参照。チムシアン族では、銅は『精霊の髪毛』（同書三二六頁）あるいは『精霊の排泄物』（㉟三八七頁）と考えられている。銅板は精霊によって相互に行われるポトラッチで使用される（同書二八五頁）。銅板は『彼らの思召しにかなう』（同書八四六頁）。

ネカペンケム（Neqapenkem＝十幅の面）の歌謡はつぎのように伝える。『わたしはばらばらにされた銅だよ。部族の酋長たちは壊れた銅だよ』（㉜四八二頁）。

（一五）ダンダラユ（Dandalayu）という銅板は貰ってもらおうとして、『家の中でぶつぶつ不平を云う』（同書六二二頁）。マクストスレム（Maxtoslem—おそらく註六のマクストセレンと同一と推測されるが、原文に従っておく—訳者註）という銅板は、『壊して貰えない苦情を訴える』。その対価として支払われる毛布が、『銅板を暖く包む』。それは、『他の銅板によって見られるのを恥とするもの』という名称をもつことが思い出される。ある他の銅板はポトラッチに加って、『恥じている』（⑫八八二頁）。『財が噂をたてる者』という尊称をもつ酋長の財産は、壊された後に、つぎのように歌う（⑯六八九頁）。『わたしはここに朽果てる。わたしは多くの人を道連れにした（ポトラッチによって死に誘った）』。

（一六）贈り主あるいは貰い主が毛布の山の下に埋められ、また、両者がその上を歩く二つの儀式は、同じ意義をもつ。前者は、相手方の富が自分よりも上にあり、後者は下にあるからである。

（一七）一般的解説。われわれは北西部アメリカにおいて、消費と破壊がいかなる態様で、いかなる理由に基づき、また、いかなる儀式裡になされるかをかなり仔細にわたって知っている。しかしながら、財物—とりわけ銅板—の引渡行為自体がいかなる形態でなされたかについては必ずしも十分な知識を有していない。これは更に考究されるべき問題であろう。われわれが有しているわずかな知識においてもなお、それは非常な興味を唆るものであり、また、たしかに財物とその所有者との間の紐帯を示すものである。銅板の譲渡に対応する行為は、何某の『名前のかげに銅板をおく』と称され、その取得行為はクヮーキウーツル族にあっては新しい所有者に『重みを加える』のである（㉜三四九頁）。ハイダ族の間では、ある者が土地を買うことを示すためには、その者は銅板を持上げる（⑰八六頁）。そればかりでなく、ローマ法の場合と同様に、彼らの間においても、銅板は衝撃のために使用される。すなわち、その者は銅板を受ける者をそれで打つのである。かかる儀式はスカイデゲートの説話の中に示される（同書四三二頁）。この場合、銅板に接触した物は銅板に付属せしめられ、また、銅板によって殺される。

すくなくとも、クヮーキウーツル族のある神話の中には、また、エスキモーの間でも見出される引渡の儀式の痕跡をとどめている。それは英雄がその付与する一切の物を咬むというものである（㉜三八三――五頁）。ハイダ族の神話は鼠女神がその付与にかかるものを『舐める』様子を伝える（⑯一九一頁）。

（一八）婚姻の儀式（象徴的なカヌーを破壊する儀式）において、つぎのように歌われる。

『わたしはスティヴンス山に登って、それをこなごなに壊し、そのかけらでもってわたしの炉石を作りましょう。

わたしはカトサイ山に登って、それをこなごなに壊し、そのかけらでもってわたしの炉石を作りましょう。

富が大酋長から彼のもとへ赴くところです。

富が四方から彼のもとへ赴くところです。

きっと、大酋長はみんな彼に守ってもらうでしょう。』

（一九）すくなくとも、クヮーキウーツル族の間では、それらのものは普通は同一である。若干の貴族は彼らが行うポトラッチと同一のものとみなされる。有力な酋長の主要な尊称が単に『大ポトラッチ』という意味の『マクスワ』にすぎないことさえある（⑫九七二頁）。その氏族に存在する『ポトラッチを与える者』という名などを参照せよ。クヮーキウーツル族の他の部族、ザワデノクス族の主要な尊称の一つは、『ポラス』（Polas）である。ハイルチック族（Heiltsuq）の主要な酋長は精霊『コミノカ』（金持の婦女）と関係を有し、『富作り』という名をもつ（同書四二四、四二七頁）。クヮクチェノク族（Qaqtsenoqu）の支配者は、『夏の名』、つまり、『ヤク』（yaq）という名のように、もっぱら、『財産』だけを指称する氏族名を有する。このヤクは、『からだの財』、『大いなる財』、『財の担い手』、『財の場所』などを意味する（㉕一九一頁）。他のクヮーキウーツル部族のナコアトク族は、その酋長に『マクスワ』や『ヤクスレム』（Yaxlem）、すなわち、『ポトラッチ』や『財産』という称号を献じている。この名前は『石のからだ』の神話の中にあらわれる。精霊が『おんみの名は財産、ヤクスレムである』と彼に云う（同書二一五頁）。同様に、ハイダ族では、ある酋長は、『あがなわれえない者』（相手方が買うことのできない銅板）という名をもつ（⑮二九四頁）。また、その酋長は、『万物の取交ぜ』、すなわち、『ポトラッチ集会』の尊称を有する（同書四番）。

Ⅶ　最初の結論

義務的贈答制は個別的契約の段階に達しない社会の特徴である

かようにして、四つの主要な民族集団についての研究から、われわれは、まず第一に、二、三の集団の中に、ポトラッチを、ついでに、ポトラッチ自体の主要契機と類型的形態を発見した。更にその上、われわれは全部の集団にわたって、交換の原初的形態、すなわち、義務的贈答制度を見出したのである。なおまた、われわれは、これらの社会では、財物の循環と権利や人の循環とが同一であることに気付いた。あるいはやむを得なければ、われわれはこの点にとどまっても差支えないのかもしれない。これらの事実の数、分布状況、重要さの点からみれば、この制度がきわめて長い変遷過程の全般にわたって人類の大半を包摂し、また、われわれが言及してきた民族以外の民族間にもなお現存することを十分に想起せしめる。そこで、この義務的贈答の原則は、氏族間あるいは家族間の『全体的給付』の段階を越えてはいるが、なお、純粋の個別的契約、金融市場、いわゆる売買、とくに、公定貨幣で評価される価格の観念には到達していない社会の原則であるに相違ないと考えても差支えない。

第三章　古代の法および経済における この原則の痕跡

民族誌学的事実の分析の効用

本章まで述べてきた事実はことごとくいわゆる民族誌学的領域と称せられるものから取出して来たものであった。その上、これらの事実は太平洋沿岸に居住する社会集団に限定されている。通常、かような事実は、好奇心を唆るものとして論ぜられるか、あるいは必要とあらば、比較考量によって、われわれの社会が『未開』と称されるこれらの諸制度からどれほど相距っているか、それとも相接近しているかを測定するために用いられる。

それにもかかわらず、それらの事実は社会進化のある段階を理解することを可能ならしめるから、一般社会学的価値を有している。それだけにとどまらず、それらは更に社会史学的意義をもっている。この類型に属する諸制度は現代のわれわれ自身の法ないしは経済形態への変遷を実証し、また、それらはわれわれ自身の社会を歴史的に説明するのにも寄与しうるのである。現在の社会に直接に先行する社会によって行われた交換の道徳と慣習は、われわれがいままで分析してきたすべての原則の多少とも重要な痕跡を保持している。われわれは、現在の法や経済は右に述べてきたものに類似する諸制度から生じたということを実証する

ことができると確信している。(一)

人と物との区別は比較的新しい段階に出現した

われわれは、物の法と人の法との間で、あるいはまた、人と物との間で明確な区別——この区別は現在では法曹家みずからによって批判が加えられてはいるが——が存在する社会で生活を営んでいる。この区別は基本的なものであって、現在の財産、譲渡、交換の諸体系の一部の要件そのものを構成する。ところで、この区別はわれわれがこれまで研究してきた社会規範には無縁のものである。またわれわれの文明は、セム民族、ギリシャ民族、ローマ民族の諸文明このかた、債務、有償給付と贈与との区別を明確にする。しかし、これらの区別はこれらの偉大な文明諸国の法においては比較的近時にいたって出現したのではないだろうか。これらの文明諸国はそのような非情で、打算的な気持をもたない段階を経過してきたのではあるまいか。彼ら自身も人と物とが混淆している義務的贈答制の慣習をかつて行ったことがあるのではないか。われわれは、インド・ヨーロッパ諸民族の法の若干の特徴を分析するならば、彼ら自身もかような変遷をたどってきたということを証明することが可能であろう。ローマにおいて、われわれはかかる変遷の痕跡を発見しうるし、また、インドならびにゲルマニアでは、われわれはこの法そのものが比較的近時にいたるまで作用しているのを見出すのである。

(一) メイエ (Meillet)(81)、レヴィ・ブリュールおよび亡きユヴランがこれから述べようとする章について貴重な示唆を与えてくれた。

I　人の法と物の法（原古ローマ法）

ネクスムは物から派生し、人は物によって拘束される

歴史に出現する以前の時代のローマ法[一]―ローマ法が、実際に、歴史に現われたのは比較的後代のことであるが―と歴史にあらわれた時代のゲルマン法とをこれまで言及してきた未開社会の社会規範と比較するならば、人の法と物の法[82]が明瞭になってくる。とりわけ、われわれには、法制史上極めて活潑に論議された問題の一つのネクスム（nexum＝拘束、拘束行為[83]）の理論を再び取上げることは許されるであろう[二]。

ユヴランは、その研究の中でこの問題をあきらかにしただけでなく、更に、ネクスムをゲルマン法のワーディウム（wadium）および一般的に契約締結の際になされる『付加的な担保』（gages supplémentaires）（トゴランド地方[84]、コーカサス地方）と比較し、更に、これらの担保を交感的呪術や契約当事者と接触したすべての物を相手方に付与する力と比較している[三]。しかし、この最後の説明はただ一部の事実にたいして妥当するだけである。呪術的制裁は単に与えられた物の性質ならびにその心霊的特質の結果生じうるにすぎないし、しかも、呪術的制裁そのものはそれらの結果にほかならないのである。まず第一に、付加的な担保、とりわけ、ゲルマン法のワーディウムは担保物の交換以上のものであり、また、可能なかぎりの精神的圧迫を加えるための生き質[85]以上のものでさえある。[四] 担保に供される物は通常においては価値の乏しいものである。たとえば、ローマ法の問答契約[86]の場合には、スチプス（stips）、すなわち、棒切れであり、[五] また、ゲルマン法の契約の場合には、フェースツーカ・ノタタ（festuca notata＝象徴としての草茎）にすぎない。[87] セム人種から由来するアラー（arrhes＝手附[88]）すらも対価の前払い以上のものである。[六] それらは物たることにはちがいないが、生命を有する物である。とりわけ、それらは相互性（réciprocité）に基づく古代の義務的贈答制の残存物とみなすべきであろう。契約当事者はそれらの物によって拘束される。この意味において、これらの付加的な担保の交換は霊魂および霊魂と混淆されている物の移動を擬制的にあらわしている。ネクスム、すなわち、法的『拘束』（lien）は人からと同様に、物からも由来するのである。[七]

物の有する意義を示す交換方式

物の交換の方式そのものですらも、それらの物の重要性を証明している。古ローマ市民法（droit romain quiritaire）においては、財産―しかも主要財産は奴隷や家畜であったが、後年にいたって、不動産になった―の引渡が、簡易なインフォーマルな態様でなされたことは一度もなかった。引渡は常に儀式的でかつ相互的であった。その上、引渡は集団的になされた。すなわち、それは衡器把持者以外に、すくなくとも、五人の証人または友人の面前でなされた。[八] それは近代の純粋に法律的ないしは経済的概念とは無関係のあらゆる種類の契機が混淆されている。それゆえに、引渡によって創設されるネクスムは、ユヴランがいみじくも述べたように、宗教的表象を多数包含する。しかしながら、ユヴランはそれをもっぱら呪術的なものとして捉えたにすぎないのである。

たしかに、ローマ法の原初的契約形態たるネクスムも、実際には、すでに集団的契約から分離されるとともに、また、古代の義務的贈答制度とは別個のものとなっている。ローマの契約体系の前史が確信をもって克明に描かれるようになることはけっしてありえないであろう。しかし、われわれはいかなる方向に探究すべきかは指摘しうると信じている。われわれは、呪術的、宗教的紐帯―法的要式性に従った言語や態度によって創設される紐帯―のほかに、たしかに、物自体の中にも一つの紐帯が存在すると主張したい。

物の中に存在する紐帯

なおまた、この紐帯はラテン民族およびイタリア民族の若干の最古の法律用語によって表示されている。かような意味で、これらの用語の中の若干のものの語源は示唆に富むものと云える。われわれは仮説としてつぎのことを指摘しておきたい。

個性と力を帯有する物の態様

本来、物そのものが個性と力を有していたことは疑いない。物はユスチニアヌス法や現代の法が意味するがごとき生命を有しない実在ではない。

まず、第一に、物は家族の一部を構成するものである。ローマの家族（familia）は単に人だけでなく、物《レス》（res）をも包含している。[九] この定義は、『学説彙纂』（Digesta）の中にもなお見出され、しかも、古代に遡れば遡るほど、ファミリアということばの意味はその一部のレスを表わし、このレスは家族の食物や生活手段まで指すにいたっているということはきわめて注目すべきことである。[一〇] ファミリアということばのもっともすぐれた語源の探究は、それをサンスクリットのダーマン（dhaman）、すなわち、家に結びつけるものであろう。（一一）

なおまた、物には二種類がある。ファミリアとペクーニア（pecunia）との間、換言すれば、家に付属する物（奴隷、馬、騾馬）と家畜小屋からはなれた野で生存する家畜との間に区別が設けられた。（一二）また、売買の形式に応じて、手中物（res mancipi）と非手中物（res nec mancipi）との間の区別も存在していた。（一三）(89) 不動産および子女すらをも包含し、貴重な財物を構成する前者については、その譲渡は握取行為（mancipatio）、すなわち、『手で握る』（manu capere）という方式を履行しなければならなかった。（一四）ファミリアとペクーニアとの区別が手中物と非手中物との区別に一致するものであるかいなかに関しては、なお多くの議論が存するところである。われわれにとっては、すくなくとも、両者が――当初においては――一致していたということはいささかの疑いをも挿む余地はないようにおもわれる。マンキパーチオーの履行を免れる物は野の小さい家畜であったことはあきらかであり、ペクーニアはその観念、名称、形態が家畜から出てきた貨幣である。(90) ローマの古法学者（veteres）は、われわれがチムシアン族やクヮーキウーツル族において検出したのと同じ区別を『家族』の恒久的、基本的財産（今日でもなおイタリアやフランスで称せられているようなものであるが）と転々譲渡される物、すなわち、食物、遠く離れた草原の家畜、金属類、貨幣―要するに、これらは父権を免除されない子でさえも取引しうるものであるが―との間に設定していたと言うことができる。

つぎに、レスは、本来は、無感覚な有体物、すなわち、今日のごとき取引の単純な受動的対象ではなかったに相違ない。この語の最上の語源の研究は、この語を梵語の贈物、進物、気に入った物の意味をもつラ（rah）、ラチヒ（ratih）と対照するものであるようにおもわれる。[一五] レスはなによりもまず他の者を喜ばすものであったにちがいない。[一六] 他方、物には常に、家の財産たることを示す印章あるいはしるしが付されていた。さればこそ、手中物については、儀式的引渡行為たるマンキパーチオーが法的紐帯を創設したということが理解される。というのは、受領者（accipiens）に入手されてもなお、これらの物は暫くの間は最初の所有者の『家族』の一部分として存在するからである。物は最初の所有者の家族に結びつけられており、また、現在の所有者が契約を履行することによって、換言すれば、対価として物、価格、労務を引渡すことによって解放されるときまで―かような引渡によって、今度は最初の所有者が拘束を受けるのであるが―、その物は現在の所有者を拘束するのである。

窃盗と要物契約に発現する物の力の観念

その上、物に内在する力の観念は、つぎの二つの事項、すなわち、窃盗（furtum）と要物契約（contrats re）に関して、ローマ法から消え去ったことはいちどもなかった。

窃盗[91]に関するかぎり、それによって惹起される諸々の行事や義務はあきらかに物の力に起因している。[一七] 物はそれ自体の中に『永遠の権威』（æterna auctoritas）[92]を有し、それは、物が窃取されたときに、常にその存在を感知せしめる。[一八] この点においては、ローマ法のレスはヒンズー人またはハイダ族の所有物となんら

異ならない。(一九)

要物契約は法律上、もっとも重要な四つの契約、すなわち、消費貸借（prêt)、寄託（dépôt)、質（gage)、使用貸借（commodat）を形成する。また、とりわけ、われわれが売買とともに、契約自体の原初的形態であったと信ずる若干の無名契約、すなわち、贈与や交換もひとしく要物契約と称される。(93)(二〇) しかしながら、かようなことは避け難いことであった。実際、現代のわれわれの法においてさえも、ローマ法と同様に この点では、最古の法規範から外ずれることは不可能である。(二一) 贈与がなされるためには、あらかじめ物または奉仕が存在しなければならないし、しかも、その物または奉仕が〔贈与の〕義務を負担さすということが必要である。たとえば、ローマ法では後年に出現したが、(二二) われわれの法においては常に存在している忘恩行為を原因とする贈与の撤回(94)は普通の―あるいは当然とさえ言えるかもしれない―法律制度であることは明瞭である。

物は契約の本質的要素をなす

しかしながら、これらの事実は斉一性を有するものではなく、ただ一定の契約について実証されうるにすぎない。われわれの論題はもっと一般的なものである。われわれは、原古のローマ法の時代においては、レスの引渡（traditio）行為―言葉や書面のほかでさえ―が本質的な要素の一つでなかった時期はかつていちども存在しなかったと信じている。しかし、ローマ法はこの問題にたいして常に曖昧な態度を示していた。ある場合には、それは交換の要式、すくなくとも、契約が必要であることを宣明して―われわれが述べてきた古代の社会的規範が規定するのと同様に―、『単なる引渡はけっして所有権の移転を生ぜず』（Nunquam nuda traditio transfert dominium）と言うかとおもえば、(二三) また、少し後のジョクレチアヌス（Dioclétien）の時代のローマ法—西暦二九八年—は、『物の所有権は引渡または取得時効によって移転し、合意によっては移転せず』（Traditionibus et usucapionibus dominia, non pactis transferuntur）との趣旨をあきらかにする。[二四][95] レスは、給付であると、物であるとをとわず、契約の本質的要素である。

なおかつ、激しく論ぜられたこれら一切の事項は語彙と概念に関連する問題であるが、古代の資料の貧困なために、われわれはこれらの問題を解決するにはきわめて不利な条件におかれているのである。

契約の形式と用語は引渡によって生ずる精神的紐帯と結合する

われわれは以上の点までは、われわれの事実をかなり確信している。しかし、更に進んで、法曹家や言語学者にたいして、研究をおし進めることができ、その終りには、十二表法（loi des Douze Tables）の成立の時代あるいはそれよりずっと前に崩壊し去っているすべての法を想像しうるような実り豊かな方向を示唆することは許されるとおもう。ファミリアとかレス以外の法律用語も徹底的な研究をなすべき余地がある。われわれは引続いて個々に捉えるならばそれほど重要性を有しないともおもわれる一連の仮説を提起してみよう。しかし、これらの仮説は全体として考察するならば、必らずや相当の意義をもつにちがいないと信じている。

契約と債権債務関係のほとんどすべての用語ならびに若干の契約形式は引渡（traditio）という行為によって創設される精神的紐帯の体系と関連があるようにみえる。

（イ）レウスの語源　まず第一に、契約当事者はレウス（**reus**）である。彼は、なによりもまず、相手方からレスを受領した者であり、しかも、かかる資格のためにそのレウスとなるのである。換言すれば、彼は物自体によって、すなわち、物の霊魂によって相手方に結ばれた者である。[二五] かかる語源はかつて持出されたことがあったが、大抵の場合、なんらの意味をも有しないものとして顧みられないできた。それにもかかわらず、それは反対にきわめて明瞭な意義をもっているのである。実際、ヒルン（**Hirn**）[96]が指摘するごとく、**reus**《レウス》は元来は **res**《レス》の—**os** という語尾の属格であるが、**rei-jos** に取って代ったのである。それは物によって所有される人をあらわすものである。[二六] もっとも、ヒルンおよび彼を承継するヴァルデ（**Walde**）[二七]はレスを『訴訟』（**procès**）と訳し、また、**rei-jos** に『訴訟に引入れられたもの』（**impliqué dans le procés**）という訳を与えている。[二八] しかしながら、この解釈は、レスということばがなによりもまず訴訟上の用語であると仮定するのであるから、恣意的なものと言えよう。これに反して、もしわれわれの語義の転化が承認されうるとすれば、あらゆるレスおよび一切のレスの引渡（**traditio**）は『訴訟事件』、すなわち、公的な『訴訟』の対象になるから、『訴訟に引入れられたもの』という語意は、反対に、第二次的語意にすぎないことが理解されるに相違ない。それゆえに、『有罪の』というレウスの語意はなおさら派生的なものになってくる。われわれはこれらの語意の系譜を一般に採用されているものとはまったく逆の方法で、跡付けうるであろう。このようにして、われわれは、この語は、まず第一に、物によって所有された者、ついで、物の引渡（**traditio**）によって惹起された訴訟に引込まれた者、最後に、有罪者ならびに有責者という三つの意義を有すると主張したい。かような観点から眺めれば、契約、ネクスム、訴訟(actio)の起源たる準不法行為(quasi-délit)[97]についての一切の理論が多少とも明瞭にならしめられる。単に『物を受けとる』(avoir la chose)という事実だけで、受領者は引渡人(tradens)にたいして、準有責(責任を負う者(damnatus)、拘束された者(nexus)、銅塊に拘束された者(ære obaeratus))、精神上の劣位、精神的不均衡(主人(magister)と従僕(minister)の関係)という不安定な状態におかれるのである。[二九]

(ロ)マンキパーチオーの方式と売買の語源

われわれはまた以上の観念体系に、最古のローマ法において理解されないまでも、実行されていた握取行為《マンキパーチオー》(mancipatio)[三〇]の形式、つまり、後には売買(emptio venditio)[三一]になった買得行為―売渡行為の若干のきわめて古い特徴を結びつけたいとおもう。まず第一に、われわれはそれが常に引渡(traditio)を包含していることに注目しよう。[三二] 最初の所持者=供与者(tradens)が彼の財物を提示し、儀式に従ってその物からみずからを引離して、それを交付し、かくして、受領者(accipiens)が買得するのである。第二には、いわゆる狭義のマンキパーチオーは以下の操作に相応するものである。目的物の譲受人はそれを手(manus)で握る。[98] 彼は単に目的物を受領したということを承認するだけではなく、更に、その代金が支払われるまでは、彼自身が売渡されたことを自認するわけである。普通には、ローマ法学者によれば、マンキパーチオーのみが考察の対象とされ、しかも、それは単なる一個の占有取得行為として理解されるにとどまるが、これらの一つの操作の中には、物と人双方に関する多数の対称的な占有取得行為が包含されている。

他方、売買（emptio〔et〕venditio）[三三]が二個の別個の行為に対応するか、それとも、ただ一個の行為に対応するにすぎないかの問題は久しきにわたって論議が繰返されている。現実売買では、二個の行為がほとんど直接に接続するけれども、われわれは二個の行為を数え挙げられなければならないと主張すべき別の理由を示すであろう。より原始的な社会規範において、贈与が存在し、ついで、返礼が存在していたのと同じように、原古のローマ法においても、売渡行為が存在し、その後に、対価の支払がなされる。かような状態において、一切の制度―更に、問答契約（stipulatio）をも含めて―を理解するになんらの障害も存しないのである。[三四]

実際、ただ用いられた儀式方式、すなわち、銅塊に関するマンキパーチオーの方式と自由を回復する奴隷についての身代金―この身代金は『穢れのない、適わしきもので、かつ、神物でなく、彼自身のもの』(puri, probi, profani, sui) でなければならない―の受領方式に注目すればたりる。[三五] これら二つの方式は同一である。その上、それらは双方とも最古の買得方式（formules de la plus vieille emptio）、すなわち、市民法（jus civil）の形式のもとに今日まで保存されてきた家畜と奴隷の買得方式の痕跡である。[三六] 第二の所持者は瑕疵、とりわけ、呪術的瑕疵の存しない場合にだけそれらの物を受領するにすぎない。しかも、彼はなに物かを返礼しうるか、補償しうるかあるいは対価を交付しうるがためにのみ、それを受領するにすぎない。

dare《ダレ》（与える）という語根が依然として消滅していない reddit《レディト》 pretium《プレーティウム》（代金を支払う）、reddere《レデレ》（返却する(99)）等の語法に留意すべきである。(三七)

更に、フェスッス（Festus）は emere《エメレ》（買得する）という用語とそれを表示する法形式の意義とを明確に伝えている。彼はつぎのようにいう。『買得すべしというのは取去るべし、あるいは、持去るべしの意味である。なぜならば、古代の人々は受領するというかわりに買得すると云ったから』（Abemito significat demito vel auferto ; emere enimanti qui dicebant pro accipere—abemito の項）。そして、彼はつぎの意味に帰著している。『古代の人々は今日〝購買する〟という語の emere を〝取得する〟というように解していた』（Emere quod nunc est mercari antiqui accipiebant pro sumere—emere の項）。しかも、これはラテン語そのものと関係があるインド・ヨーロッパ語の意味である。emere はなに物かをだれかから取得する、受領することである。(三八)

売買（emptio venditio）の他方のことば、すなわち、売渡、という語もまたローマ法学者の法律構成—彼らにとっては、売買の表徴としての価格や貨幣が存在しない場合には、物々交換や贈与しか存在しないというが、(三九)—とは別個の法律構成を推論せしめるようにおもわれる。vendere《ウエンデレ》（売渡す）という語は、本来は venum-dare《ウエーヌムダレ》 であるが、これは太古あるいは有史以前の型に入る合成語である。(四〇) それがあきらかに贈与や譲渡を想起せしめる dare という要素を包含することは疑う余地がない。他方の要素は、インド・ヨーロッパ語から採ってきたようにおもわれ、それはすでに売渡ではなくて、売渡価格（ὠνή, サンスクリットの

vasnah《ヴァスナハ》)―更に、ヒルンはこの語を嫁資(dot)、花嫁代(prix d'achat de la femme)を意味するブルガリア語と結びつけている―の意味を有するものである。(四一)

(一) 十二表法の仮説的再構成と碑文として保存された若干の法の原文をのぞいては、ローマ法の最初の四世紀に関して、われわれがきわめて貧弱な資料を有するにすぎないことはよく知られている。しかしながら、われわれはランベールがその『十二表法の伝説史』(アップルトン論文集)(Lambert, Histoire traditionnelle des Douze Tables, 1906 (Mélangs Appleton))の中で行った酷評的態度を採用するつもりはない。もっとも、ローマニステンの多くの理論やローマの好古学者そのものの理論ですら、仮説として扱われるべきであるということは認めなければならない。われわれはこれらの目録にあえて他の仮説を加えようとしているのである。

(二) ネクスムに関しては、ユヴラン『ネクスム』の項(Nexum, in Dictionnaire des antiquités grecques et romaines d'après les textes et monuments)、㉗ならびに⑨七巻四七二頁以下、九巻四一二頁以下、一一巻四四二頁以下、一二巻四八二頁以下に所掲の彼の分析と議論、また、⑬一三五頁を参照せよ。ローマニステンの文献と理論については、㉘三五四頁を見よ。どの観点からも、ユヴランとジラールが一番真実に近いようにおもわれる。われわれは、ユヴランの理論にたいして一つの補足と異議だけを提起しておきたい。われわれとしては、『誹毀侮辱条項』(clause d'injures)(100)(㉗二八頁、また、『Injuria』(アップルトン論文集)を参照)は、ただ呪術的なものだけにとどまらない。それは古代のポトラッチの規範のきわめて明確な事例ないしは痕跡である。一方が債務者であり、他方が債権者であるという事実は、このように優越的地位にある者にその相手方――彼に恩義を蒙った者であるが――を誹毀しうるようにするのである。ここから、われわれが本社会学年報(New Series I)の中で『冗談仲間関係』(Joking relationships)[101]、とくに、ウイネバゴ族の それに関して注意を促しておいた一連の関係が出てくるのである。

(三) ユヴラン⑨三三頁参照。

(四) 象徴契約(wadiatio)については、⑨一二巻五二一―三頁のダヴィの敍述を見よ。

(五) このような stips ということばの解釈はセビリアのイシドルス(Isidore de Séville)[102]の解釈を基礎にする。なお、ユヴランのstips, stipulatio など(ファダ論文集(Mélanges Fadda, 1906))。ジラールは、サヴィニーに従って、ヴァロ(Varron)[103]とフェスッス(Festus)[104]のテキストをかような無条件の比喩的解釈に対照するのである(㉘五〇七頁参照)。しかし、フェスッスは『stipulus』、『firmus=強固な』に触れた後に、不幸にも一部滅失している文章の中で、『(………?-)defixus』(打込む)と言わなければならなかったから、それはおそらく土地に打込まれた棒を指しているのであろう(バビロニアのハンムラビ王[105]時代の契約では、土地の売買の際には棒が投げられたことと対照せよ)。[106]キュック『契約等に関する研究』(Cuq, Étude sur les contrats, etc., Nouvelle Revue historique du Droit, 1910)四六七頁参照。

(六) ユヴラン⑨一〇巻三三頁。

(七) われわれはローマニステンの論争に加わるつもりはない。しかしながら、ユヴランとジラールのネクスムに関する考察に二、三の所見を加えておきたい。(一)、ネクスムの語そのものは nectere(結び合わす)から派生するが、nectere ということばに関しては、フェスッスが、現在まで伝えられてきた神官(Pontifes)の貴重な資料の一つに挙げうる『Napuras stramentis nectito』(藁の縄を結び合わせて)を留めてきたのである。この資料はあきらかに藁で作られた結び目により表示された財物に関するタブーを示唆している。それゆえ、引渡される物自体はしるしを付され、括りつけられて、しかも、かようなしるしをつけて受領者(accipiens)に到達する。かくして、その物は受領者を拘束する。㈡、被拘束者（nexus）になる者は受領者である。ところで、ネクスムの儀式的方式は、通常訳されているように、彼は買得される（emptus）ということを想定している。しかし、emptus は実際には acceptus, すなわち、受領されるという意味をもつのである。物を受取った者自身は、買得される以上に、貸しによって受領されるのである。なんとなれば、彼は物を受けたからであり、また、彼は物のほかに彼に貸し与えられた銅塊を受けたからである。かかる取引の中に、有責判決（damnatio）、握取行為（mancipatio）などが存在したかどうかについては議論が存する（ジラール㉘五〇三頁）。われわれはかかる議論に介入することなく、これらの用語はすべて多かれ、少かれ、同義語であると信ずる（碑文の『拘束行為と握取行為によって』（nexo mancipioque）の表現ならびに（奴隷売買）の碑文中の『彼が買得するのは握取行為によって受領するからである』（emit mancipioque accpit）の表現参照）。しかも、かかる類意以上に単純なものは存しない。けだし、だれかからなに物かを受けるということ自体が受領者をして譲渡者にたいして責任を負わせる（damnatus, emptus, nexus）からである。㈢、われわれには、ローマニステンしかもユヴランすらもネクスムの儀式の細部、すなわち、フェスッスが大いに論じた『拘束された銅塊』にいかなる事態が生ずるかについて一般に十分な注意を払っていないようにみえる。この銅塊は、ネクスムの設定の際に、譲渡者から受領者に交付される。しかし、受領者が解放されるためには、彼は約束された給付を履行するとか、あるいは目的物または代金を引渡すだけではなく、更に重要なことは、同じ衡器を用いてしかも証人の面前で、彼は貸主あるいは売主に銅塊を返還するようにおもわれる。このようにして、今度は債権者が銅塊を買得し、それを受領するのである。このネクスム解放（solutio）の儀式はガイウス（Gaius）の第三巻一七四頁に完全に叙述されている。現実売買の場合には、二つの行為がいわば同時にか、あるいはごく僅かな間隔をおいてなされるから、二重の象徴は信用売買または儀式的になされる貸借の場合におけるほど顕著にはあらわれない。ここに、これらの二重の機能が看過される所以が存する。しかし、その場合においても、同様な機能が果されているのである。もしわれわれの解釈が正しいとすれば、儀式方式から生ずるネクスムおよび目的物から来るネクスムのほかに、両当事者によって交互に与えかつ受けられ、また、同じ衡器で計量された銅塊から生ずる他のネクスムも存することになる。㈣、更に、銅の貨幣が使用される以前、あるいは衡器ではかられた銅塊または鋳型にはめられた銅塊、すなわち、牝牛の姿態を描写する鋳造された銅（æs flatum）――われわれは最初のローマ貨幣は氏族（gentes）で鋳造され、しかも家畜の姿態をあらわしていたということを知っているが、これは氏族の家畜を担保にするという理由だったことはたしかである――が用いられる以前のローマの契約を想起しよう。また、その対価が現実のまたは非実在の家畜でもって支払われる売買を想定してみよう。かような場合、これらの家畜＝対価またはその象徴物の引渡が契約両当事者、とりわけ、売主と買主とを接近せしめるということを理解すればたりる。家畜を売買したりあるいはまた譲渡する場合におけると同様に、買主または最後の所有者は、すくなくとも、一定の期間（売買を取消しうべき瑕疵など）売主または以前の所有者と接触を保持していることになる。

（八）ヴァロ『農業論』（Varron, De Re Rustica）二・一・一五。

（九）ファミリアについては、『学説彙纂』五〇・一六・一九五・一、『家族の名などは物や人などに及ぼされる――ウルピアヌス』（Familiae appellatio, ………et in res, et in personas diducitur, ………）参照。セビリアのイシドルス一五・九・五を対照せよ。ローマ法では、かなり後年まで、遺産分割訴訟は familiae erciscundae と称される（『学説彙纂』一一・二、『勅法彙纂』三・三八）。反対に、レスはファミリアとひとしい。十二表法五の三には、『その資産と財産の保護について』（super pecunia tutelave suae rei）と記されている。㉝八六九頁、㉘三二二頁参照。キュック『法学提要』（Institutions）第一巻三七頁、ガウイスの二・二二四（一〇四の誤りか―訳者註）はこのテキストを回復して、『家産および金銭について』（super familia pecuniaque）と述べる。ユスチニアヌス法典（六・三〇・五）でも、ファミリアはレスや財産（substantia）とひとしい。更に、『農耕に服する奴隷と家事に服する奴隷』（familia rustica et urbana）（『学説彙纂』五〇・一六・一六六）を対照せよ。

（一〇）キケロ『雄弁人論』（De Oratoire）五六、『カエキナ弁護論』七――テレンシウス『ファミリアはわたくしにとってたかだか十日分もないほどである』(Decem dierum vix mihi est familia)。

(一一) ヴァルデ『ラテン語語源辞典』(Walde, Lateinisches etymologisches Wörterbuch) 七〇頁。ヴァルデはみ[107]ずからが提起した語源について躊躇を示しているが、その必要はない。そればかりでなく、ファミリアの主要なレス、すなわち、すぐれた財 (mancipium) は奴隷であって、その別名の famulus はファミリアと同一の語源である。

(一二) 神法 (sacratæ leges) やその他多数の原典によって立証されたファミリアとペクーニアの区別については、ジラール前掲書八四一頁参照。これらの分類が常に信頼しうべきものではなかったことはたしかではあるが、われわれは、ジラールの見解とは逆に、本来、最初から、明確な区別が存したと確信している。のみならず、この区別は famelo in eituo というオスカン語[108]にも発見される(『バンチア法』(Lex Bantia) 一の一三)。

(一三) 手中物と非手中物との区別は、ローマ法においては、西暦五三一年に、古ローマ市民法の決定的な廃止によって消滅したにすぎなかった。

(一四) マンキパーチオーについては後述参照。マンキパーチオーがずっと後代にいたるまで必要であった、すくなくとも、適法であったという事実は、ファミリアが手中物なしで済ますことがどれほど困難であったかを実証している。

(一五) この語源については、ヴァルデ前掲書六五〇頁参照。財産、貴重品、護符をあらわす rayih 参照。ゾロアスタ教の聖典語の同一の意味を有する rae, rayyi およびアイルランド古語の『恵豊かな贈物』の意味をもつ rath 参照。

(一六) オスカン語でレスを指すことばは egmo である。バンチア法一の六、一一参照。ヴァルデは egmo を『豊富に有しない物』の意味の egere に結びつけている。古代イタリア語には、贈られて、喜ばす物 (res) と豊富に持たれなくて、当にされる物 (egmo) を意味する二つの対応する対語が存在していたようにおもわれる。

(一七) ユヴラン『窃盗』(Furtum) (ジラール記念論文集) 一五九―七五頁参照。

(一八) 最古の法であるアチニア法 (Lex Atinia) は、『窃取された物の権威は永遠である』(Quod subruptum erit ejus rei aeterna æctoritas esto) と規定する (一八・七)。ウルピアヌス体系の諸々の章三・四、六と対照せよ。

また、㉗一頁九参照。

（一九）ハイダ族では、盗まれた者は盗んだ者の戸口に皿をおきさえすればよい。すると、普通その品物がもどってくる。

（二〇）㉘二六五頁。『学説彙纂』一九・四・一・二、『交換について。交換は引渡をまって債務の発生を促す』（De permut : permutatio autem ex re tradita initium obligationi praebet）。

（二一）『学説彙纂』四四・七の『債務関係と訴訟について』の五二。『物そのものが介在するとき、われわれは物によって義務づけられる』（re obligamur cum res iosa intercedit）。

（二二）ユスチニアヌス法典（西暦五三二年）八・五六・一〇。

（二三）パウル（Paul）『学説彙纂』四一・一・三一、一。

（二四）法典二・三の『約束について』（De pactis）二〇。

（二五）『有罪者』『有責者』というレウスの語意に関しては、モムゼン『ローマ刑法』（Mommsen, Römisches Strafrecht）三版、一八九頁参照。古典的解釈は、公的な人の法、とくに、刑法を原初的法形態となし、また、物の法や契約をもって純化された近代的現象とする一種の歴史的先験説から発生したものである。レウスは法律用語であると同時に宗教用語である（ヴィッソーヴァ『ローマ人の宗教と文化』（Wissowa, Religion und Kultus der Römer）三二〇頁参照）。『祈願の解かるべき義務ある』（voti reus）（アイネイアス、五、三二四）、『誓願によって自己を神に結びつける当事者』（reus qui voto se numinibus obligat）（セルヴィウス『アイネイアスに関して』（Servius, Ad Aeneid）四・五六九九）。レウスの同義語は『誓願完成の義務ある』（voti damnatus）である（ヴェルギリウス『選詩』（Virgil, Eclogues）五、一、八〇）。そして、damnatus がネクスムと同一とみなされるから、このことは実に示唆に富むものである。誓願をなした者は物を与える約束をなした者または物を受領した者とまさしく同一の立場に立つのである。彼がその履行をなすまでは、彼は有責者（damnatus）である。

（二六）『インド・ゲルマン語研究』（Indo-Germanisch Forschungen）第一四巻一三一頁。

（二七）ヴァルデ前掲書六五一頁レウスの項参照。これは最古のローマ法曹家自身の解釈である（キケロ『雄弁人論』二・一八三、『レウス、そのすべてのものは物について審判される』（Rei omnes quorum de re disceptatur）。彼らはたえずレスは訴訟事件の意味であるということを念頭においていた。この解釈は、レウスは単に被告だけを指すにとどまらず、一切の訴訟における両当事者、すなわち、後代の訴訟手続上の原告（actor）と被告（reus）とを指した十二表法（二の二）時代の痕跡を伝えるという利益がある。フェスッスは十二表法に註釈を施し、この問題については、二人の最初期のローマ法学者のことばを引用している。『学説彙纂』二・一一・二・三（ウルピアヌス）『訴訟当事者のいずれかの方』（alterutur ex litigatoribus）参照。両当事者がひとしく訴訟によって結び合わされる。彼らが以前に物によって同じように結びつけられていたと推測すべき余地がある。

（二八）物にたいして責任を負う者、物によって責任を負わされる者というレウスの概念はフェスッスによって引用された最初期のローマ法学者にはよく知られたものであった。

（二九）オスカン語のバンチア法では、minstreis は minoris partis と同じであって（一・一九）、それは訴訟で負けた当事者である。イタリアの方言では、これらの用語の意味はいまだ消滅していない。

（三〇）ローマニステンはマンキパーチオーと売買（emptio venditio）との分離の時期をあまりにも初期の時代にまで遡らせしめているようにみえる。十二表法時代またはそれよりずっと後の時代においてさえ、純粋の諾成契約であるところの売買契約が存在したというのは真実に反するようにおもわれる。それらはその暫く後のスカエヴォラ（O. M. Scævola）[109] の時代に諾成契約になったようである。十二表法は、たしかに、マンキパーチオーによってのみなされうるだけの非常に厳粛な売渡、すなわち、息子の売渡を指すのに、『venum duuit』ということばを使用する（十二表法四の二（三の誤りか―訳者註））。他方、この時代においては、すくなくとも、手中物に関する売買は、契約としてもっぱらマンキパーチオーによって行われた。したがって、すべてこれらの用語は同じ意味をもつのである。古代の人々もかように意味の混淆した記憶をもっていたのである。『学説彙纂』四〇・七、『自由の身分について。十二表法は、emptio という語で一切の譲渡を包括していたようにみえる――ポムポニウス』(de statuliberis: Quoniam Lex XII, T., emtionis verbo omnem alienationem complexa videatur) 参照。[110]その反対に、マンキパーチオーという語は、久しきにわたって――法律訴訟時代 (l'époque des Actions de la Loi) でさえ――信託 (fiducia)[111]――ときには、これはマンキパーチオーと混用される場合もあったが――のごとき純然たる諾成契約である行為を指していた。ジラール㉘五四五頁参照。マンキパーチオー、マンキピウム (mancipium)、ネクスムが最初期のある時代には無差別に使用されていたことは疑いない。

しかしながら、これらの同義に関しては暫く措いて、われわれの考察をもっぱらファミリアの一部を形成するレスのマンキパーチオーから発生するものだけに限定し、ウルピアヌス一九・三(ジラール㉘三〇三頁参照)によって伝えられた『握取行為は……手中物の所有権移転に特有の方法である』(mancipatio……propria alienatio rerum mancipi) という原則から出発しよう。

(三一)ヴァロ(『農業論』二・一・一五、二・二・五、二・五・一一、二・一〇・四)は買得行為 (emptio) という語はマンキパーチオーを包含するとみている。

(三二)この引渡 (traditio) は manumissio の方式、[112]すなわち、みずからの自由を買得するとみなされる奴隷解放の方式で伝えられてきた儀式を随伴していたと想像すらされうる。われわれはマンキパーチオーにおける両当事者の行動に関しては十分な知識を有してはいない。他方、基本的には、奴隷解放の方式が家畜の売買 (emptio venditio) の方式と等しいことは極めて注目すべきことである。供与者は交付すべき物を手でつかまえた後に、手の平で叩いたようにおもわれる。これは、メラネシアのパンク島において豚を手の平でたたくブス・ラベ (vus rave) やヨーロッパの市場において売渡した家畜の尻をたたくのと比較しても差支えないであろう。しかし、もし、原典、とりわけ、ガウイスの原典がこの箇所に関して脱漏の多いものでなければ――かような脱漏はいつかは写本が発見されて補足されることは疑いないが——、われわれは以上のような仮定を提出することは許されなかったに相違ない。また、われわれは、この儀式はハイダ族の紋章入りの銅板でたたく儀式と同一であることに気付くのである。

(三三) キュック『ローマ人の法制』(Institutions juridiquas des Romains) 第二巻四五四頁。

(三四) スティプラーチオー、すなわち、両当事者による棒の交換は古代の担保に相応するだけでなく、古代の添えものの贈与にも相応する。

(三五) フェスッス『奴隷解放について』(ad manumissio)。

(三六) ヴァロ『農業論』二・一・一五、二・二・五、二・五・一一。

(三七) また、『貸主が借主に客体を供与し、その所有権を移転すること』(mutui datio) 等の語意に注意せよ。実際、ローマ人は引渡 (traditio) を構成する一切の行為を示すためには、ただ dare (与える) という語よりほかのことばをもっていなかった。

(三八) ヴァルデ二五三頁。

(三九) 『学説彙纂』一八・一・三三。

(四〇) かような類型に入る用語に関しては、エルヌー『Credo-Craddhâ』(Mèlanges *Sylvain Lévi*, 1910) 参照。レスや他の多くの用語についてと同じように、イタリア・ケルト語の法律用語とインド・イラン語の法律用語が一致する事例である。tradere, reddere のごとき一切の用語の古代形態に注意せよ。

(四一) ヴァルデ前掲書の vendere の項参照。licitatio (競売) という非常に古いことばは戦闘とせり売とが同一意義をもつという痕跡を伝えているのかもしれない。フェスッスは licitatio に関して、『競売とは購買すべく、あるいは戦うべく相拮抗することである』(licitati in mercando sive pugnando contendentes) と述べている。トリンギト族とクヮーキウーツル族の『財の戦い』という表現を参照せよ。

II 他のインド・ヨーロッパ系諸法

贈与組織はローマ・ギリシャ民族の有史時代には存しない

以上の最古のローマ法に関する仮説は、どちらかといえば先史時代の系列に属する。ラテン民族の法、道徳、経済はそのような形態をとっていたには相違ないが、しかし、彼らの諸制度が歴史に現われたときには、それらの形態は忘れ去られていた。なんとなれば、これらのローマ民族やギリシャ民族は、おそらく北方ならびに西方セム族に従って、人の法と物の法の区別を考え出し、売買を贈与や交換から切離し、また、道徳上の義務と契約とを隔離し、とりわけ、儀式、法、経済的利益の間に存する相違を理解したからである。(一) 彼らは尊ぶべき真の偉大な改革によって、これらの一切の古い道徳や贈与の経済を乗越えたのである。しかも、それらの贈与の経済は、あまりにも危険で、豪奢で、浪費を要するものであり、対人的な配慮に煩わされ、しかも、市場、取引、生産の発展とは相容れない、要するに、時代遅れで、不経済なものであったのである。

ゲルマン法、ヒンズー法が本研究に占める地位

のみならず、われわれの一切の再構成は本当らしい仮説にすぎない。しかしながら、いずれにしても、インド・ヨーロッパ民族の法、しかも、信頼すべき成文法が、現代に比較的接近した有史時代においても、オセアニアやアメリカの社会―普通には未開社会とか、すくなくとも、古代の社会と呼ばれるのであるが―についてこれまで叙述してきたような制度を立証しているという事実によって、以上のような仮説の確実性は増してくる。したがって、われわれはそれらの仮説を一般化するとしても、それほど非難されるにはあたらない。

これらの痕跡をもっともよく保存するインド・ヨーロッパ系の二つの法はゲルマン法とヒンズー法である。また、われわれが偶々多くの原典に接しうるのもこれら二つの法である。

（一）われわれはギリシャ法、どちらかといえば、イオニア人やドリア人の偉大な法典編纂に先行したはずの法の残存物を十分考究する余裕をもたなかった。その結果、われわれはギリシャの種々の民族がこれらの贈与の規則を本当に知らなかったのか、それとも、知っていたのかについては言及することができない。それゆえ、贈与、婚姻、担保（ジェルネ『担保』（Gernet, 'Εγγύαι, Revue des Études grecques, 1917）参照、ヴィノグラドフ『歴史法学概論』（Vinogradoff, Outlines of the History of Jurisprudence）第一巻二三五頁参照）、歓待、経済的利益、契約など種々の問題に関する文献を全部再検討する必要があろう。しかし、それでも、われわれは断片的な事実を知りうるにすぎないとおもわれる。現在はつぎのような一つの事例だけを指摘するにとどめる。アリストテレス（Aristote）(113)は、その『ニコマコス倫理学』（Éthique à Nicomaque）一一二三の中で、高潔な市民、その公的および私的支出、の義務と責任に関して、外国人や使節の応待、贈与と返礼（καὶ δωρεάς καὶ ἀντιδωρεᾶς）を述べ、彼らが公共のために（εἰ δ'τα κοινά'）どのように消費するかに触れ、また、『贈与が奉納に類似する点の存する』（τα δὲ δῶρα τοῖς ἀναθήμασιν ἔχει τι ὅμοιον）ことを付加している。

他の二つの現代のインド・ヨーロッパ民族の法体系、すなわち、アルバニア法とオセーシア法はこの種の制度を示している。われわれは、ここでは、これらの民族の間で、婚姻、葬式等がなされる場合に、過度に濫費するのを禁止または制限する近代的な法律、命令が存することを指摘するにとどめる。コヴァレーフスキー『現代の慣習と古代法』(Kovalewski, Coutume Contemporaine et Loi ancienne) 一八七頁参照。

周知のようにほとんどすべての契約方式は西暦紀元前五世紀のエジプトのファイリー (Philæ) のユダヤ人のアラム語のパピールス(papyrus)[114]によって証明される。カウレイ『アラム語のパピールス』(Cowley, Aramaic Papyri, Oxford, 1923) 参照。また、バビロニア人の契約については、ウングナッド (Ungnad)[115]の諸研究がよく知られている (ユヴラン⑨一二巻一〇八頁、キユック『バビロニア第一王朝時代の契約に関する研究』(Cuq, Études sur les contrats de l'époque de la Ire Dynastie babylonienne, Nouvelle Revue de l'Histoire du Droit, 1910)) 参照。

III 古典ヒンズー法(一)

贈与の理論

ヒンズーの贈与の規範の適用はブラーフマナにかぎられる

ヒンズー民族の法律上の資料を用いるには、かなり重大な障害[116]がある。権威にかけては、それらに劣らない法典や叙事詩は、ブラーフマナ (Brāhmana) によって、しかも、彼ら自身のためではないとしても、すくなくとも、彼らの制覇の時代に彼らの都合のよいように編纂したのであったと言える。[二]それはわれわれに純理的な法のみを示すにすぎない。したがって、われわれが他の二つのカーストであるヴァイシュヤ（Vaiçya）とクシャトリヤ（Ksatriya）の法や経済はいかなるものであったかを察知するためには、前述の資料の中でそれらに触れている多数の離れ離れの言説の助けで再構成をする以外にはない。とくに、われわれがこれから述べようとする理論、すなわち、『贈与の法』（danadharma）は、実際にはただブラーフマナに適用されるにとどまる。それは、たとえば、ブラーフマナが贈り物をどんな風にして求め、受けるか——お返しは徹頭徹尾宗教上の奉仕によってなされるが——、また、ブラーフマナにたいして贈物はどのようになさるべきかを示すのである。これらのブラーフマナにたいする贈与の義務が多くの規定の対象であるのは当然である。しかしながら、貴族の間、王侯の家族の間、更には、多数のカーストや部族の内部の平民の間では、まったく別の関係が支配していたようにみえる。われわれにとって、それらの関係を推測するのは非常に困難である。しかし、それはそれとしても、ヒンズー民族の諸種の事実は、相当の比重を占めるのである。

インドのポトラッチの二つの起源

実際、アーリア種族の移住直後の古代インドは、二つの点においてポトラッチの母地であった。[三]まず第一に、ポトラッチは、往時は非常に多数より成っていて、しかも、現今でも、インドの住民の大半の基礎を構成する二大集団、すなわち、アッサム地方の諸部族（チベット・ビルマ語族[117]）とムンダ語族系の諸部族（オーストロジア語族[118]）の間でいまなお見出される。これらの諸部族の伝統は、ブラーフマナ教を背景にして存続してきたものであると想像することすら許される。[四]たとえば、思いがけぬ来訪の客に勧めないで、物を食べることを禁止する規則、すなわち、『友に勧めないで、物を食べる者は魚（**halahalah**）を食っているのだ』という規則には、バタク語族[119]のインジョク（**indjok**）や他のマレー地域の客礼の原則に比較すべき制度の痕跡を見ることができる。他方、同種でないまでも、同類の諸制度が最古のヴェーダの中にその痕跡をとどめている。しかも、それらのものは、ほとんどすべてのインド・ヨーロッパ民族の社会で見出される。[五]それゆえ、アーリア種族もまたそれらをインドに持ってきたと信ずべき理由がある。[六]勿論、この二つの流れはある時期に合流したのだが、われわれはその時期をヴェーダ文化時代の後半、そして、インダス河とガンジス河の二大河の広大な流域への移住と同時代に位置づけても差支えない。いうまでもなく、これらの二つの流れは相互に補強しあったことであろう。さればこそ、われわれはヴェーダの文化時代を離れるやいなや、この理論が慣行として飛躍的に発展したのを見るのである。マハーバーラタ（**Mahabharata**）は雄大なポトラッチの説話である。その中には、カウラヴァ（**Kauravas**）とパーンダヴァ（**Pandavas**）との骰子遊び、野外試合およびパーンダヴァの妹で、しかも、兄弟の共通の妃であるドラウパディー（**Draupadi**）の婿選びが敍述されている。[120][七]これと同じような伝説群はこの敍事詩のすぐれた挿話の中で屢々繰返されているのが見受けられる。たとえば、ナラ（**Nala**）とダマヤンティー（**Damayanti**）の物語は、マハーバーラタ全体と同じように、共同家屋の建築、骰子遊びなどを伝える。[八]しかし、全体は物語の文学的、神学的表現によって歪められている事実はみのがしえない。

しかもなお、われわれの現在の論証としては、これらの錯綜した各種の起源を考量して、完全な体系を仮説的に再構成することは必要ではない。(九)同様に、それらに関与したカーストの数を確定することも、また、それが開花した時代を正確に知ることも、比較研究にはそれほど必要なことでもない。暫く経つと、ここではわれわれに関係のない理由に基づいて、これらの法はブラーフマナの間をのぞいては、消滅してしまった。しかしながら、この法はたしかに西暦紀元前八世紀から紀元後二、三世紀にかけての六—一〇世紀の間行われていたと言ってよい。われわれには、それだけで十分である。ブラーフマナの叙事詩や法は、過ぎ去った昔の雰囲気の中でいまなお躍動している。そこでは、贈物はなお義務的であって、物は特殊な力をもち、人格の一部をなしているのである。われわれは社会生活の中のこれらの形態を描写し、それらの契機を考究するだけにとどめておこう。単なる描写にすぎないが、それでもかなりの説得力をもつと信ずる。

贈物は、現世、来世いずれでも報いを齎す

物を贈れば、その報いはこの世でもあの世でも生ずる。この世では、贈物はそれと同じものを自動的に贈主にもたらす。贈物はそのまま失われるのではなく、再生するのである。あの世では、贈主は贈った物を再び見出すが、その場合、それらの物は増えている。(一〇)食物を与えれば、現世では、食物は贈主の手に帰ってくることになるが、来世では、贈った食物が彼にあてがわれる。しかもなお、それは彼の一続きの再生の過程の食物ともなる。たとえば、水、井戸、泉を与えれば、それは喉のかわきをいつでも防いでくれる。衣裳、金銭、傘、更には、焼土を歩くためのわらじを贈れば、それらのものはこの世でも、あの世でも、与えた者の手に帰ってくる。(一一)土地を贈れば、その土地は他の者のために収穫を齎すが、しかもなお、この世でも、あの世でも、また、将来の再生に際しても、贈った者自身の利益を増すのである。

『新月が日ごとに大きくなるように、かつて贈られた土地は年ごとに（収穫ごとに）増えてゆく』。土地は収穫物、地代、貢租、鉱物、家畜を産むが、土地の贈物は、このような産物によって、贈手と貰手双方に富を与える。[一二] 以上のような法律、経済に関する神学が果てしない華麗な格言の中や数かぎりない剽綴詩の中で展開される。どの法典、敍事詩をとってみても、この題目を倦むことなく述べている。[一三]

人格化される一切の贈物

更に、土地、食物、贈られる一切の物には人格が与えられる。それらは人々と話をし、また、契約にも加わる生命をもつものである。それらは[121]贈られたいという欲求を表示する。かつて、土地がジャマダクニ（Jamadagni）の息子の太陽神ラーマ（Rama）に話しかけた。ラーマはその歌声を聞いて、土地全部をカシャパ王（rsi Kaçyapa）に贈った。土地はつぎのように、あきらかに古風の言回しで彼に述べている。

『（貰手にたいして）わたしを貰いなさい。
（贈手にたいして）わたしを贈りなさい。
わたしを与えたら、おんみはいつかわたしを手にすることもあるでしょう。』

その上、土地は、こんどは、幾分単調なバラモン口調でつぎのように付け加えている。『この世でも、あの世でも、遣ったものはふたたび手に入るにきまっている』と。[一四] 最古の法典は、神格化された食物のアンナ

（Anna）がつぎの詩を述べたことを伝える。

『わたしを神や祖霊やそのしもべや客人《まろうど》に捧げずに、支度して、わたしを食い、かように、愚かにも、毒を呻る者、彼奴を、わたしは食べるのじゃ。わたしは彼奴に死を見舞うのじゃ。だが、アグニホートラ（agnihotra＝火祭）を捧げ、ヴァイシュヴァデーヴァの儀式（vaiçvadeva）を行って、養うべき者に食物を与えた後、残りの物を喜びにひたり、清廉に、誠意をもって、食べる者、こんな人のために、わたしは神饌となるのじゃ。彼もわたしを快くおもうのじゃ。（一五）』

食物はその性質からして、頒ち与えらるべきものであって、他人に分け与えないということは、『食物の本質《エーサンス》を殺すこと』（tuer son essence）であり、また、それは自己ならびに他人のために、食物を破壊することである。かような解釈は唯物論的であるとともに観念論的だと云えるが、ブラーフマナ教は施しや客礼についても同じ解釈を下している。（一六）富は贈るべくして蓄積される。もしそれを貰うブラーフマナがいなければ、『裕福な者の富も役にたたなくなる』。

『それとは知らずに、食物を摂る者は食物を殺し、また、食べた物によって殺される。（一七）』

貪欲は、つぎつぎと無限に生れ変ってくる法、功徳、食物の循環を遮るのである。

人と財との同一視の現象

他方、ブラーフマナ教はこのような交換の場においても、また、窃盗についても、あきらかに財産と人とを同じものとみなす。ブラーフマナの財産はブラーフマナそのものである。

『バラモンの牝牛、それこそ毒であり、有毒の蛇である。』

と呪術師ヴェーダ（Veda）は述べている。(一八) 古代法典のボーダーヤナ（Baudhayana）(122) はつぎのように伝える。『バラモンの財は（盗みを働いた者を）その子、孫にいたるまで殺す。その毒は〔ただの毒〕ではない。バラモンの財は（すぐれた）毒と称される』と。(一九) ブラーフマナの財産はそれ自体の中に制裁《サンクション》力を内包している。けだし、その財産はブラーフマナに恐怖を惹き起すものだからである。ブラーフマナの財産の窃取には故意も意思も必要ではない。われわれに直接関係のあるマハーバーラタの当該パルヴァンの全節は、(二〇) ヤジュス族（Yadus）の王ヌリガ（Nrga）(123) が、彼の従者が過って、あるブラーフマナに属する牝牛を他のブラーフマナに与えたために、蜥蜴《とかげ》の姿に変えられる物語を伝える。牝牛を善意で取得した者は、他の幾十万頭の牝牛と引換えるとしても、それを手離そうとはしないのである。牝牛は彼の家の一部であり、また、彼自身のものであるからである。

『牝牛はわたしの意のままに従う。それは、すばらしく乳がでて、おとなしく、わたしにつきまとう。その乳は甘く、非常に大切なものだから、わたしの家ではいつも貯えおかれる。』（三四六六行）

『それ（この牝牛）はわたしの幼気《いたいけ》な乳呑児に乳を与える。わたしはこの牝牛を手離す気にはならない。』（三四六七行）

その牝牛が奪われた者も他の牝牛を貰おうとはしない。その牝牛は確定的に二人のブラーフマナの所有物である。双方の拒絶にはさまれた薄幸な王が、それらの拒絶に含まれた呪詛によって、数千年もの間金縛りになっていた。[二一]

牝牛に現れた贈物と贈与者との緊密な結合関係

贈られた物と贈主の間、あるいは、所有物と所有者との間のつながりが、牝牛の贈与に関する規範における以上に密接なものはどこにもない。[二二] この規範はよく知られている。叙事詩の主要人物のダルマ王（Dharma＝法）、つまり、ユディシュティラ（Yudhisthira）はこの規範を守って、大麦と牝牛の糞で飢を凌ぎ、土地の上で寝たので、彼は諸々の王の中の『剛の者』（taureau）となったのである。[二三] 三日三晩、（譲渡されるべき―訳者註）牝牛の所有者は、この王にあやかって、『牝牛の誓』（vœu de la vache）を遵守する。彼は三晩の中の一晩にかぎり、『牝牛の甘露』（sucs de la vache）、すなわち、涎、糞、尿でもって飢を凌ぐ（尿にはシュリ（Çri＝幸運の女神）が宿っている）。また、三日の中の一晩は、彼は牝牛と一緒に地上で寝るが、更に、註釈者は『身を掻いたり、また、たかってくる虫を追い払うこともしない』と付け加えている。とにかく、彼は牝牛にあやかって、それと一体になろうとするのである。[二四] 彼が牛小舎に入るときには、牛を聖称で呼び、[二五] 更に、『牝牛はわたしの母親、牡牛はわたしの父親……』と付け加えることも忘れない。彼は譲渡行為がなされている間ずっと、前の文句を繰返す。[124] このときこそ、譲渡行為の中でもっとも荘厳な瞬間である。牝牛に讃辞が捧げられた後に、与える者はつぎのように述べる。

『わたしはおんみと一体となっている。いま、わたしはおんみの精《エーサンス》となり、おんみに与えられると、わたしはわが身を与えたことになる。[二六]』

また、受領者が（プラティグラハナ（pratigrahana）[二七] の儀式をしながら）牝牛を受ける場合に、つぎのように云う。

『精霊で変えられ（譲り渡され）、精霊で貰われたおんみよ。ソーマ（Soma＝月）とウグラ（Ugra＝太陽）の姿をしているおんみよ。われら二人に至福を授けよ。[二八]』

贈物の貰い方は他の社会のそれと同じである

ブラーフマナ法の他の諸原則は、不思議にもわれわれが述べてきたポリネシア、メラネシアおよびアメリカの慣習のあるものを想い出させる。贈物の貰い方が奇妙にも似ている。ブラーフマナは禦し難いほど尊大である。まず第一に、ブラーフマナは取引と関係あるものに関与するのを拒否する。同様にして、彼は取引から生ずる一切の物を受取ってはならない。[二九] 都市、市場、貨幣を有する国家経済機構のもとにおいても、ブラーフマナはインド・イラン語族[125]の古代遊牧民や広大な平原の移住農民あるいは原住民の経済や道徳を忠実に遵守するのである。彼らは他の者から寄せられる好意にたいして立腹するほどの貴族的態度を持している。[三〇] マハーバーラタの第二パルヴァンは偉大な予言者である七人の王（rsi）とその従者たちが、飢饉に際して、シビ王（Çibi）の息子の体を食べようとしたときに、サイヴヤ・ヴリシャダルバ王（Çaivya Vrsadarbha）[126]が彼らに贈った夥しい進物やすばらしい無花果をも拒絶する物語を伝えているが、その中で、彼らはつぎのように答える。

『おお、王よ。王から物を貰うのは、初めは蜜のように快いものだが、終りは毒のようになってくる。』

（四四五九行＝九三節三四行）

この後に二続きの呪詛が述べられる。かような考え方はすべてかなり滑稽でさえある。これらのすべてのカーストは贈物によって生計を立てているのであるが、それが贈物を拒絶しようとしているのである。[三一] ついで、このカーストは多少妥協して、自発的に提供された物だけは受けるようになる。[三二] その後で、そのカーストはだれから、(三三)いかなる場合に、どんな物を貰ってもよいか(三四)を示す詳細な一覧表を作り、最後に、飢饉の場合には、(三五)一寸した贖罪の儀式を行いさえすれば、(三六)なんでも貰うことが許されるようになった。

贈物を媒介とする贈与者と受贈者との間の強靱な紐帯

それは、贈与によって贈与者と受贈者との間に設けられる紐帯が両当事者にとってあまりにも強靱であるということである。われわれがこれまで論究してきたすべての制度の場合と同様に、いやそれにもまして、一方の者は他方の者にあまりにも密接に結合される。また、受贈者は贈与者に従属する立場におかれる。(三七)かような理由のために、ブラーフマナは物を『貰って』はならず、まして王に乞うて物を貰ってはならない。諸々の神性の中で、すぐれて神性を有するブラーフマナは王に優越していて、単純に取得することより他の行為をなせば、その権威を失墜することになる。また、他方、王についても、彼の与え方は与えるという事実と同じほど重要である。(三八)

それゆえに、贈物は与えられなければならないものであるし、また、貰わなければならないものであると同時に、また、貰うには危険をともなうものである。それは、与えられた物自体が取消しえない双方的な紐帯を形成するからであって、このことは、とくに、食物の贈与の場合に顕著である。受贈者は贈与者の怒りに左右され、(三九)また、各当事者は相手方に支配される。かようにして、人はその敵対者のところで物を食べるべきではないのである。(四〇)

一切の贈与は慎重な態度で臨まれる

贈与に関しては、あらゆる種類の古風な配慮が払われている。法典や叙事詩は、ヒンズーの学者独特の態度をもって、贈与、贈与者および与えられる物は正確に、慎重に、相関的に考察されるべき関係であるという題目を詳論しているから、与え方や貰い方に関してはなんらの疎漏も存しない。（四一）一切は儀式的方式に則ってなされる。それは、客観的にある価格が支払われて、ある品物が取得される取引と同日に論ずべきものではない。そこでは、すべてのものが相互に関連を有している。（四二）契約、協同関係、財産の移転、供与者と受領者の間で移転されたこれらの財産によって創設される紐帯などの全体が、道徳的に経済的に規制される。契約当事者の性格や意思と交付される物の性質とは不可分離の関係にたつ。法曹詩人はわれわれが述べたいと考えているものを、いみじくもつぎのように言い尽くしている。

『ここでは、片側の車輪が一方だけにまわるということはありえない。（四三）』

（一）古代ヒンズー法は、他の経典に比較すると、かなり後代に編纂された二つの系列の集録によってわれわれに知られている。最古の系列はダルマ・スートラ（Dharma-sutra）(127)から成る。ビューラー（Bühler）(128)はそれを仏教以前の時期に位置づける（『東方聖典叢書』（Sacred Books of the East）の中の『聖法』（Sacred Law）の序文）。しかし、これらのスートラの若干のもの――それが立脚する伝承は別として――は仏教以後のものではないと明確に断言できない。いずれにしても、ヒンズー人がシュルーティ（Çruti）(129)、すなわち天啓書と称しているものの一部を構成する他の系列はスムリティ（Smrti＝聖伝書）(130)、または、ダルマシャーストラ（Dharmaçastra）(131)である。後者の中の重要な法律書は有名なマヌ法典（Code de Manu）(132)であるが、その年代は、スートラに多少遅れるだけである。

しかしながら、われわれは、どちらかと云えば、ブラーフマナの伝承においては、聖伝書《スムリティ》と神聖書《シャーストラ》の価値を有する長い叙事詩の資料を使用したいとおもう。アヌシャーサナパルヴァン（Anuçasanaparvan）[133]（マハーバーラタ（Mahabharata）[134]一三巻）は、贈与の慣行に関しては、諸々の法律書よりもはるかに明確である。他方、それはそれらの法律書と同等の価値と示唆とを包含する。とりわけ、その編纂の基底にはマヌ法典自体が依拠する伝承と同一のブラーフマナのマーナヴァ派の伝承が存在するようにおもわれる（ビューラー前掲書中の『マヌ法典』七〇頁以下参照）。しかも、このパルヴァンとマヌ法典は相互に援用しあっていると言えよう。

なにはともあれ、この資料は量りしれない価値をもつものである。註釈者が指摘するように、贈与（dana-dharmakathanam）の主要な叙事詩の重要な巻のために、全巻の三分の一以上、四〇パルヴァン以上があてられている。のみならず、この書物はインドにおいてはきわめて通俗的なものである。この詩は、ダルマ、すなわち、法の権化であり、偉大な王であるユディシュティラ（Yudisthira）[135]にたいして、大占術王ヴィシュマ（Bhisma）がその臨終に際して、矢の床に身を横たえて、悲劇的に吟誦した様子を伝える。

（二）神聖書や叙事詩の諸々の規則はそうでないとしても、すくなくとも、それらの編纂は、その言及にかかる仏教との抗争以後である。いずれにしても、かかることはアヌシャーサナパルヴァンに関しては明確であって、いたるところで仏教に触れられている（とくに、アディヤヤ（Adhyaya）一二〇行参照）。実際においては、その確定的な編纂は、贈与の理論に関して、そのパルヴァン（アディヤヤ一一四、九行）の中で、キリスト教にも言及しているのが発見されうるから、後期であったかもしれない。すなわち、そこで、ヴヤサ（Vyasa）[136]はつぎのように言う。『以下のごときが明敏な教訓である……みずから欲せざることを他人にほどこしてはならない。これこそダルマ＝法の要諦である』（五六七三行）と。しかし、他面において、ブラーフマナは方式や格言を作ることが多かったから、彼らはおのずからかような観念を創設するにいたったということも考えられなくはない。なぜならば、前掲の行（九行＝五六七二）は著しくブラーフマナ的味わいをもっているからである。たとえば『つぎのような者は欲望に導かれ、身を誤る。拒絶する場合でも、贈与する場合でも、幸福のときでも、不幸のときでも、また、喜びにおいても、悲しみにあっても、自己のために物を取得するときに、その物を評価する者……』と。ニーラカンタ（Nilakantha）[137]の註釈は明確できわめて独創的ではあるが、キリスト教的なものではない。『おまえが他人に振舞うように、（他人はおまえに振舞う）。請い求めても、拒絶されればどんな気持がするかを省みれば、おまえは与えなければならないとわかるにちがいない』。

（三）われわれは、リグ・ヴェーダ（Rig Veda）[138]が編纂された遼遠な時代から、インド北東部に移住してきたアーリア種族が市場、商人、価格、貨幣、売買を知らなかったと言うつもりはない（ツィンメルン『インドの古代生活』（Zimmern, Altindisches Leben）二五七頁以下参照）。リグ・ヴェーダ四巻二四の九参照[139]。とくに、アタルヴァ・ヴェーダ（Atharva Veda）はこのような経済に詳しい。インドラ（Indra）自身は商人である（カウシカ・スートラ（Kauçika-sutra）七巻一の中の『讃歌』（Hymn）、七巻一の物売りに出かける人の儀式）。

また、われわれは、インドでは、契約の起源は財産移転の物的、人的、形式的なものの構成でしかないとも、また、インドでは、たとえば、準不法行為のごとき他の義務の形態は知られなかったとも云うつもりはない。われわれはただこれらの法と併存して、他の法、経済、精神状態が存在していることを論証しようと試みるだけである。

（四）とくに、そこでは——今日なお原住の諸部族や諸種族にみられるように——、氏族や村落の全体的給付があったにちがいない。ブラーフマナが民衆から贈物を受けることも、また、彼らによって催される饗宴に参加することをも禁じているのは、たしかに、この種の慣行を目的とするものである（ヴァシシュタ（Vasistha）一四巻一〇、ガウタマ法典（Gautama）一三巻一七[140]、マヌ法典四章二一七[141]）。

（五）たとえば、adanam は薙髪式または入門式をすました若者の両親や婚約した男女等にたいして友人から与えられる贈物であるが、それは名称にいたるまで、後ほど言及するゲルマンの gaben とひとしいものである（オルデンベルグ『インド聖典叢書』（Oldenberg, Sacred Books of India）の中の grhyasutra（家の儀礼）参照）。他の事例としては、（食物の）贈物より生ずる名誉（⑥五八五〇行）。『尊敬されるがゆえに、彼らは敬う。飾られるがゆえに、彼らは飾る。いずこにおいても、物を贈る者と言われる者には、栄誉が与えられる』。

（六） しかもなお、語源学的、語義学的研究がなされれば、ここにおいても、われわれはローマ法に関して得たものと同一の結果を獲得することができるにちがいない。最古のヴェーダの資料には、その語源がわれわれの論じたラテン語のそれよりも更に明瞭な各種のことばが充満しており、また、一切のことば―取引や売買に関することばですら―は、他の組織―そこでは、交換、贈与、賭は、これらのことをわれわれが語る場合に通常想起する契約の代りをするのであるが―を前提にしている。われわれが『与える』と訳している梵語の da およびその数多の派生語（たとえば、ada=受ける、取る等）の意味の不確実なこと―これはインド・ヨーロッパ語に共通の現象であるが―は、屢々注目されるところである。

たとえば、売渡の技術的行為をもっとも適切に表現する二つのヴェーダ語を挙げてみよう。それは parada çulkaya（ある価格で売渡す）と pan という動詞から派生する一切の語（その例としては、pani=商人）である。parada が da（与える）を包含するほか、たしかに、ラテン語の pretium（代金）という技術的意味をもつ çulka は、実際には、更に別の意味をもつのである。それは、価値や価格だけではなく、戦闘参加の報酬、花嫁代、性的奉仕にたいする報酬、租税ならびに貢納を意味する。また、pan はリグ・ヴェーダこのかた、pani（商人、吝嗇家、強欲者、外来者の名）や貨幣の名称である pana（後代では、有名な karsapana）などを派生せしめているが、このことばは売渡すという意味をもつと同時に、賭ける、投機する、なに物かのために闘争する、与える、交換する、危険を冒す、決行する、獲得する、勝負することを意味する。なお、尊敬する、称讃する、尊重するという意味の pan が前者とは異った動詞であると推測する必要はないであろう。貨幣の名称である pana は、同時に売渡された対象、報酬、賭の対象、賭博場、歓待の代りとしての宿舎を意味する。これらの語はすべてポトラッチの中においてのみ結びつけられるにすぎない諸観念を連結している。これらのすべては後世のいわゆる売買組織の基礎となった原初的組織を露呈するものである。しかしながら、われわれは語源に基づくかかる再構成の試みを継続する意思はもたない。かかる試みは、インドの場合には不必要であって、それは、おそらく、われわれをインド・ヨーロッパ語族の社会の外に遠く誘い出すことになるであろう。

（七）マハーバーラタの中のこの敍事詩の要約はアンディパルヴァン（Andiparvan）六節参照。

（八）たとえば、ハリスカンドラ（Hariçandra）の伝説（サブハパラヴァン（Sabhaparvan）、マハーバーラタ二巻一二節）、他の例としては、ヴィラタ・パルヴァン（Virata parvan）七二節参照。

（九）われわれの論証の主要な対象たるお返しの義務については、われわれはマヌ法典八章二一三（『されど（受領者）傲慢と貪欲とより（約束の履行を）強要せんとするときは、彼は、その偷盗の償いとして王によりて、一スヴァルナを支払わしめらるべし』―訳者註）をのぞいて、ヒンズー法からは、それらしき事実をほとんど見出しえなかったということを認めなければならない。もっとも明瞭にそれに言及しているものは、返礼を禁ずる規則である。本来ならば、葬式の Çraddha, すなわち、ブラーフマナによって高度に発展せしめられた死者の饗宴は、招待あるいは招待の返礼をなすべき機会であったようにおもわれる。ところが、かかる儀礼を行うことは厳重に禁止された（⑥四三一一、四三一五行）。『友のみを çraddha に招く者は天国には行かない。友も敵も招くべきではなく、そのいずれでもない者を招かなければならない。友である僧侶に贈られた報酬は悪魔（piçaca）の名をもつ』。このような禁止は日常の慣行にたいする真の変革であることは間違いない。しかし、法曹詩人はそれを一定の時期と一定の流派に結びつける（ヴァイクハナサ・シュルーティ（Vaikhanasa çruti）四三二三行）。

　事実、狡猾なブラーフマナは貰った贈物の返礼を神や霊魂にゆだねる。庶民はなんら疑いをも挿むこともなく、友人を葬宴に招待するのを継続していたし、それはインドでは今日においてもなお続けられている。しかしながら、そのブラーフマナ自身は、贈物の返礼も招待もしなかった——要するに、彼らは贈物を貰わなかったのである。にもかかわらず、彼らの法典は、われわれの問題をあきらかにする多くの資料を保存している。

（一〇）ヴァシスタ・ダルマ二九巻一、八、九、一一—一九＝マヌ法典四章二二九以下。また、⑥六四—九節参照。この巻のこの部分は全部一種の連禱を基礎にしているようである。それは占星学とも称しうべきものであって、だれがだれにいかなる物を贈るべきかを示す星座を決定するdanakalpaからはじまる（六四節）。

（一一）⑥三二一二行。犬（çudra）や『犬の餌を作り上げる者』（çvapaka）に与えられた食物すらそうである。一連の再生の過程で贈った物を取りもどす方法に関する一般原則（一三巻一四五節一—八、二三、三〇行）を参照。吝嗇家にたいする制裁（同節一五—二三行）、とりわけ、かような者は『貧しい家庭に生まれ変わる』。

（一二）⑥三一三五行、三一六二行（＝六二節三三、九〇行）参照。

（一三）要するに、これらのパルヴァン全部、すなわち、マハーバーラタのこれらの歌謡は、気紛れな運命の女神Çri《スュリー》をどのようにして獲得するかという問にたいする答えである。第一の回答は、スュリーは牝牛の間、その糞尿の中に住んでいる。女神としての牝牛が運命の女神にそこに住むことを許している。それゆえに、牝牛を贈ることは幸福を確保する所以である（八二節）。第二の回答は、根柢からヒンズー的で、しかも、インドの全道徳律の基礎すらをも構成するものであるが、それは、幸運や幸福を獲得する要諦は幸運を与えること、すなわち、それをしまっておいたり、追求するのではなく、頒ち与えることである。そうすれば、幸運は現世ではおのずから帰ってくるし、また、来世では、贈物の形でもどってくるということを教えている。自己を没却するということと与えるためにのみ稼ぐということこそ、自然の法則であるし、また、真の利得の源泉でもある（五六五七行＝一一二節二七行）。『各自は食物を頒ち与えて、その日々を豊かにする義務を負う』。

（一四）三一三六行（＝六二節三四行）——この節は偈文（gâtha）と称される。それは一六音節二行詩《シューロカ》（çloka）ではない。それゆえ、それは古い伝統から生じたものである。そればかりでなく、わたしは前の半行の mamevadattha mam dattha, mam dattva mamevapsyaya（三一三七行＝六二節三五行）は、後の半行と分離しうると考える。その上、三一三二行はあらかじめそれを分離している（＝六二節三〇行）。『牝牛が脹んだ乳房から乳を滴しながら、仔牛の方へ駈けゆくように、祝福をうけた土地は土地を与える者の方にかけてゆく』。

（一五）ボーダーヤナ・ダルマ・スートラ（Baudhayana Dh., Su.）一一巻一八――それは、これらの客礼の規則とだけでなくて、食物の崇拝（Culte de la Nourriture）――これはヴェーダ宗教の後期形態と同じ時期に属し、しかも、それを統合したヴィシュヌ派（Vishnuïsme）[142]まで存続したと言うことができる――とあきらかに同時代である。アグニホートラは、ヴェーダ後期のブラーフマナの供犠である。ボーダーヤナ・ダルマ・スートラ一一巻一六、四一一二、タイッティリーヤ・アーランヤカ（Taittiriya Aranyaka）八巻二。

（一六）一切の理論はクリシュナ・ドライパヤナ（Krsna Draipayana）[143]（原文は、Dvaipayanaになっているが誤りであろう―訳者註）の権化であるマイトレーヤ王（rsi maitreya）とヴィヤーサ（Vyasa）との有名な対話の中にあらわれている（⑥一三巻一二〇―一節）。われわれはこれらの対話の中に、バラモン教と仏教との抗争の痕跡を見出すが（とくに、五八〇二行＝一三巻一二〇節一〇行）、それは同時に史的価値をもち、クリシュナ信仰が勝利を博した時代を示唆するものである。しかし、これらの教義は古代のブラーフマナ神学のそれであり、また、おそらくアーリア種族侵入以前のインドの最古の民族道徳の教義ででもあろう。

（一七）同書五八三一行（＝一二一節一一行）。ボンベイ版に従って artham と読むべきではなく、カルカッタ版のように annam と読まなければならない。後の半行は明確さを欠くが、それは完全に伝えられなかったためであろう。しかし、それとても、なんらかの意味はもっている。『彼がとる食物はまさしく食物である。彼は逆に食物で殺害される刺客である。愚かな者よ』。つぎの二行は更に難渋である。しかしながら、それは以上の観念を一層明快に示し、一つの称号、すなわち、王（rsi）という名をもたなくてはならないという教義をあきらかにする（五八三四行＝同一四節)。『賢者や識者が食物をとれば、彼は食物を再生せしめる。彼は巨匠である……。また、食物は彼を再生せしめる』(五八六三行)。『これこそ自然の事理である。けだし、与える者の功徳は貰う者の功徳をなすのである(逆もまた同様である)。けだし、片側の車輪が一方だけにまわるということはありえないからである』。プラタップ(Pratāp)のマハーバーラタの飜訳は非常に意訳されたものであるが、しかし、すぐれた註釈を基礎としているから、飜訳するだけの価値はある。

(一八)アタルヴァ・ヴェーダ五巻一八、三。

(一九)一巻五、一六。すでに述べた窃取されたレスの『永遠の権威』参照。

(二〇)七〇節は牝牛の贈与に関するものである(その贈与の儀式は六九節に述べられている)。

(二一)一四行以下。『ブラーフマナの牝牛がヌリガ(Nrga)を殺すように、ブラーフマナの財産は彼を殺す』(三四六二行=同三三節。また、三五一九行=七一節三六行参照)。

(二二)⑥七二、七六―七節。これらの規律はあまりにも詳細にわたって―それらはたしかに理論的なもの[144]であるが、多少真実性を欠くうらみもある―叙述されている。この儀式の起因はブリハスパティ派(Brhaspati)だとされる(七六節)。それは挙式前三日三晩、また、挙式後三日間継続する。ときには、それが一〇日間も続くことさえある(三五三二行=七一、四九節、三五九七行=七三、四〇節、三五一七行=七一、三二節)。

(二三)彼はたえまない『牝牛の贈物』の中でくらした(ガヴァム・プラダナ(gavam pradana)三六九五行=七六節三〇行)。

(二四)ここに示されているのは牝牛と供与者相互間の清めの儀式である。かくして、彼は一切の罪業から救済される(三六七三行=七六節八行)。

(二五)サマンガ(Samanga=その肢体全部を有するもの)、バフラ(Bahula=大きく、肥った)、三六七〇行(牝牛はつぎのように云う。『バフラ・サマンガよ。汝は怖れを知らず、汝の心は和らいでいる。汝は良き友である』六〇四二行参照)。この叙事詩は、これらの名前がヴェーダやシュルーティの名前であると述べるのを忘れない。事実、聖称タルヴァ・ヴェーダ(五巻四、一八節三、四行)に発見される。

(二六)更に的確に表現すれば、『おんみを与えた者であるわたしはわたし自身を与える者である』となる。

(二七)『所有権取得行為』(L'acte de saisir)。このことばは、厳密には、accipere, λαμβάνειν, take と同じ意義を有する。

(二八)三六七七行。この儀式は『胡麻または悪臭を放つ牛酪の塊で作った牝牛』、あるいは、『金または銀で作った牝牛』を与えうるということをあらかじめ示す。これらの場合には、それらのものは実際の牝牛として取扱われた(三五二三、三八三九行参照)。儀式、とりわけ、取引の儀式は当時はもうすこし完全にされる。儀式の名称がこれら牝牛に付与され、その中には、『来世』(la future)の意味を有するものもあった。牝牛とともにくらすことや『牝牛の誓』は更に重要視される。

(二九)アーパスタムバ・ダルマ・スートラ一巻一七、マヌ法典一〇章八六—九五。ブラーフマナは買得しなかった物は売渡すことが許される。

(三〇)アーパスタムバ・ダルマ・スートラ一巻一八・一、ガウタマ・ダルマ・スートラ一七巻三、⑥九三—四。

(三一)アーパスタムバ・ダルマ・スートラ一巻一九。そこでは、他のバラモン派のカンヴァ派(Kanva)が引用される。

(三二)マヌ法典四章二三三。

(三三)ガウタマ・ダルマ・スートラ一七巻六、七、マヌ法典四章二五三。贈物を貰ってはならないブラーフマナの一覧表については、ガウタマ・ダルマ・スートラ一七巻、マヌ法典四章二一五—七を参照せよ。

(三四)貰うのを拒否しなければならない物の一覧表は、アーパスタムバ・ダルマ・スートラ一巻一八、ガウタマ・ダルマ・スートラ一七巻。また、マヌ法典四章二四七—五〇を見よ。

(三五)⑥一三六節参照。更に、マヌ法典四章二五〇、一〇章一〇一—二、ガウタマ・ダルマ・スートラ七巻四、五を対照せよ。

(三六) ボーダーヤナ・ダルマ・スートラ二巻五、八、四巻二、五。タラツァマンディー(Taratsamandi)の吟唱文はリグ・ヴェーダ九巻五八。

(三七) 『賢者の力と明敏さは彼らが物を貰った(あるいは受領した、取得した)という事実によってだめにされる』、『おお、王よ。物を貰おうとしない者には油断し給うな』(⑥二一六四行=三五節三四行)。

(三八) ガウタマ・ダルマ・スートラ一七巻一九、一二以下、アーパスタムバ・ダルマ・スートラ一巻一七、二。贈与の儀式方式については、マヌ法典七章八六頁。

(三九) 『怒りは贈物を殺す』(Krodho hanti yad danam)(⑥三六三八行=七五節一六行)。

(四〇) アーパスタムバ・ダルマ・スートラ二巻六、一九。マヌ法典(三章五、八)は、不条理な神学的解釈によって、かような場合、『人はその客の罪を食べる』とする。この解釈はブラーフマナの主要な務めの一つ、すなわち、『罪を食べる』という務め—彼らが行うべきではないと考えられているけれども、依然として行っているのであるが—を行うブラーフマナにたいして法によって課された一般的禁止に関係する。いずれにしても、これは当事者双方にとって、贈与からは幸福が生まれないという意味をもつのである。

(四一) 来世では、貰った食物の持主の性質、腹中の食物の持主の性質、食物そのものの性質をもって再生する。

(四二) すべての理論はかなり後代とおもわれるアヌシャーサナパルヴァン一三一節に要約されている。それは、『どんな贈物が、だれにたいして、いかなる場合に、なにびとによってなさるべきか』というdanadharma(三行=六二七八)なる表題が付されている。そこには、つぎのような五つの贈物提供の契機が見事に述べられている。㈠、義務(ある人が自発的にブラーフマナに贈る場合)。㈡、私利(彼がわたしに過去、現在、将来のいずれかのときに物を与える場合)。㈢、恐怖(わたしは彼の家族ではないし、彼もわたしの家族でもない。彼がわたしをひどい目にあわすおそれがある)。㈣、愛情(彼はわたしを愛するし、わたしも彼を愛する)。(そして彼はぐずぐずせずに与える)。㈤、憐愍(彼は貧しく、しかも、赤貧に甘んじている)。

（四三）五八三四行。また、貰った物の清めの儀式―これはまたあきらかに物を贈主から解放する手段でもある―を研究する必要がある。物には草の葉（kuça）でもって水がかけられる。食物に関しては、ガウタマ・ダルマ・スートラ五巻二一、一八―九、アーパスタムバ・ダルマ・スートラ二巻九、八。借りを洗い清める水については、六九節二一行ならびにプラタップの註釈（前掲書三一三頁）を参照せよ。

Ⅳ ゲルマン法

担保と贈与

ゲルマン社会には典型的な贈答組織が存する

ゲルマン社会は贈与の理論に関して、インド社会ほどの古い完全な痕跡をとどめていないとしても、それでもなお、そこには、自発的に、また、義務的に、贈り、貰い、返される贈物の形態での非常に高度に発達した鮮明な交換組織が存在していた。（一）しかも、これほど典型的なものもあまりない。

ゲルマン文明もまた久しきにわたって市場をもたなかった。（二）それは基本的には封建的農民文明にとどまっていて、そこでは、売買、価格という観念、あるいは、そのことばですら近時発生したようにおもわれる。（三）ずっと以前においては、ゲルマン文明はポトラッチの全組織、とりわけ、すべての義務的贈答制を極端に発達させていた。部族内部の諸氏族（clans）、氏族内部の諸種の未分化大家族（grandes familles indivises）（145）

や部族相互、酋長相互、更には、王相互さえもが彼ら自身の集団の封鎖圏の外で、道徳的、経済的に生活する範囲――これはかなり広汎なものであったが――において、彼らは贈与や協調の形式で、担保、人質（**otage**）、饗宴および可能なかぎり多量の贈物によって、相互に交通し、扶助し合い、協同関係を設定していたのである。(四) われわれは、すでにハバマールから取ってきた贈物に関する連禱句を知っている。この美しいエッダの描写のほかに、更に三つの事実を指摘しておこう。

ガーベンの慣行　**geben**《ゲーベン》（贈る）や **Gaben**《ガーベン》（贈物）という語から派生するドイツ語の豊富な語彙に関しての徹底的な研究はいまだ行われていない。(五) それらは驚くほどおびただしい数に達する。たとえば、**Ausgabe**《アウスガーベ》（発行、支出）、**Abgabe**《アップガーベ》（租税、公課）、**Angabe**《アンガーベ》（陳述、手附金）、**Hingabe**《ヒンガーベ》（引渡、献身）、**Liebesgabe**《リーベスガーベ》（愛の贈物、喜捨）、**Morgengabe**《モルゲンガーベ》（後朝贈与）、(146) また、非常に珍しい **Trostgabe**《トローストガーベ》（慰藉料）、**vorgeben**《フォーアゲーベン》（先に与える、有利な条件を与える）、**vergeben**《フェアゲーベン》（施しすぎて困窮する、赦す）、**widergeben**《ウイーダアゲーベン》（返礼する）、**wiedergeben**《ウイーダアゲーベン》（返却する、償還する）などが挙げられる。更に、**Gift**《ギフト》（贈物）や **Mitgift**《ミットギフト》（持参金、嫁資）などの研究やこれらのことばによって指示される諸制度の研究も同様になされなければならない。(六) これに反して、お返しの義務をも含んでの贈答の全組織や伝説や民間伝承におけるその重要性はリヒァルト・マイアー（**Richard Meyer**）(147) によって周知の民俗学のすぐれた論文の中で、見事に叙述されている。(七) われわれはひとえにそれに依拠し、さしあたっては、交換、提供、提供の受領および返礼の義務を構成する **Angebinde**《アンゲビンデ》（誕生日の贈物）、すなわち、義務的な結合力に関する精緻な所論に注目するほかはない。

しかも、ごく最近まで存続した他の制度が見出されるが、それはたしかにいまでもなおドイツ村落の道徳や経済上の慣習の中に残存していることは疑いないし、しかも、経済的観点からも非常に重要な意義をもつようにおもわれる。それはガーベンであって、ヒンズーのアーダーナム（adanam）と酷似するものである。[八]洗礼式、聖さん式、婚約式、結婚式のときに、招待された人―それは部落民全体を含むことが多かったが―は、たとえば、結婚披露の祝宴の直後またはその前日、あるいは、その翌日（Guldentag）に、通常、式の諸費用をはるかにうわまわる価格の婚礼の贈物をする。ドイツのある地方では、これらのガーベンは、結婚式の朝、花嫁に贈られ、花嫁の持参金にすらなっており、しかも、モルゲンガーベの名称が与えられている。また、他の地方では、贈物を沢山貰うことは、若い夫婦が多くの子に恵まれる証拠ともいわれる。[九]許嫁の取決めをすることや、名付け親がその生涯の様々の時期に名付け子に資格を賦与したり、あるいは、援助を与えるために交付する各種の贈与もひとしく重要なものである。これらの問題はいまでもなお招待についてのフランスの慣習、物語、伝承では珍しくないものであって、招かれなかった者の呪い、招かれた者の祝福や気前のよさ、とりわけ、それらの者が巫女である場合の伝承についてはよく知られている。

担保を随伴する一切の契約の機能

第二の制度も同一の起源から出発する。それはゲルマンの一切の種類の契約には担保を必要とすることである。[一〇]フランス語のガージュ（gage＝担保、質、質物、賭金、給料）ということばはゲルマン語のワーディウム（wadium）[148]から出ている（英語の wage《給料、戦争を行う》と対照せよ）。ユヴランは、以前に、ゲルマンのワーディウムが契約の拘束力を理解する手懸りを供することを示し、しかも、それをローマのネクスムと比較している。[一一] 実際、ユヴランが解釈するように、ゲルマン法では、担保物が受取られると、契約当事者が相互に作用を及ぼし合うことができる。なぜならば、一方の契約当事者は、他方の当事者のなに物かを持っており、また、他方の者はかつてはそれの所有者であったので、それに呪術をかけることができるからであり、更に、屡々担保物は折半されて、それぞれの契約当事者がその半分づつをもっているからである。しかしながら、かような説明よりももっと単刀直入な解釈を施すことも可能である。呪術的制裁が介在することもたしかであるが、それだけが唯一の紐帯ではない。担保として提供され、保証に立てられた物はその物自体の力によって一つの紐帯をなすのである。まず第一に、担保の提供は義務的である。ゲルマン法においては、一切の契約、すべての売買、貸借、寄託は、担保の設定を包含する。他方の契約当事者にたいしては、通常価値の低いもの、すなわち、手袋とか、一枚の貨幣（Treugeld）とか、あるいは、小刀とか——更に、フランスにおいては、飾り針であるが——が渡される。そして、これは、引渡された品物の対価が支払われる際に、返される。[149] ユヴランは、つとに、かような物が価値の低いありふれた日常の身の廻りの物であることに注目して、正当にもこれらの事実を『生き質』（gage de vie, life-token）の問題と比較する。実際、このようにして渡された担保物にはそれを交付した者の個性がしみ込まされている。それが受取った者の手中にあるという事実によって、それを交付した者は契約を履行し、その物を取戻すことによって解放されたいという気持に駆立てられるようになる。このように、ネクスムは担保物そのものの中に存するのであって、単に呪術的行為とか、契約の儀式的方式とか、取交されることばや宣誓や儀式とか、握手とかだけに存するのではない。ネクスムは、証書、呪術的な意味のある行為、各当事者がその一片をそれぞれ所持する『割符』（tailles）、それぞれが相手方の物を相伴する共餐の中だけにあるのではなく、物そのものの中に存在するのである。

ワディアチオ契約の意義

しかもなお、ワディアチオ契約（wadiatio）の二つの特徴は物の内部にこれらの力が存在することを示すものである。まず第一に、担保は単に義務を創設し、しかも、拘束力として作用するだけにとどまらず、更に、それを交付する者の名誉、権威、『マナ』を賭けている。(一二)交付者はその担保＝賭（engagement-pari）から解放されないかぎり、より低い地位にとどまる。というのは、法律上のワーディウムを別のことばで表現する wette《ウエツト》, wetten《ウエツテン》 という語は、『担保』(一三)と同時に、『賭』という意味を持っているからである。それは債務者を強制する手段よりももっと直接な同意の代償であり、挑戦の承認である。契約が終結されないかぎり、彼は賭に負けた者や競争で敗れた者と同じである。したがって、彼は賭けたより多くの物を失い、また、弁済すべきものより多くの物を喪失するのである――ただ、さしあたって、この場合、彼は、受取った物でも、担保物が取戻されないかぎり、所有者が随意に返還の請求をなしうるから、それを失う可能性があるということは考慮外におこう――。もう一つの特徴は、担保物を受取るにあたって存在する危険を示すものである。なぜならば、拘束されるのは、それを交付した者だけではなく、それを受領した者もまた拘束されるからである。トロブリアンド島における受領者とまったく同じように、彼は交付された物にたいして警戒する態度をとる。かようなわけで、それは彼の足もとに投げられる。担保物が北欧の古文字と刻印の付された festuca《フェスツーカ》 notata《ノタタ》（象徴としての草茎）である場合、あるいは、彼がその一片を保持する―一片をも保持しないときもあるが―割符の場合には、彼はそれを地上かあるいは胸で（in laisum）受け、手でもって受取ることはない。[一四] 一切の儀式は挑戦と警戒の形態をとり、しかも、それら双方をあらわしている。それだけではなく、今日においてさえ、英語で、『throw the gage』というのは、『throw the gauntlet』というのと同じ意味をもっていて、いずれも、『挑戦する』ということをあらわしている。けだし、交付された物としての担保物は双方の関係当事者にとって危険を伴うからである。

贈物のもつ危険を示す法や格言

更に、第三の事実はつぎのものである。贈られるか、あるいは、引渡される物によって表示される危険が、最古のゲルマンの法や言語における以上に明確に表現されているものはどこにもないようにおもわれる。このことは、Gift《ギフト》という語の二様の意義、すなわち、このことばが贈物と毒の双方の意義を併有することから説明される。われわれは、他の論文で、このことばの語義の変遷に触れたことがある。[一五] 不吉な贈物、毒に変ずる進物や財物の物語はゲルマンの民間伝承では重要なものである。『ラインの黄金』（L'or du Rhin）は、それを獲得する者に痛ましき運命を招かずにはおかなかったし、ハーゲン（Hagen）の盃はそれで飲む英雄に災を齎したのである。[150] このようなゲルマン民族やケルト民族の数多の物語や伝説がいまなお、われわれの脳裡を去来している。われわれは、エッダの英雄、フライドマール（Hreidmar）がローキ（Loki）の呪いにつぎのように応じた節だけを引用するにとどめよう。

『おまえは贈物をくれた。
だがしかし、おまえは愛情をこめた贈物も、心尽しの贈物をもくれなかった。
わたしがもっと早くこの危険に気付いていていたなら、
おまえは命をなくしていただろうに。[一六]』

(一) これらの事実は、かなり後代の記録によって知られる。エッダの歌謡の編纂はスカンジナヴィア人がキリスト教に改宗した時期よりもずっと後である。しかし、まず第一に、伝承の年代は編纂の年代とまったく異る場合もあるし、第二に、伝承の著名な最古の形態の年代でさえもその制度そのものの年代と異る場合もある。これこそ批判をなす者が忘れてはならない二つの批判原則である。

しかしながら、いま、これらの資料を用うるにあたってはなんらの危険も存在しない。なぜならば、第一に、われわれが述べようとする慣習の中でかなり重要な地位を占める贈与の若干のものは、ゲルマン民族において確証される最古の制度に数えられるからである。タキッス(Tacite)[151]は二つの形態を記している。すなわち、婚姻ゆえ[152]の贈与(dons à cause de mariage)と贈物が贈与者の家族に返される方法[153](『ゲルマニア』(Germania)一八)および貴族の贈与、とりわけ、首長にたいする贈与と首長がなす贈与(同書一五)である。第二に、これらの慣行が長い期間にわたって保持され、われわれがそれらの痕跡を今日でも発見することができるのは、それらの慣行がすべてのゲルマン人の心底に根を下しているからである。

（二）シュレーダー（Schräder）ならびに彼の指摘する参考文献（『インド・ゲルマン民族の考古学百科全書』（Reallexikon der indo-germanischen Altertumskunde）の市場、売買の事項）を見よ。

（三）『Kauf』（売買）とそのすべての派生語はラテン語の caupo（商人）から出たことは周知のとおりである。leihen（貸借する）、lehnen（傾いている、また、leihen と同じ意味もある）、Lohn（賃銀）、bürgen（保証する）、borgen（借りる）などの用語の意味の曖昧なことはよく知られており、同時に、それは、それらの語が術語として用いられるようになったのが近時であることをも示すのである。

（四）ここで、われわれは閉鎖経済（geschlossen Hauswirtschaft）の問題を持出しているのではない。ビューハー『国民経済の起源』（Bücher, Entstehung der Volkswirtschaft）参照。われわれとしては、かかる問題の提起そのものが適当でないと考える。ある社会内部に二つの氏族が存すれば、彼らは必ず相互に契約を締結し、また、すくなくとも、ある時期、ある機会に、彼らの婦女（外婚制）、儀式、財物を相互に交換したことはまちがいない。これらの時期をのぞいては、家族は、多くの場合、極端に制約されて、閉鎖的生活をなしたが、それとても常住不断にかかる生活を継続したのではない。

（五）これらのことばに関しては、クルーゲ（Kluge）および他の各種のゲルマン語の語源辞典参照。Abgabe, Ausgabe, Morgengabe については、フォン・アミラ（Von Amira）（ヘルマン・パウル（Hermann Paul）の概論――索引には頁数が掲載されている）参照。

（六）他のすぐれた研究としてはつぎのものがある。グリム『提供と贈与』（小論文叢書）（J. Grimm, Schenken und Geben, Kleine Schriften）二巻一七四頁、ブルンナー『所有権に関するドイツ法観念』（Brunner, Deutsche Rechtsbegriffe besch. Eigentum）、また、グリム『ドイツ古代法』（Deutsche Rechtsaltertümer）一巻二四六頁。また、同書の『賭物』（Bete）、『贈物』（Gabe）についての二九七頁参照。無条件の贈与から義務的な贈与へと進化したという仮説は支持することができない。これら二種類の贈与は常に存在していたし、とくに、ゲルマン法では、両者の性質はたえず混淆されていた。

（七）『贈与の歴史について』（Zur Geschichte des Schenkens, Steinhausen Zeitschrift für Kulturgeschichte）五巻一八頁以下を見よ。

（八）マイアー『ドイツ民俗学』（Deutsche Volkskunde）一一五、一六八、一八一、一八三頁などを参照。ドイツ民俗学の全概説書はこの問題に参照することができる。

（九）ここに、われわれはヴァン・オッセンブルゲンによって、花嫁代[154]の呪術的、法的性格について提起された問題にたいする別の回答を発見するのである。この問題については、ウェスターマーク『モロッコの婚礼』（Westermarck, Marriage Ceremonies in Morocco）三六一頁以下およびそこに引用されている他の書物の中で、モロッコにおいて、配偶者にたいして、あるいは配偶者によってなされる諸種の給付間の諸関係の注目すべき理論参照。

（一〇）以下において、われわれは担保と手附（arrhes）とを明確に区別する。もっとも、手附は、ギリシャ語、ラテン語の名が示すように、セム人種から由来し、われわれの法と同様に、後期ゲルマン法[155]でも知られていたのである。ある慣習においては、手附は古代の贈与と混同されていることもある。たとえば、チロルのある方言は、Handgeld（手附）をHarrenと称する。

また、われわれは婚姻の際の担保の観念が重要な意味をもつことには言及しない。われわれは、あるゲルマンの方言では、花嫁代は、同時に、Pfand, Wetten, Trugge, Ehethaler の名称をもつことだけを指摘しておく。

（一一）⑨九巻二九頁以下。コヴァレーフスキー『現代の慣習と古代法』一一一頁以下を対照せよ。

ゲルマンのワーディウムに関しては、テヴナァン『ゲルマン法の研究にたいする寄稿』（Thévenin, Contribution à l'étude du droit germanique, Nouvelle Revue Historique du Droit, IV）七二頁、グリム『ドイツ古代法』一巻二〇九―一三頁、フォン・アミラ『債権法』（Obligationen Recht）（ヘルマン・パウルの概論）一巻二五四、二四八頁参照。ワディアチオ契約については、ダヴィ⑨一二巻五二二頁以下を見よ。

（一二）ブリッソー『フランス法制史概論』（Brissaud, Manuel d' Histoire du Droit français, 1904）一三八一頁。ユヴラン（前掲書三一頁註四）は、この事実をもって原古の呪術的儀式が単なる道徳の問題に変質したものともっぱら解釈する。しかし、かような説明は部分的で、しかも、実益を欠く憾みはあるが、われわれの示す解釈を全面的に排斥するものではない。

（一三）われわれは wedding（婚礼）なる語と wette（賭、賭物）なる語との派生関係に関しては、後述するつもりである。『賭』と『契約』の両語の意味が不明瞭なことはフランス語においてさえも顕著である。たとえば、se défier と défier とを比較せよ。

（一四）フェスツーカ・ノタタに関しては、ホイスラー『ドイツ私法制度』（Heusler, Institutionen des deutschen Privatrechts）一巻七六頁以下を見よ。ユヴランは割符の慣習を重要視しなかったようにおもわれる（三三頁）。

（一五）『チャールズ・アンドレ記念論文集』（Mélanges Ch. Andler, Strasbourg, 1924）。われわれが、ギリシャ語の δόσις（〔毒物の〕用量）の転写であるラテン語の dosis から変形されたものとして、Gift の語源になぜ検討を加えなかったのかとたづねられた。この語源は高地ドイツ語と低地ドイツ語とが通常使用する事物にたいして専門用語をあてたということを推測せしめる。しかし、かようなことは通常の語義学上の原則ではない。それだけではなく、更に、かような変形のために、なにゆえに Gift なる用語が選択されたか、また、どうしてあるゲルマン語にあっては、逆の言語上の禁制によって、このことばの『贈与』という意味が強調されたかを説明しなければならない。最後に、ラテン語、とりわけ、ギリシャ語が毒を意味するために dosis という語を用いたということは、古代の人々の間でもまた、われわれが述べてきたと同様な観念と道徳律との結合が存在していたということを証明するものである。

われわれは Gift ということばの意味の曖昧さとラテン語の venenum（毒、魔法薬）、ギリシア語の φίλτρου（媚薬）、φάρμακου（薬）の曖昧さとを比較したが、更に、ラテン語の venia（好意）、venus（売渡）、venenum, 梵語の vanati（喜ばせる）、ドイツ語の gewinnen（勝つ、獲得する）、英語の win（獲得する）の比較をなす必要がある。

（一六） Reginsmal 7. 諸神はフライドマールの息子のオトル（Otr）を殺害したから、彼らはオトルの肌を黄金で覆い包んでわが身を救わなければならなかった。ところが、ローキ神はかかる黄金を呪ったので、フライドマールは本文引用のごとき詩節で応じたわけである。かかる手引はモーリス・カエンに負っているのであるが、更に、彼は『心尽しの』（af heilom hug）（三行）というのは、古典的解釈であって、実際には、『幸運を導く配慮のこもった』という意味であることを指摘してくれた。

V　ケルト法

ケルト民族にも義務的贈答制が存在する

インド・ヨーロッパ系社会のもう一つの種族もたしかにこの制度を知っていた。それはケルト民族である。ユベールとわたくしはいまこの主張の実証にとりかかったところである（一）。

（一）『ケルト民族誌』（Revue Celtique）の次号には、ユベールの註が付けられて、『ガリアの酋長の自殺』（Le Suicide du chef Gaulois）の研究論文が掲載されるはずである（一九二五年同誌四二巻三―四号に掲載されているが、題名が変更されている。後掲のモース文献目録を参照―訳者註）。

VI　中国法

売却された物にたいする売主の追求権

最後に、中国民族の偉大な文明は、太古の時代から、われわれの注意を呼んでいる法の原則をたしかに維持してきた。それはあらゆる物とその最初の所有者との間の不変のつながりを認める。今日でさえ、その財産の一つ—動産ですら—を売却した者は、生涯を通じて、買主にたいし、『その財産を哀悼する』ある種の権利を失わない。(一) 黄神父（père Hoang）は売主が買主に交付する『哀悼証書』（billets de gémissement）[156] のモデルを示している。(二) これは物にたいする追求権の一種で、人にたいする追求権と混りあい、しかも、売主は、その物が決定的に相手方の資産に没入し、契約上の一切の諸条件が成就されて、撤回されえなくなった後にいたるまで、暫くの間、かかる権利を留保するのである。譲渡された物—その物が代替性をもつといなとをとわず—のために、結ばれた縁は一時的なものではなく、契約当事者は恒久的な相互依存関係にたつものとみなされる。

安南人の慣行　安南人の慣習では、贈物を貰うことは危険である。

ウェスターマークはこの事実を指摘して、その重要性の一部を看取したのであった。(三)

（一）中国不動産法は、ゲルマン法や古代フランス法と同じように、買戻条件附売買（vente à réméré＝活売）ならびに相続系統から外してはならない土地、財産が売渡されたときに、親族—遠親をも含むが—がそれらを買戻す権利——家産買戻（retrait lignager）[157]と称されるもの——を認める。[158]黄『中国の所有権に関する法概念』（Hoang, Notions techniques sur la propriété en Chine, 1897, Variétsé sinologiques）八、九頁参照。しかし、われわれはこの事実にたいして格別の考慮を払うつもりはない。土地の明確な売買は、人類史上、とりわけ、中国では、ごく最近の現象である。それは、ローマ法でさえ、更に、古代フランス法やゲルマン法においても、家産共有制ならびに家族の土地にたいする、逆に、土地の家族にたいする根強い執着—この証明はきわめて容易である—から生ずる多くの制限によって囲繞されていた。というのは、家は爐や土地であるため、土地が資本に関する法や経済の規制を免れるのは通常であるからである。実際、『家産』（homestead）に関する古今の法律や『非差押家産』（bien de famille insaisissable）[159]についての近時のフランスの立法は、太古の状態の保全ないしはそれへの復帰と目すべきである。それゆえ、われわれは意識的に動産に関して論ずるのである。

（二）黄前掲書一〇、一〇九、一三三頁参照。わたしがかかる事実を指摘しうるのは、メストル（Mestre）とグラネ（Granet）両氏の厚意に負っているが、両氏は中国でそれを検証したのである。

（三）『道徳観念の発達と起源』（Origin and Development of Moral Ideas）一巻五九四頁。ウェスターマークは、われわれが論じているのと同じ問題が存在することにはつとに気付いていたが、しかし、彼は客礼の規則の観点から、それを取扱っているだけである。そうは言うものの、ar（物乞者の強制が機縁で惹起される喜捨、同書三八六頁）というモロッコの慣習や『神と食物が彼の償いになる』という原則（ヒンズー法の原則と酷似する表現）に関する彼の非常に重要な研究を読まなければならない。ウェスターマーク『モロッコの婚礼』三六五頁参照。イー・ビー・タイラー『人類学論集』（E. B. Tylor, Anthropological Essays）三七三頁以下と比較せよ。

第四章　結　論

I　道徳上の結論

現代の社会生活における義務的贈答制の機能

以上の諸考察は現代のわれわれ自身の社会に拡張されうるかもしれない。われわれの道徳や生活自体の相当な部分は、常に義務と自由とが混淆した贈答制の雰囲気そのものの中に停滞している。一切のものが売買の点からもっぱら位置づけられていないのは、われわれにとって幸せである。市場価値しかもたない物も多く存在するとしても、物はなお市場価値のほかに感情的価値をもっている。われわれの道徳は単に商業上のものだけではない。われわれの間には、いまもなお、過去の習俗を支持する人々や階級が存在しているし、また、われわれのほとんどすべての者は、すくなくとも、一年の中のある時期あるいはある機会には、それらの習俗に服するのである。

貰ってお返しをしないことは、貰った者をより低い地位に落させることであり、とりわけ、お返しの意思なくして貰った場合には、顕著である。エマソン（Emerson）(160)の綿密な論文『贈与と贈物について』（On

Gifts and Presents）を想い出してみても、われわれはゲルマン的な領域から一歩も出てはいない。喜捨は貰う者の気持をなお一層傷つけるから、われわれの一切の道義的努力は、裕福な『施行家《せぎようか》』（aumônier）の名誉を傷つけるような非情な恩人ぶりを排除する方向に向けられる。（一）

『礼』（politesse）には答礼をもって応じられなければならないように、招待にたいしては返礼をしなければならない。そこに、昔からの伝統の基調の痕跡と古代の貴族的なポトラッチの痕跡がまのあたりに見出され、また同時に、人間の活動の重要な契機、すなわち、同性の個人間の張り合い（二）、男性の『徹底した支配欲』（impérialisme foncier）——これらは社会的、感覚的、心理的起源を有することは疑いないが——が働いているのがみられる。社会生活という特殊な生活では、われわれの間でいまなお云われるように、『借金を残したままにしておく』（rester en reste）ことはできない。われわれはいつでも貰ったより多くのものをお返しする義務を負うのである。『振舞い』（tournée）はいつの場合にあっても、より大げさで、豪奢なものである。このように、われわれの幼年時代、ロレーヌ地方の農村家族においては、平生は始末して質素な暮しを送らなければならないが、氏神祭、婚礼、聖餐式、葬式に際しては、客に振舞うために身代を潰すようなこともあった。このようなときには、『殿様』（grand seigneur）ぶらなければならないのである。フランス民族の一部はいつもこのように行動し、しかも、来客、儀礼、『お年玉』（étrennes）に関しては、無暗にお金を費すと言うことさえできる。

招待はなされなければならないし、また、受けられねばならない。かかる慣行は現代の自由主義的な社会団体の中にさえなお存続している。いまからほとんど五〇年ほど前、あるいは、もっと近年まで、フランスとドイツのある地方では、部落民全員が婚礼の饗宴に参加していた。だれかが欠席すると、それは縁起の悪い前兆、嫉みや『呪い』(sort)のきざしあるいはしるしであった。フランスでも、多くの地域では、いまでも、全員がかかる儀式に加わっている。プロヴァンス地方では、子供が生まれると、人々はいまだに卵あるいは他の象徴的な贈物を持って行くのである。

　売渡された物であっても、それらの物はなお霊魂をもち、その以前の所有者によって追求され[161]、また、物そのものも以前の所有者のもとへ帰りたがる。ヴォージュの谿谷にあるコルニモン(Cornimont)では、つぎのごとき慣習が少しまえまで広くおこなわれていたが、ある家族では、いまでも存続しているようにおもわれる。買い求められた家畜に以前の飼主を忘れさせ、その飼主のもとに帰ろうとする気を起させないように、家畜小屋の戸口の上枠に十字架が作られ、売主の使った羈絏《はずな》はしまい込まれ、しかも、家畜には手で塩が与えられた。ラン・オー・ボア(Raon-aux-Bois)[162]では、バタパンが炉の周辺を三回持って廻られた後に、右手で家畜に与えられた。もっとも、これらは家畜小舎が家屋の一部をなしていて、家族の一部となるような大きい家畜にかかわる場合だけである。しかしながら、他のフランスの多数の慣行は、たとえば、売却された物を叩くとか、あるいは[三]売渡された羊を鞭で打つように、売渡された物を売主から引離すことがいかに必要であるかを示すのである。

過去の道徳への復　法の一部、すなわち、産業法や商法の全分野が現在では道徳と矛盾しているかに見える。

民衆と生産者の経済上のひがみは、彼らが生産した物を追求しようとする強い意欲と利益の配分にあずからないで、その労働が転売されるという激しい感情から生ずる。

帰を示唆する近時の法

今日、古代の諸原則がわれわれの法典の厳格性、抽象性、非情性にたいして抵抗している。かような観点にたつと、改正の途上にある一部の法やごく最近の若干の慣習は過去に復帰することにあると云えよう。また、われわれの制度の古代ローマ人、サクソン人風の無感覚にたいするこれらの反撥はまったく妥当で、しかも、根拠のあるものである。法や慣習の中の若干の新しい原則は以上のように解釈することができる。

著作権法による追求権の容認

原稿、発明品あるいは美術創作品の売買という素朴な行為以上に、著作権、意匠権、特許権が認められるには、永い年月を必要とした。実際、社会は、これらの人類の恩人である発明家あるいは著述家の承継者が権利者によって産出された物にたいして多少の権利より以上のものをもつことを認めるのにたいして関心をもたなかった。それらは個人心（esprit individuel）の産物であるとともに集合心（esprit collectif）の産物であると容易に言明された。あらゆる人は速かにそれらの物が公産になるか、あるいは、富の一般的循環過程に入り込むことをのぞんだのである。しかしながら、芸術家やその直接の承継者の生存中に絵画、彫刻、芸術品の価格が増加するという蹉跌のために、一九二三年九月のフランス法は作品が逐次売買された場合に生ずる増加額にたいする追求権を芸術家およびその権利者に与えた。（四）（163）

社会立法に現れた古代道徳の復活の現象

フランス社会保障に関するすべての立法およびすでに実現された国家社会主義（socialisme d'État）（164）は、つぎのような原理から生ずる。すなわち、労働者はその生命と労務を社会とその雇傭主に捧げる。労働者が保険の事業に協力しなければならないとすれば、彼の労務によって利益を得る者は単に賃銀を支払うだけで彼にたいする貸し借りはなくなってしまうというものではない。社会を代表する国家そのものが、雇傭主や労働者の協力を得て、労働者の失業、疾病、老齢、死亡に対処して一定の生活保障をなす義務を負うのである。

同様に、近時のすぐれた慣行、たとえば、フランスの企業家たちによって多子家族の労働者のために自発的に、力強く発展せしめられた家族扶助金庫（caisses d'assistance familiale）は、個人相互を結び合わせ、彼らの負担とこれらの負担から齎される物質的、精神的利益を考慮せんがための必要に応ずるのである。同様な団体はドイツ、ベルギーでも創設され、ほぼ同じような成功を得ている。イギリスにあっては、数百万人の労働者に影響を及ぼした長期にわたった極端な不況時代に、同業団体によって編成された強制失業保険のための運動が現われた(165)。都市も国家もその巨額の経費、すなわち、その原因が産業と市場の一般状態という事実から由来する失業者たちへの支払いを容易に負担しなかった。それゆえ、ピイバス（Pybus）(166)やリンデン・マカッシー卿（sir Lynden Macassey）のような著名な経済学者や産業界の大立物は企業そのものが法人による失業金庫を設立して、必要な犠牲を負担するように働きかけたのであった。要するに、彼らは労働者の生活保障、失業救済に関する費用は個々の企業の一般経費の一部にしようと考えていたのである。

われわれの見るところでは、すべてこれらの道徳や立法は社会変動に対応するのではなく、法への復帰に照応するものである(五)。一方では、職業道徳や同業組合法の出現ないしは実現が見られる。企業団体がそれぞれの同業組合のために作っている平衡金庫（caisses de compensation）[167]や共済組合（sociétés mutuelles）[168]は、純粋な道徳上の見地からは、ただ一つの点、すなわち、それらの管理がまったく雇傭主の掌中にあるという点をのぞけば、なんらの欠陥をもたない。のみならず、集団が活動する場合もある。国家、市町村、公的保護施設（établissements publics d'assistance）[169]、老人退職恩給公庫（caisses de retraites）[170]、貯蓄金庫（caisses d'épargne）[171]、共済組合、雇傭者団体、賃銀労働者団体などの集団が、たとえば、ドイツやアルザス・ロレーヌの社会立法においては、すべて一緒に結合されている。そして、フランスの社会保障においても、ほどなく、同様になるにちがいない。それゆえ、われわれは集団の道徳に立帰ろうとしているのである。

他方、国家やその内部の集団が保護しようとのぞむのは個人である。社会はその社会細胞（cellule sociale）を再び見出そうとつとめる。社会は、個人のもつ権利意識と他のより純粋な意識——慈善、社会奉仕（service social）、連帯責任——が入りまじっている奇妙な精神状態の中に個人を捜し求め、また、その中に包摂するのである。贈与、贈与に含まれる自由と義務、贈与する際の気前のよさと私利のそれぞれの題目が、あたかも長い間忘れ去られていた作因が蘇るかのように、われわれの社会に再び現われている。

これらの現象から導き出される道徳律

しかし、単に発生している事実を検証するだけでは十分とは云えない。更に、われわれはそれからなんらかの実践の指標、道徳律を推論しなければならない。法は若干の抽象性

――物の法と人の法との区別――を取のぞく過程にあるとか、あるいは労務の売買という不合理な法に別の斬新な法が付加されようとしていると言うだけでは十分でない。かような改革の妥当性が示されなければならない。

まず第一に、われわれはかの『高潔な消費』(dépense noble)の慣習に立帰ろうとしているし、また、立帰らなければならない。アングロ・サクソン諸国や他の若干の現代の社会――未開社会ならびに高度の文明社会を含むが――におけるように、金持は自発的または義務的にみずからをその同胞のいわば『勘定方』(trésoriers)と考えるようになることが必要である。古代の文明諸国――それは、われわれの文明の発祥地でもあるが――の中には、ヨベルの年(jubile)[172]をもつものもあったし、また、聖餐式、合唱団長(chorégies)[173]、三段オール船建造義務制度(triérarchies)[174]、共同会食(syssities)[175]、あるいは、造営官、執政職の義務的支出制度を有するものもあった[176]。われわれはかような慣行まで遡らなければならない。ついで、われわれは個人の生命、健康、教育――これは他日利益をもたらすものであるが――、家族および家族の将来にもっと考慮を払う必要がある。雇傭契約、不動産賃貸借契約、必需品の売買契約には、もっと多くの善意、思いやり、鷹揚さを必要とする。そして投機や高利貸の収益を制限する手段を見付け出さなければならない。

しかしながら、個人は労働しなければならない。そして、個人は他人よりも自分に頼るように仕向けられねばならない。他の視角からみれば、個人は一個人としてみずからの利益のほかにその集団の利益をも護る義務がある。共産主義と鷹揚さの過剰は、現代人の利己主義や近代法の個人主義と同じように、個人にとっても、また、社会にたいしても害を齎すものである。マハーバーラタの中で、森の悪霊は、わけもなく多くの物を与えた、あるブラーフマナにたいして、『それだから、おまえは瘠せて、顔が青いのだ』と説きかしている。修道僧の生活も、また、シャイロック(177)のような生活も、いずれも回避されなければならぬ。この新しい道徳はたしかに現実と理想とのほどよい混淆から成っている。

このように、われわれは往時に、しかも、基本的なものに復帰しうるし、また、そうする義務がある。もう一度、多数の社会や階級によってなお記憶されている生活と活動の動機、すなわち、公然と物を与える喜び、鷹揚にして雅趣のある消費の楽しみ、客礼、公私の儀礼の楽しみを発見するであろう。社会保障ならびに相互扶助組織、共同組合、職業団体、更には、イギリス法で『共済団体』(Friendly Societies)(178)と称される一切の法人格への配慮は、貴族がその領民に保証した単純な人格権の安全、あるいは、雇傭主が支給する日々の賃銀から生ずる苦しい生活、更にまた、変りやすい信用に立脚するにすぎない資本家の蓄財のいずれよりもまさっている。

これらの原則によって支配される社会はどういうものかを想い浮べることができる。われわれの偉大な国民の自由職業には、このような道徳や経済がすでにある程度働いている。そこにあっては、名誉、没利害、集団的連帯責任が空語ではないし、また、それらは労働の必要を否定するものでもない。われわれはそのように他の職業団体を教化して、それらを完成する義務がある。これこそ、デュルケーム(Durkheim)が屢々主張した偉大な進歩的行為である。

この道徳律の実践は法の基礎に帰著する

以上のことが実践されるならば、われわれは法の不易の基礎、規範的な社会生活の原理そのものに立帰りうると信ずる。市民があまりにも善良で、個人的であるべきことをも、また、あまりにも非情で、現実主義的であるべきことをものぞんではならない。市民は、自分自身にたいすると同時に他人にたいし、また、社会的実在（これらの道徳に関して、他にいかなる実在があるであろうか）にたいして鋭い感覚をもたなければならない。彼は、自分、社会およびその内部集団を認識して行動しなければならない。これらの道徳は永遠である。それはもっとも進化した社会にも、将来の社会にも、更には、想像しうるかぎりもっとも未開な社会にも共通である。このときに、われわれは根底に触れるのである。われわれはもはや法に関して云っているのではなく、人と人の集団について述べているのである。なぜならば、すべての時代を通じて活動しており、また、あらゆる場所で活動してきたのは、人であり、社会であり、また、霊魂と肉体と骨から成る人間の感情であるからである。

この点を説明しよう。われわれが氏族間の全体的給付組織と呼ぼうとする組織——個人と集団が相互に一切のものを交換する組織——は、われわれが検証し、想像しうるかぎりで、最古の法と経済組織を形成するものである。それは義務的贈答制の道徳が出現した背景を形成している。ところで、それは、われわれが現代の社会に——それ自身の規模で——進んで行って貰いたいと念じている型とまさしく同じものである。これらの遠く隔った時代の法の諸相を理解して貰うために、われわれはまったく異った社会から二つの事例を引用しておこう。

パイン・マウンテン（Pine Mountain—クインズランド中央東部）のコラボリーにおいては、各人は一方の手に槍投げ器をもち、他方の手を背中にまわして、かわるがわる式場に入場する。彼は踊り場の向う側の端にある輪の中にその武器を投げこみ、同時に、声高に、『わたしの国はクンヤン（Kunyan）！』という具合に、やって来た場所の名前を告げる。彼は暫く立ちどまり、その間に、友人たちが、他方の手に、槍、ブーメラン[179]、その他の武器の贈り物を握らせる。『このように、立派な戦士は、とくに、年頃の娘をもつときには、手に持ちきれないほどの物を貰うのである』[六]。

ウィネバゴ部族（スー語族）では、氏族の酋長は仲間の他の氏族の酋長にたいして挨拶をする。それはまったく独特の口上であって、北部アメリカ・インディアンの全文化圏に一般的な儀礼の典型である[七]。氏族の祭礼のときには、各氏族は他の氏族の代表者を迎えるために、食物を調理し、煙草を用意する。その実例として、つぎに掲げるものは、蛇氏族の酋長が述べた口上の抜萃である。『皆様に御挨拶申上げます。まことに結構なことでございます。わたしは別に言うべきことばもございません。皆様にこの不束なわたしめを御記憶願えて、身にあまる光栄と存じております。皆様は神のことをお思いになって、御来席を賜わったと存じます。これから、皆様に十分な御馳走を差上げたいと考えております。神に代って御出席願いました皆様方に御挨拶申上げます……』と。各酋長が食べ終り、煙草の供物に火が点ぜられると、最後の式文によって、祭礼と給付の道徳的意義が述べられる。『わたしは皆様の御同席を得て深く感謝いたしております。皆様方はわたしに勇気を与えて下さいました……皆様の御先祖（御先祖は神霊のお告げを受けられ、皆様はその化身でございましょう）の祝福は神霊の祝福と同じものです。わたしのもてなしに御出席願えたことを光栄に存じております。われわれの古老が、〃お前は元気がないが、勇気ある者の心添を得れば強くもなれる〃と云ったが、ほかならぬ、このことに相違ございません。皆様はわたしに心添を授けて下さいました。……これこそ、わたしには生命にもひとしいものです[八]』。

このように、人類進化の全過程を通じて、すぐれた教訓はいつの日も変ることがない。それゆえに、われわれの活動の原則としては、過去においても、将来にあっても、常に原則であるものが用いられねばならない。われわれは自己を脱却して、自発的に義務的に物を贈る義務を負っている。思い迷うおそれはまったくない。マオリ族のすぐれた俚諺はつぎのように述べている。

Ko Maru kai atu
Ko Maru kai mai
Ka ngohe ngohe.

『貰っただけのものを贈りなさい。そうすれば、万事は神の思召しに適う[九]。』

（一）コーラン二章《スーラ》二六五参照。コーラー『ユダヤ民族百科辞典』（Kohler, Jewish Encyclopaedia）第一巻四六五頁参照。

(二) ウィリアム・ジェームズ『心理学の原理』(William James, Principles of Psychology) 第二巻四〇九頁。

(三) クロイト (㉓の抜萃の一二頁) はセレベス島における類似の事実を引用する。水牛を家畜小屋に入れる儀式 (De Toradja's……Tijd. v. Kon. Batav. Gen., LXIII.2の二九九頁)、犬を体の一部づつ、手足ごとに買得し、犬の食べ物に唾が吐かれる儀式 (二八一頁)、猫はいかなる事情があっても売渡されず、貸借されるだけである。

(四) この法はそれを次々に保有する者が取得する利益を不適法とする原則には立脚していないから、ほとんどその適用を見なかった。

(五) われわれが、ここで、いかなる破壊をも讃美しているものでないことは云うまでもない。資本の構成の不可欠の条件である市場、売買を支配する法規範は、新しい規範や古い規範と併存しうるし、また、併存しなければならない。

しかし、道学者《モラリスト》や立法者はいわゆる自然法の原則によって拘束されるべきではない。たとえば、物の法と人の法との区別を一つの抽象的概念、すなわち、われわれの法のあるものの理論的抜萃と見なすべきである。この区別の存在は認められなければならないが、適当な箇所に位置づけられる必要がある。

(六) ロス『競技会』(Roth, Games, Bulletin of the Ethnology of Queensland) 二三頁二八番。このように、来訪した氏族の名を披露するのは東部オーストラリア全域にわたる共通の慣習である。それは名の名誉と力との制度と関係をもつ。この最後の文は注目すべき事実であって、それは贈物の交換によって婚約が結ばれるということを示唆する。

(七) ラディン『ウィネバゴ部族』(Radin, Winnebago Tribe) ⑦三七巻三二〇頁以下。ホジ『アメリカ・インディアンの手引』(Hodge, Handbook of American Indians) の中の『儀礼』の事項を見よ。

(八) 同書三二六頁。例外として、招待を受けた酋長の中の二人は蛇氏族の成員である。トリンギト族の葬礼の場合の酷似している口上と比較することができる (㊱三七二頁参照)。

（九）タイラーは、きわめて簡潔に、『貰うだけ与えよ。そうすれば、万事は甘く運ぼう』と訳している（Te Ika a Maui, Old New Zealand, p.30, prov.42)。逐語訳はつぎのようなものであろう。『マルが与えると同じほど、マルは受ける。そうなら、結構、結構』（マルは戦いと正義の神である）。

Ⅱ　政治学上および経済学上の結論

これらの諸事実は、単にわれわれの道徳を解きあかすだけではなく、また、われわれの理想の嚮導に役立つにすぎないものでもない。これらの見地からすれば、もっと一般的な経済的事実を更に明確に分析することができるし、また、この分析は現代社会に適用できるもっとすぐれた経営方法を予知する助けとなる。

義務的贈答組織は一般的な経済的事実の分析に寄与する

われわれは幾度も繰返して、これらの義務的贈答の全経済組織がいわゆる自然経済あるいは功利主義の範疇に入れるにはほど遠いものであることを指摘してきた。これまで言及してきたすべての民族——明確にするために、一応、彼らは偉大な新石器時代の文化のこよなき代表者であると仮定しよう——の経済生活における重要な現象や現代社会に近接する社会内、あるいは、現代社会の慣行内に存するこれらの伝統の莫大な残存物は、ことごとく各種の既知の経済制度の比較検討を試みる少数の経済学者によって通常使用される図《シェ》式《マ》においては無視されている[一]。したがって、われわれはいままで繰返してきたわれわれの研究にマリノウス

キーの研究を加えておきたい。彼は原始経済に関する支配的な学説を排除するために、ある研究全部を捧げてきたのである。(二)

義務的贈答組織の経済的特徴

疑問の余地のない一連の諸事実は以下の通りである。

これらの社会においても、価値観念が作用している。一般的に云えば、巨額の余剰価値が蓄積されるのである。それらはかなり巨額に達する浪費を伴う純粋の消費のために用いられることが多いが、射利的な性質は全然見られない。(三)また、交換の対象物の中には、富の表象、すなわち、一種の貨幣も存在する。それにもかかわらず、この実り豊かな経済組織全般は宗教的要素で染めあげられている。すなわち、貨幣は依然として呪術的力を有し、氏族または個人に結ばれている。各種の経済的活動――たとえば、市のごときもの――は儀式と神話で充満されている。(四)それらは儀式的、義務的、効験的性質をもっている。それは独自の儀礼と方式をもつのである。かかる見地からすれば、われわれは、デュルケームが経済価値の観念の宗教的起源について提起した問題に答えることが可能であろう。(五)これらの諸事実はまた、不正確にも交換と称されているもの――『物々交換』(troc) あるいは有用物の交換 (permutatio) ―の形態と起源に関する多くの疑問にたいする回答を用意するものである。(六)アリストテレスを踏襲するラテン系学者やその先見的な経済歴史学の見解では、これらの交換は分業の起源をなしている。(七)これとは逆に、一切の種類のこれらの社会――その大半はすでにあきらかにされたものであるが――においては、物を循環させるのは効用以外の別のものである。氏族、年齢集団や一般的には性別集団――彼らの間の接触から生ずる多様な関係のために

——は、恒常的な経済的興奮状態にあり、しかも、この興奮そのものには現実的なものはすこしも含まれていない。それはわれわれの売渡や買得よりも、更に、労務の雇傭や投機よりもはるかに詩趣豊かなものである。

無償と有償の給付観念の混成としての義務的贈答組織内の経済観念

しかしながら、われわれはこれまで到達した点よりも更に奥深く進むことができる。われわれはいままでに使用してきた主要観念を分解し、混淆して、再検討を加え、別の定義を下すこともできる。われわれが使用してきた贈物（présent）、進物（cadeau）、贈与（don）という用語そのものがまったく正確であるわけではなく、他に適当な用語が見当らなかったまでである。われわれが好んで対照さす法律上、経済上の諸概念、すなわち、自由と義務、気前よさ、鷹揚、浪費と倹約、利得、功利の諸概念は正確なものではなく、それらを再吟味するのが妥当である。われわれはこの問題について手引を与えるほかはない。トロブリアンド諸島からの事例を引用しておこう。われわれが論じてきたすべての経済的行為に影響を及ぼすのは複合観念である。しかも、この観念は無条件に自由で、純粋に無償的な給付の観念でもないし、また、まったく利益から割り出された功利的な生産、交換の観念でもない。そこで開花しているのは一種の混成物である。

マリノウスキーは、トロブリアンド島民の間で目撃した一切の取引を不純な動機と純粋な動機の観点から分類するために、真剣な努力を注いだ。彼は純粋な贈与と値踏みをともなう純然たる物々交換との間に、それらを配列した。いずれにしても、この分類は適当なものではない。(八) かようにして、マリノウスキーによれば、純粋の贈与の典型は配偶者間の贈与ということになる。ところが、われわれの見るところでは、まさしく、マリノウスキーによって指摘されて、全人類のすべての性関係に解決の光明を投げかける重要な行為の一つはマプラ（mapula）に著目することである。これは性的奉仕にたいする報酬の一種として夫が妻に交付する『一定の』（constant）返礼である。(九) また、酋長への贈物は貢物であり、食物の分配《サガリ》（sagali）は労務または儀式の執行——たとえば、通夜の場合——にたいする補償である。(一〇) 要するに、これらの贈物は任意的なものではないと同じように、また、実際には、利害関係を欠くものでもない。それらは、多くの場合すでに、単に奉仕や物の対価を支払うためのみならず、また、断絶するのは得策でない、有利な協同関係——たとえば、漁撈部族、狩猟部族、製陶部族相互間の協同関係のように——を維持するために行われる反対給付である。(一一) さて、この事実は普遍的であって、われわれは、たとえば、マオリ族やチムシアン族などの社会でそれを見出したのである。(一二) それゆえ、そこには、諸種の氏族を相互に接合さすと同時に相隔て、彼らに分業と同時に交換を強制する呪術的、実利的な力が内在するのが見受けられる。これらの社会においてさえ、個人ならびに集団、いなむしろ、下位集団は常に契約締結を拒絶するには至上権を要すべきことを自覚している。これが財産の循環に物惜みしないという様相を与えるものである。しかし、他方、通常にあっては、彼らはかかる拒絶を行う権利も、拒絶をなす利益ももたなかった。そして、このことがこれらの遠く距った社会を現代の社会に近付かしめるものである。

貨幣のもつ機能　貨幣の使用は他の考察すべき問題を示唆するであろう。トロブリアンド島のヴァイグア、すなわち、腕環と首飾りは、北西部アメリカ原住民の銅板、あるいは、イロクォイ族のワンパム（wampum(180)―原文は wampun となっているが誤りであろう―訳者註）とまったく同じように、富であるとともに富の表象であり、(一三)交換や支払の手段であり、贈られるか、それとも、破壊されるべき物である。しかもその上、それはそれを使用する人に結びつけられた担保物であって、この担保物はその者を拘束するのである。しかしながら、他方、それがすでに貨幣の表象物として役立っている以上、あらたに他の貨幣を所有するためには、それを他に与えた方が利益になる。なぜならば、それがあらたに他の貨幣を齎す労務や商品にされた方が、その者にとっては結局得になるからである。われわれは、たしかに、トロブリアンド島民やチムシアン族の酋長が、有利なときにその貨幣を手離し、ついで、流動資本を再構成することを知っている資本家のやり方にあやかって振舞っていると云えよう。同時に現われる利得への執着と無関心は、ひとしくかかる富の循環形態とそれを追う富の表象物の古代の循環形態とをあきらかにする。

破壊のための破壊の動機

富の純然たる破壊ですら、一般に予想されるような利得にたいする完全な無関心に対応するものではない。これらの物惜みしない高邁な行為も利己主義と無縁なものではない。たえず誇張され、純粋の破壊を伴うことの多い富の消費の豪奢な形態、とくに、ポトラッチの場合のように、長い間蓄積された夥しい財物が一時に与えられ、破壊すらされるような形態は、これらの制度にまったく不経済な消費とたわいのない浪費の外観を与える。(一四)事実、そこでは、有用物が浪費され、豊かな食物が過度に飲食されるのみでなく、破壊のための破壊もあえて辞せられないこともある。たとえば、チムシアン族、トリンギト族、ハイダ族の酋長は銅板や貨幣を水の中に投棄て、クヮーキウーツル族やその親縁部族の酋長はそれらを破壊するのである。しかし、かような狂気じみた贈与や消費の動機、あるいは、かようなばかげた富の喪失や破壊の動機は、とくに、ポトラッチ集団間では、けっして利害関係を離れたものではない。酋長と配下との間、配下とその取巻き連との間には、これらの贈物によって、身分階層制《イエラルシー》が設けられる。与えるということは彼の優越性を示すことであり、また、彼がより偉大で、より高くあり、主人（magister）であることを示すことである。貰ってなんらのお返しをしないとか、あるいは、より多くのお返しをしないということは、従属することであり、家来や召使になること、小さくなること、より低い地位（従僕＝minister）に落ちることである。

ムワシラの儀式の目的

ムワシラ（mwasila）と称されるクラに際しての呪術的儀式は、契約の締結をのぞんでいる者がなによりもまず社会的優越性――暴力的とも言えるかもしれない――という利益を追求することを示す呪文や象徴を数多含んでいる。かようなわけで、彼らがその相手方と一緒に食べるはずのきんまの実に呪をかけ、更に、酋長、仲間の者、ついで、その豚、首飾り、頭、口、搬入されたすべての物、『パリ』（pari＝てはじめの贈物）などに呪をかけた後に、呪術師は、多少誇張を含めて、つぎのように歌う。

『わたしが山をけ飛ばすと、山は揺れ動き、山は崩れさる……など。

わたしの呪がドブ島の山頂に達すると、……わたしのカヌーは沈むにちがいない……など。わたしの令名は雷鳴のようにとどろき、わたしの足音は飛びゆく巫女の叫び声のように響きわたる……。
トジュジュジュ』(一五)

これらの目的とするものは、第一位になり、もっともすぐれていて、一番幸運に恵まれ、だれよりも強く、一番裕福になることであり、しかも、いかにしてそのようになるかということである。後ほど、酋長はその部下や親族にたいし、貰ってきた物を分配するときに、彼のマナを確立する。彼は首飾りにたいしては腕環を与え、訪問にたいしては歓待をもって応じて、諸々の酋長間における彼の地位を確保する。かような場合、富はあらゆる点で有用な物であるとともに権威の媒介物である。しかし、われわれの場合、これらと異っているというのはたしかであろうか。われわれにあっても、たしかに、富はなによりもまず他人を支配する手段ではないであろうか。

未開人の利益追求の態様

ところで今度は、贈与《ドン》と利得への無関心《デザンテレスマン》の観念に対立させた他の観念、利得《アンテレー》と効用《ユティリテ》の個別的追求の観念を検討してみよう。それらは、もはや現代のわれわれの精神の中で作用するのと同じようには現れてこない。たとえ類似の動機に基づいて、トロブリアンド島の酋長、アメリカ・インディアンの酋長、アンダマン諸島の氏族が動かされ、また、かつて、鷹揚なヒンズー人、ゲルマンやケルトの貴族が贈与や消費をなす際に動かされたとしても、それは、実業家、銀行家、資本家の非情な動機と同じものではない。これらの文化領域でも、利益は求められるが、現代とはその態様を異にする。蓄財されたとしても、それは消費するためか、他の者に義務を課するためか、または、『隷属者』(hommes liges)を獲得するためかにすぎない。他方、交換も存在するが、その対象物は、とりわけ、衣服、装飾品のごとき贅沢品、または、ただちに消費される物か、饗宴にかぎられる。お返しには貰った物よりも多くの物がなされるが、それは最初の贈与者または交換者を圧倒するためであって、単に『履行遅滞』(consommation différée)によって、相手が受けた損失を塡補するためではない。それゆえ、そこには利得が見出されるが、この利得はわれわれを指導すると称されるものに似ているにすぎない。

二つの経済の類型、すなわち、オーストラリア、または、北部アメリカ(東部および大平原地方)の社会の内部集団で、それぞれの氏族生活を規制する割合に変則的な非打算的経済と、ギリシャ人やセム民族により発見されて以来、すくなくとも、ある程度われわれの社会にも存在してきた純粋に打算的で個人主義的な経済制度との間には、経済制度や経済上の事件の無数の系列がすべて配列されると信じられるが、これらの系列は従来の理論が容易に当然視していた経済上の合理主義によって支配されているのではない。

利益の概念　『利益《アンテレー》』(intérêt)ということばの語源は新しいのであって、それは簿記用語、すなわち、勘定簿の上で、徴収すべき地代に対応する箇所に記載されたラテン語の interest《インテレスト》に由来する。きわめて享楽主義的な古代道徳においては、追求されたのは快楽と善であって、物質的効用ではなかった。得《プロフィ》の観念と個人の観念が流布されて、原理の水準にまで高められるには、合理主義と商業主義の勝利が必要であった。個人的利益の観念の勝利はほぼマンデヴィル（Mandeville）とその著書の『蜂の寓話』（Fable des Abeilles）[181]が現れた後から始まると言って差支えなかろう。個人的利益ということばをラテン語、ギリシャ語、アラビア語で表現するのはきわめて困難であって、ただ換言解釈によってなしうるだけである。古典的な梵語《サンスクリット》で著述し、われわれの利益の観念にかなり近いアルタ（artha＝財）ということばを使用する人々でさえ、他の範疇の行為についてなしたように、利益をわれわれとは異った観念に変えたのである。古代インドの諸々の聖典は人間の活動力をダルマ（dharma＝法）、アルタ、カーマ（kama＝愛）に分類している。[182]しかし、アルタはなによりもまず国王、ブラーフマナ、大臣、王族、種々のカーストの政治的利益に関係を有するものである。ニーティ・シャーストラ（Niti çastra＝政治論）[183]という著名な文献は経済に関するものではない。

個人的な目的の追求は、全体と個人に有害である

ごく最近になって、われわれの西欧社会は人間を経済的動物に変えてしまった。しかし、いまのところでは、われわれのすべてがこのような動物になっているわけではない。民衆の中でも、また、選良《エリット》の間でも、純粋の非合理的な消費が日常の普通事である。それはわれわれの貴族階級の若干の遺風の特徴でもある。『ホモ・エコノミクス』（homo œconomicus＝経済人）は、われわれの過去にあるのではなく、道徳的行為者、義務を尽す人、科学者、理性のある人と同じように、われわれの将来に存する。人間は久しきにわたって、まったく別個のものであった。人間が自動計算器で複雑にされた機械になったのは、それほど前のことではない。

他の点では、幸いにも、われわれはなお、これらの間断のない、非情な、功利的打算からは遠く距てられている。アルブヴァクス（Halbwachs）[184]が労働者階級についてなしたように、西欧の現代の中産階級の消費と経費の徹底的な統計的分析を試みるならば、つぎのことが明確にされるにちがいない。われわれはどれほどの需要が満されているか。功利を最終目的としない衝動がどれほど満されているか。金持はその収入のどれだけを個人的功利にあてているか、あるいはあてることができるであろうか。金持の贅沢品、教養、娯楽あるいは使用人のための支出は往時の貴族または未開社会の酋長——われわれは彼らの習俗について述べてきたのであるが——の消費に擬せられないであろうか。

かような状態であるのがいいか、わるいかは別個の問題である。純粋の（経済的な）支出以外の支出や交換の方法が存在するのが好ましいかもしれない。しかしながら、われわれとしては、最良の経済の方策は個人的必要の計算の中に求められるべきではないと考える。われわれは自分の富を増したいとのぞむかぎりにおいてさえ、有能な勘定方、すぐれた管理者となりながらも、生粋の利殖家とは異ったものであらねばならないとわたくしは考える。個人の目的を単純に追求することは、全体の目的と平和に害があるだけでなく、全体の労働と歓びの律動、そして、——結局、反作用によって——個人自身にも有害である。

労働には相応の報償を必要とする

われわれはすでに資本家の企業自体の重要な階層や団体が被傭者の集団を自分たちに集団的に結びつけようと試みているのを見てきた。他方、組合主義者、雇傭者ならびに賃銀労働者の各集団はすべてその成員あるいは集団自体の特殊利益と同じように、一般利益を熱心に擁護し、代表していると主張する。彼らの立派な言説はたしかに多くの隠喩で彩られてはいる。しかしながら、倫理や哲学ばかりではなく、世論や経済的慣例そのものが、このような『社会的』(social)水準にまで高まりはじめたということを認めなければならない。みずからのためだけでなく、他人のために、誠実に果した労働によって終生公平に報いられるという確信を人に与えること以上に、労働させる方法はないということに気付かれている。生産者=交換者は生産物あるいは労働時間以上のものを交換し、彼自身のあるもの、すなわち、彼の時間や生命を与えるとあらたに意識してきている——これは絶えず意識してきたのであるが、こんどは鋭敏に意識している。したがって、彼は、適度に、かような贈与にたいして報われることを望むのである。この報いの提供を拒絶することは、怠業を惹き起し、生産低下に導くことになる。

いまや、われわれは社会学的であるとともに、実際的な結論を示すことができる。コーランの有名な第六四章《スーラ》『騙し合い』(最後の審判)はメッカで回教徒に与えられたものであるが、その中で、神についてつぎのように述べられている[185]。

一五、おまえたちの財産、おまえたちの子供、これはどうせ試煉に過ぎん。アッラーのお手元にこそ(本当の)大きな報いはあるものよ。

一六、だからさ、おまえたち、力のかぎりをつくしてアッラーを懼れまつるのだぞ。よく聴き、よく従い、よく喜捨を出せ。それでこそ身のためをはかるというものじゃ。己が心の貪慾にどこまでもうち克ってこそ、栄達の道に行けるというものじゃ。

一七、おまえたち、アッラーに立派に貸付けすれば、必ず倍にして返して下さる。おまえたちの罪を赦しても下さる。なにしろすぐ感激なさるおやさしいアッラーのことだもの。

一八、目に見えぬ世界も目に見える世界もともに知悉し給う、偉い、賢いお方だもの。

神《アッラー》（Allah）ということばを社会や職業団体ということばに替えるか、あるいは、諸君に宗教心があるならば、この三つのことばを加えてみたまえ。また、喜捨の概念を協同の概念あるいは他人のためになされる労働または給付の概念と置き換えてみたまえ。そのとき、諸君は苦しみながら呱々の声をあげて生れ出ようとしている経済的慣例に関して、かなり鮮明な観念を会得するにちがいない。それは、すでに、一定の経済集団の内部において、また、その指導者以上に、多くの場合、みずからの利益や共通の利益を十分認識している大衆の中で、作用しているのが見うけられる。

これらの社会生活の漠然とした側面を考究するならば、わが国民やその道徳、経済の進むべき道が多少ともあきらかにされうると考えられる。

(一) ビューハー前掲書第三版七三頁。彼はこれらの経済現象を考察しているが、それらをすべて客礼の問題に変形せしめて、その重要性を過小評価したのである。

(二) ⑧一六七頁以下、『原始経済』(Primitive Economics, Economic Journal, vol.XXXI, 1921)。『アゴーノーツ』の中で、フレーザーがマリノウスキーに献じた序文を見よ。

(三) われわれが引用しうるもっとも極端な場合の一つは、チュクチ族の犬の供犠の事例である。非常に立派な犬小屋の所有者がそりを引く一連の犬を全部殺して、あらたに購入しなければならないという事態が生ずる。

(四) ⑧九五頁。前掲の序文を見よ。

(五) 『宗教生活の原初形態』(Formes élémentaires de la Vie religieuse) 五九八頁。

(六) 『学説彙纂』一八・一・一。パウルスは、交換が売買であったかいなかについての、ローマの法学者間の激しい議論を伝える。全章にわたって興味深いものであり、とくに、法学者がホメロス『イリアス』二・七・四七二―五の解釈で犯した誤りまでも興味深い。οἰνίοτο はたしかに買得するという意味ではあるが、ギリシャの貨幣は銅、鉄、皮革、牝牛、奴隷であって、それらはすべて一定の価値を有する。

(七) 『国制誌』(Politeiai) 一・一二五七。μεταδόσις という語に注目せよ。

(八) ⑧一七七頁。この場合、売買が存在しないということはきわめて注目すべきことである。ヴァイグア(貨幣)の交換は存在しないからである。それゆえ、トロブリアンド島民の到達した最高の経済でも、交換そのものに貨幣を使用するまでにはいたっていない。

(九) 同書一七九頁。このことばは未婚の娘の適法な性的交渉にも適用される。一八三頁参照。

（一〇）同書八一頁参照。サガリ（ハカリと対照せよ）は分配という(186)意味をもつ。

（一一）同書八二頁、とくに、義兄弟にたいするウリグブ（urigubu）の贈与、すなわち、労働と引換えの収穫物の贈与を見よ。

（一二）分業（とチムシアン族の氏族間の儀礼の際の分業の方式）はポトラッチの神話の中にみごとに述べられている。㉟二七四—五頁参照。同書三七八頁を対照せよ。この種の事例は非常に数が多い。これらの経済制度は、事実、はるかに遅れた社会でさえ、存在する。たとえば、オーストラリアで赤色黄土の鉱床をもつ地縁集団の注目すべき地位を見よ（アイストン＝ホーン『中央部オーストラリアの未開生活』（Aiston & Horne, Savage Life in Central Australia, London, 1924）八一、一三一頁）。

（一三）ゲルマン諸語では、一般に貨幣を指すのに、token と Zeichen《ツァイヒェン》とを同義語として使用するのは、これらの制度の痕跡である。あたかも人の署名が責任を担保するものであるように、貨幣たる符号、つまり、貨幣に付された符号と貨幣たる担保は同じものである。

（一四）⑬三四四頁以下参照。ダヴィは、その『氏族から帝国へ』（Des Clans aux Empires）、『社会学提要』（Éléments de Sociologie）第一巻の中で、これらの事実の重要性をいささか誇張する。ポトラッチは身分階層制の設定の助けとなるし、また、それを設定しているときが多いのも事実である。しかし、ポトラッチはその設定に絶対的に必要なものではない。かようにして、ネグリト族やバンツー族のアフリカ社会は、ポトラッチをもたないか、少し発達したのをもつにすぎないか、あるいは、すでに喪失しているかのいずれかであるが、しかし、それらはあらゆる形態の政治組織をもっている。

（一五）⑧一九九—二〇一、二〇三頁。この詩の中の山ということばは、ダントルカストー諸島を指称する。カヌーはクラから持ち帰った財物の重さで沈むのである。二〇〇頁の他の呪文参照。四四一頁の註釈の付された原文参照。四四二頁の『泡立つ』という語の注目すべきしゃれを参照。二〇五頁の呪文参照。

III　社会学上および倫理学上の結論

本研究は素材の提示にすぎない

われわれが用いた方法について、重ねて言及することを許していただきたい。

われわれは一つの典型としてこの研究を持ち出そうとするのではない。この研究はただ二、三の思いつきを申し出るにすぎない。それは未完成であるから、更に徹底的な分析を押進めることが可能であろう(二)。要するに、われわれは、どちらかといえば、歴史家や民族誌学者にたいして問題を提起しているのであって、それも、問題を解決して、確答を与えるというよりも、むしろ、研究の対象を提供しているのである。さしあたっては、かかる方向には、多数の事実が見出されるということを確信するだけでたりる。

いわゆる全体的社会事実としての社会現象

ところで、かようなことが事実であるのは、かかる問題の取扱い方には、われわれが摘出したいと思っている発見的原理が存在するからである。われわれがいままで研究してきた諸事実はすべて全体的社会事実（faits sociaux totaux）――このように表現することが許されるならば――、ないしは、一般的社会事実（faits sociaux généraux）――もっとも、われわれは一般的という語をそれほど好まないが――である。いいかえれば、これらの諸事実は、ある場合には、社会やその制度（ポトラッチ、対抗氏族、相互に訪問しあう部族など）の全体を動かし、また、ある場合、とくに、これらの交換や契約が概して個人に関係するときには、極めて多数の制度だけを動かすのである。

これらの一切の現象は法律的、経済的、宗教的であると同時に、審美的、形態学的でさえある。それらは、個人の権利、集団の権利、組織された道徳、拡散した道徳に関係を有するがゆえに、法律的であり、また、厳格に義務的であったり、あるいは、単に毀誉褒貶に服するにとどまることもある。それらは、社会階級、氏族、家族のいずれとも関係するから、[187]政治的であるとともに、家族的でもある。同様に、それらは、真の宗教、呪術、アニミズム（animisme）、拡散した宗教心理に関係があるために、宗教的である。更に、それらは経済的なものでもある。なぜならば、今日われわれが理解するものとは異っているが、価値、効用、利益、奢侈、富、取得、蓄積の諸観念や消費の観念、しかも、気前のよく、純粋に奢侈的な消費の観念さえもがそのいたるところに現れているからである。なおそのうえ、これらの制度はわれわれがことさらこの研究では考慮しなかった重要な審美的側面をもつのである。実に、交互に行われる舞踊、あらゆる種類の歌謡や道化、宿営地ごとに、あるいは、仲間集団ごとに演じられる催し物、作られ、使用され、装飾を施され、研磨され、蓄積され、しかも、愛情を秘めて譲渡される一切の財物、歓びをもって貰われ、意気揚々と贈られるすべてのもの、すべての者が参加する饗宴そのもの――これらの食物、財物、労務、更には、トリンギト族がかわす『挨拶』（respect）さえをも含めて、一切のものが審美的情緒をひき起す原因であって、単に道徳的、利得的感情を起す原因ではない。[二]このことはメラネシアばかりでなく、とくに、北西部アメリカのポトラッチ、更に、インド・ヨーロッパ系社会の祭礼＝市についても妥当する。最後に、それはあきらかに形態学的現象である。すべては、集会、大小の市、あるいは、すくなくとも、その代りに行われる祭礼のさなかに生ずる。すべてこれらのことは、クヮーキウーツル族の冬季のポトラッチのように、社会的集中の季節、あるいは、メラネシアの海上遠征のように、数週間を超えて存続しうる集団を前提としている。他方、平和裡に交通しうるためには、道路やにわか作りの路、すくなくとも、海や湖が存在することが必要であるし、また、部族内、諸部族間、諸種族間の協同関係、すなわち、取引（commercium）、婚姻（connubium）も必要である。(三)

それゆえ、それは、諸種の題目以上のもの、制度的要素以上のもの、複合的制度以上のもの、たとえば、宗教、法、経済などに分けられる諸制度の組織以上のものである。われわれがその機能の描写を試みてきたのは『有機的統一体《トゥー》』（touts）、すなわち、社会制度全体である。われわれはこれまで動学的（dynamique）、生理学的（physiologique）状態で諸種の社会を観察してきたのであって、それらが静学的に、いなむしろ、形骸的状態に凝結されているかのように、それらを研究してきたのではない。いわんや、われわれは社会を分解して、諸々の法規範、神話、価値、価格に分析するつもりはなかった。われわれは、それらを全体として考察することによってのみ、その本質、全体の活動、躍動する様相を窺い知ることができたし、また、社会やその成員が、みずからを、あるいは、他者にたいするみずからの地位を情緒的に意識する、逃しやすい瞬間を捕捉することができたのである。社会生活にたいするかかる具体的な観察のなかに、われわれが漸くかすかに見はじめた新しい事実を発見する手がかりが存する。われわれとしては、かかる『全体的』社会事実にたいする研究より以上に緊急にして、かつ、実り豊かなものはないと考える。

全体的社会事実の研究の長所

その研究は二重の長所を有するものである。第一に、普遍性の長所がある。なぜならば、これらの一般的機能を有する諸事実は、幸いにも各種の制度、あるいは、それらの制度の種々の題目——これは常に多少偶発的な地域的色彩でいろどられているが——よりも普遍的であるからである。しかし、とりわけ、この研究は実在性という長所をもっている。このようにして、社会的事実そのものをあるがままに具体的に見られるようになる。諸々の社会のなかに、諸観念や諸規則が把握されるし、それ以上に、人間、集団ならびにそれらの行動が把握される。人々はあたかも機械においてその全体や仕掛を見出し、また、海でたこやいそぎんちゃくを観察するように、それらのものが動いているのを目のあたりに見るのである。われわれは人の集団、活動力がそれぞれの環境や感情に埋没されているのを認めるのである。

社会学者の用うべき研究方法

歴史家は、社会学者があまりにも多くの抽象を行い、社会の種々の要素を不当に分離すると考えて、非難するが、その非難は正当であろう。われわれも歴史家と同様に、与えられたものを観察しなければならない。ところで、所与の事実はローマ、アテネであり、普通のフランス人、あるいは、どこかの島嶼のメラネシア人であって、それ自体としての祈禱でも、法でもない。社会学者が多少分離し、抽象しすぎるのは止むをえないが、いまや、彼らは全体を再構成しようと努めなければならない。このようにして、彼らは実り豊かな所与の事実を発見するにちがいない。また、彼らは心理学者を満足させる手段をも見出すであろう。心理学者はその特権を強く意識し、とりわけ、精神病理学者は具体的事象を研究するという確信をもっている。これらの学者はすべて個々の機能に分離された行動ではなく、全体としての行動を研究するか、あるいは、観察しなければならないが、われわれもそれを模倣する必要があろう。総体の研究たる具体的対象の研究は、社会学においては、抽象的対象の研究よりもはるかに容易であるし、興味あるものであり、また、豊かな解釈を供するものである。なぜならば、われわれは人——これは複合的総体人であるが——の数字的に限定された数量の総体的、複合的反応を観察するからである。また、われわれは人を有機的組織体や心的機構(psychai)から描写するばかりでなく、その集団の行動や、それに対応する意識状態、すなわち、群集、組織社会およびその内部集団の感情、観念、欲求をも描写するのである。また、われわれは身体とその反応——通常、感情や観念はその解釈であって、ごく稀れに動機であるが——をも観察する。社会学の原理と目的は集団とその行動を全体において観察し、理解することである。

われわれは、これから、指摘してきたすべての事実の形態学的含意の把握を試みる余裕はないし、また、それは限定された論題を不当に拡げることにもなるであろう。しかしながら、すくなくとも、われわれが適用したいとおもう方法の模範として、われわれはこの研究をどの方向に展開すべきかを指摘するだけの価値はあるであろう。

社会の発展は義務的贈答制の遵守に対応する

われわれがこれまで述べてきた社会は、現代のヨーロッパ社会を別として、すべて環節社会である。インド・ヨーロッパ系諸社会、十二表法以前のローマ社会、更にずっと後のエッダ編纂までのゲルマン社会、主要文学編纂時までのアイルランド社会でさえ、いまだ氏族、あるいは、すくなくとも、大家族——大体において、内部的には未分化であるが、外部的には相互に孤立していた——に立脚していた。すべてこれらの社会は不完全な史書が認めているような現代社会の統一性や斉一性をまったく欠いているし、また、事実そうであった。他方、これらの集団内部では、個人は相当有力な者であっても、われわれほどの嫌味もなく、尊大でも、吝嗇でも、また、利己的でもなかった。すくなくとも、外見的には、彼らはわれわれよりも鷹揚で、気前がよかったし、たしかに、そのようにおもわれる。部族の祭礼や対抗氏族、親縁家族、あるいは、相互の入社式に臨席し合う家族の儀式の場合には、各集団は訪問し合うのである。また、更に進んだ社会において——『客礼の規則』が発達した場合——、神と一緒に、親善と契約の規則が『市』や部落の平和を保証するためにあらわれてくる。かようなときに、多数の社会では、かなりの期間を通じて、人々は誇張された恐怖と敵意、同じく誇張された鷹揚さ——しかし、それはわれわれだけに馬鹿げたように映るにすぎないが——を伴う奇妙な精神状態で会合する。われわれの社会に直接先行し、また、いまなおわれわれの周辺に存在するすべての社会にあっても、更に、現代の普遍的な倫理上の多数の慣行においてさえ、中間的な行為規範は存在しない。すなわち、全面的に信頼するか、それとも、まったく信用しないかのいずれかである。武器を捨て、呪術を中止するか、あるいは、一切のもの——行当りばったりの歓待から娘や財産にいたるまでの——を与えるかである。人々が『妙に勿体《カンタツワ》ぶること』をやめて、与え、かつ、お返しをする義務を負うことを知ったのは、以上のような状態においてである。

それというのも、彼らは選択力をもたなかったからである。二つの集団が出会った場合には、彼らは相互に避けるか——警戒を示されたり、挑戦をしかけられたときには、戦ったのであるが——、あるいは、折合いをつけるより仕方がないのである。われわれと酷似する社会規範の下でさえ、また、われわれとそれほど距っていない経済制度においてすら、他所者——これらの者と同盟が結ばれていたときでも——とは、常に『話合い《トレート》』がなされた。トロブリアンド島のキリウィナの住民がマリノウスキーにつぎのように述べている。『ドブ島の人たちはわれわれほど善良ではありません。彼らは残忍で、人肉さえ平気で食べます。わたくしたちがドブ島に渡るときには、いつもびくびくしています。いつ、殺されるかわからないからです。しかし、話はこうなのです。わたしが呪をかけた生薑の根を吐き出すと、彼らの気持も変ります。彼らは槍を捨てて、われわれを歓迎してくれます』と。儀礼と戦争との間の不安定な関係をこれほど明確に示しているものはない。(四)

すぐれた民族誌学者のトゥルンヴァルトは、メラネシアの他の部族に関して、系譜の統計資料を用いて、ある実際の事件を述べているが、それもまた、これらの部族がいきなり集団を成して、儀礼から戦闘に移行する状況を明瞭に示すのである。(五)酋長のブロウ（Buleau）が他の酋長のボバル（Bobal）とその部下をある饗宴に招待した。この饗宴はそれから暫く続く一連の饗宴の最初のものとおもわれる。一晩中、舞踏がくりかえされたが、その翌朝には、全員が夜通しつづけられた踊りと唄のために平静を欠いていた。ブロウが一寸小言を言ったことから、ボバルの部下の一人が彼を殺害してしまった。その上、この集団は村で殺戮を働き、掠奪を行い、婦女を誘拐したのである。『ブロウとボバルはどちらかといえば、親しい仲間であるが、ただライバルであったにすぎない』とトゥルンヴァルトに報告されている。われわれはすべてわれわれの周辺においてさえ、かかる事実を見聞するのである。

諸民族は、感情にたいしては理性を対立させ、以上のような無分別な狂態にたいしては平和を求める意志を措定することによって、首尾よく、同盟、贈与、交易をもって戦闘、孤立、停滞に替えたのである。以上のごときものがこの研究の終りに見出される結論とも言うべきものである。諸種の社会は、社会、その下位集団や成員が提供、受容、返礼を行って、その相互関係の安定を保ちえた範囲において発展を遂げてきた。交易を開始しようとするためには、まず初めに、武器を捨てることを知らなければならぬ。それがなされてはじめて、人々は氏族間だけでなく、部族間、民族間および——とりわけ——個人間で、物や人を交換するのに成功したのである。人々が相互に利益を作り出し、それを満たし、しかも、武力に訴える必要なくして、それを擁護することができるようになったのは、その後のことにすぎない。このようにして、氏族、部族、民族は——将来、文明的と称されるわれわれの社会において、諸種の階級、国民、個人が学び取るにちがいないように——相互に殺戮し合うことなくして、対抗し、相互に他の犠牲となることなくして、与え合う方法を知ったのである。それこそ、彼らの叡智《サージェス》と連帯責任の永遠なる秘密の一つである。

以上のものをのぞいては、他の道徳・経済・社会・習俗は存在しない。ブリトン人の『アーサー王物語』(Chroniques d' Arthur)[六][188]は、アーサー王がコーンウォールの大工の助力で彼の宮廷の嘆賞すべき物、すなわち、麾下の騎士たちがその周囲で決闘するのをやめてしまった不思議な『円卓』(Table Ronde)を作った説話を伝えている。それまでは、『醜い嫉妬』、つまらない小競り合い、決闘や殺人によって、盛大な饗宴が流血の巷と化していた。大工がアーサー王に、『わたしめが王に立派な食卓を作って差上げましょう。その食卓には六百人以上の者が同時に坐れますから、坐れない人はなくなってしまいます……どんな騎士でも争いを起すこともできなくなりましょう。その食卓には、上座も下座もありませんから。』と述べている。『上座』(haut bout)が存しないから、争いが生じなくなったのである。アーサー王がその円卓を携えゆくところではどこでも、そのすぐれた円卓騎士団はたえず喜びに溢れ、敵するものもなかった。今日においてもなお、これこそ、諸国民が逞しく、裕福になり、幸福で、立派なものになる道である。民族、階級、家族、個人は裕福にはなりえようが、円卓騎士団と同じように、彼らがその共通の富の周囲に着席しうるときにはじめて幸福になりうるのである。善、幸福とはいかなるものかと遠くに探し求める必要はない。それは、賦課された平和の中に、公共のための労働と個人のための労働とが交叉する律動的な労働の中に、また、蓄積され、ついで、分配される富の中に、更に、教育により齎される相互的な尊敬と互酬的な寛容の中に見出されるはずである。

かようにして、ある場合に、いかにすれば、人の全体的行動や社会生活の総体が研究されうるかが理解される。また、どうすれば、これらの具体的研究が習俗の科学(science des mœurs)や部分社会科学(science social partielle)[189]だけでなく、倫理上の結論、いなむしろ、今日云われているような、『キヴィリタス』(civiltas)、『公民精神』(civisme)——古いことばを持出すのであるが——の結論に到達しうるかがわかる。事実、この種の研究を通じて、われわれは諸種の審美的、道徳的、宗教的、経済的動機や各種の物質的、人口統計学的因子を発見し、評価し、比較することができるのであるが、これらの総体は社会の基盤であり、共同生活を構成し、また、それらの意識的な嚮導は最高の技術、つまり、ソクラテスの意味するような『政治』(**Politique**) なのである。

(一) われわれが研究してきた地域とともに、更に十分な研究をなすべき地域はミクロネシアである。とくに、ヤップ島とパラオ群島には、非常に重要な貨幣や契約組織が存在する。インドシナ、とりわけ、モン・クメル語族 (Mon-Khmer)、アッサム地方およびチベット・ビルマ語族でも、また、この種の制度が存在する。最後に、バーバル人 (Berbéres) は、タウーサ (thaoussa) という注目すべき慣習を発達させている(ウェスターマーク『モロッコの婚礼』の索引の中の『贈物』の事項参照)。われわれ以上に有能なドウテ (Doutté) とモニエがこれらの事実の研究を将来に期している。また、セム民族の古代法やベドゥイン人 (Bédouine) の慣習も貴重な資料を供するようにおもわれる。

(二) トロブリアンド島のクラの際の『美貌を競う儀礼』⑧三三四頁以下を見よ。その三三六頁には、『相手方はわれわれを熟視し、われわれの顔が美しいと知ると、その者はわれわれにヴァイグアを投げてくる』の叙述がある。貨幣を装飾品として使用することに関しては、トゥルンヴァルト⑭第三巻三九頁参照。その一四四、一五六頁における貨幣で飾られた男女を称するための Prachtbaum (美しい木) の表現参照。しかも、酋長は『木』と称される(⑭第一巻二九八頁)。また、装飾品で飾られた男子は芳香を放散する(⑭第一巻一九二頁)。

(三) ⑭第三巻三六頁。

（四）⑧二四六頁。

（五）⑭第三巻八五表註二。

（六）ラーヤモン『ブルート』（Layamon, Brut）二巻二二七三六行以下、九九九四行以下。

訳註

(1) エッダ（Edda）　アイルランド、スエーデン、ノルウェー、アイスランドの北欧諸国に生じた古代伝説詩で、創作年代は七－一一世紀にわたっている。主として、伝説、神話から題材をとり、登場人物は美化され、英雄視されているが、詩形は一定していない。エッダには韻文体の古エッダと一三世紀にアイルランドのスーラによって蒐集された散文体の新エッダとがあり、かつては、後者のみがエッダと称されていたが、一七世紀以後は両者を総称してエッダという。

(2) モースは贈物をあらわすのに、don, présent, cadeau を明確に区別することなく用いているが、特別の場合を除いて、一応、贈与、贈物、進物に訳し分けた。

(3) 未開社会　現存の未開民族の社会を指し、未開社会は社会進化において停滞し、今なお原始社会の形態を残存せしめている社会を意味する。普通、未開民族と文化民族とは、文化の複合度（スペンサー、エヴァンス・プリッチャード）あるいは文字の有無（シュミット）を尺度として区別している。未開社会の特質としては、社会の封鎖性、狭小性と人口の稀少性が挙げられ、多く部族構成をとり、また、血縁性、地縁性が濃厚で、部族が族内婚を行い、同質性が強く、職業の分化、技術の発達が見られず、更に、伝統や宗教の支配の強大なことが挙げられる。

(4) 下位集団（sous-groupe）　一個の集団内部が分化し、幾つかの小集団を構成する場合に、これらの小集団を包摂する外側の集団に対して、内部で分化した小集団を指し、集団の相対的な概念区分を示す。

(5) 原史社会（sociétés de la protohistoire）　社会発展段階において文明社会に先行する社会、すなわち、先史時代と歴史時代の中間時代に存する社会を指し、若干の文献的資料は残存するが豊かではなく、とくに、同時代的記録が乏しい社会であって、これらの社会の研究は文献的資料よりも考古学的研究に委ねられている。現今では、原史時代という時代区分は、範囲が曖昧で発音上、原始時代と混同されるおそれもあるので、あまり用いられない。

(6) ダヴィ(G.A.Davy)(一八八四—　)フランスの社会学者。ディジョン大学教授、デュルケーム学派に属し、デュルケームのもっとも忠実な擁護者。法律、政治、社会学の領域で活躍、とくに、契約の原始的形態を社会学的に研究した『誓信』(La foi jurée, 1922)は有名で、本書でも屢々引用されている。

(7) 自然経済(Economie naturelle)　ドイツ歴史学派の経済学者ヒルデブラントが、生産または消費の領域よりも流通の領域において各民族に共通性が存するとして、後者を基礎にし、経済発展段階説(Theorie der wirtschaftlichen Entwickelungsstufen)、すなわち、自然経済→貨幣経済→信用経済の最初の経済段階の理念的な時代区分をたてた。自然経済とは交換用具としての機能を有する財貨がいまだ発生せず、交換がもっぱら交換用具を使用しない物々交換が行われた経済を称するが、これに対して、交換なき経済(Tauschlose Wirtschaft)で示される封鎖的家族経済(geschlossene Hauswirtschaft)の概念を原始経済段階として先行せしめるビューヒャーの説も存する。

(8) 氏族(clan)　部族社会の中でもっとも重要な基礎団体をなし、その自然的発生の紐帯は血縁である。氏族成員は成員なるがゆえに排他的な義務を負担し、事実上の系譜関係をたどることはできないが、父系もしくは母系の単系出自(unilineal descent)によって結ばれていると信ぜられる集団。通常、その内部には数個の系譜集団《リイニージ》(記憶によって辿りうる単系の系譜関係で結合されている集団)を含む場合が多く、外婚集団を構成し、一つの社会的単位として経済的、社会的、宗教的機能を果している。氏族用語は多様であって、父系氏族をゲンス(gens)、母系氏族をクランと区別することもあるが、氏族の基本原理に本質的な差異が存在するわけではないから、今日の人類学では両者を統一した用語としてクラン、シブ(sib)を用いるのが一般である。

(9) 部族(tribu)　特定の地域を占有するかまたは必要とする政治的ないしは社会的に凝集した自治集団と定義される(A Committee of the Royal Anthropological Institute of Great Britain and Ireland, Notes and Que-

ries on Anthropology, 1951, p. 66)。部族に関してはモルガン以来、大体一致した定義が与えられ、共通の言語や祭祀を有し、共同の地域を占有し、外敵の襲撃に対しては単一の酋長の統率下に統一的行動をなす点が指摘されている。部族は本来血縁に基づいた基礎団体を構成し、その主要な機能は政治的、軍事的機能である。この tribu という用語は種族とも訳されているが、一般用法に従って本書では部族としておく。

(10) 胞族（phratrie） 胞族は親縁関係を有する数個の氏族が結合されて、共通の社会関係をもつ親族集団を指し、一部族の中に二重単位として出現する場合が多い。それは普通、単系的な出自関係で結ばれていて、胞族を単位として外婚を行うのが通常形態である。リヴァーズは胞族をもって本来独立していて、しかも、多少敵対的関係に立つ集団の合成的所産とみているが、モルガンによれば、胞族は『同胞関係であり、氏族組織から自然に発達したものである。それは同一部族の二氏族あるいはそれ以上の氏族の共通の目的のための有機的結合もしくは結社体』として把握され、彼の氏族→胞族→部族の継起的発達段階における氏族の上位集団と考えられている（モルガン・青山訳『古代社会』（上）（岩波文庫）一二九頁参照）。

(11) 一般に文化人類学では、社会的権利や政治的職務の承継を指す場合には、succession を用い、土地や財産の相続を指す場合には、inheritance という用語を用い、後者は、厳密には、相続に必然的に影響を及ぼす被相続人から相続人への財産の移転ならびに生前の財産の譲渡（生前贈与、嫁資、花嫁代等）を規律する規則のみを意味するものとされる（A Committee of the Royal Anthropological Institute of Great Britain and Ireland, op. cit., p. 152）。したがって、あえて訳し分ければ、前者は承継、後者は相続になろう。しかし、モースは本書では、succession aux biens としていて、区別するに関心を示していないが、一般用例に従って、承継と訳しておく。

(12) 半族（moitiés） 二個の集団から形成される部族の基本的な区分。各半族には相関関係に立つ若干の氏族、胞族を包含する場合が多く、また、一方の成員は必ず他方の半族の異性と婚姻するというような双分制（dual organization, Zweiklassensystem）をとる。この二個の集団の大きさならびに機能が異ることもあり、また、半族の成員は相互に親族関係に立つ必要はない。半族は競技あるいは儀式のために組成されることもある。

(13) トリンギト族（Tlinkit）　トリンギト族はアメリカ北西部太平洋岸のポートランド地峡の口からコントローラー湾のチルカットまでの間に居住し、ハイダ族、エスキモー、アタパスカンの一部族アーテナと相接して住む。人口は四千六百人程度といわれる。体質的には、ハイダ族、チムシアン族と共通であるが、言語、社会組織は、とくに、ハイダ族と親縁関係にある。彼らは漁撈が主で、陸地での猟は副次的なものであり、また、奴隷所有の慣習があるとされている。社会組織は大鴉胞族（Yehl）と狼胞族（Goch）に二分され、それぞれは、更にいくつかに細分されている。

(14) ハイダ族（Haïda）　アメリカ北西部太平洋岸に住み、ブリティッシュ・コロンビア州のフィーン、シャーロット諸島とアラスカのプリンス・オブ・ウエールズ島南端とに分布する。人口減少の傾向をたどり、現在は九百人程度といわれる。社会組織はトリンギト族に類似し、大鴉胞族（Hoya）と鷲胞族（Got）に分れ、それぞれが更に細分されている。

(15) 秘密結社（société secréte）　秘儀、秘密を中心にして結合された排他的な社会的呪術的結社で、女子だけの結社、また、男子から成る結社があるが、通常は入社式を経た男性だけによって構成される秘儀的な男子結社（männerbund）である。その機能、構造は多様であるが、一般には、秘密結社員は神、霊、神霊、祖先、死者として奇怪な姿に仮面、仮装して集団をなし、彼らは隔離した場所で死と再生を象徴する秘儀的な入社式あるいは成年式を行い、非結社員の面前で神や祖霊の化身として奇怪な踊りをおどり、非結社員から贈物をうけ、非結社員の非行に対して制裁を加え、秩序維持の役目を果している。秘密結社の起源については、シュルツは年齢階梯制に求め、ウェーブスターは氏族成年式から秘密結社に発展したものとみなし、シュミットは母権的低級農耕民における女子の優越に反抗して男子結社が発生したとしているが、定説はない。

(16) シャーマニズム（Shamanism）　主としてベーリング海峡からスカンディナヴィアに至る北方民族の原始宗教の特性に名づけられた名称で、シャーマンと称される呪術的祈禱師が超自然界と直接交通し、興奮剤、音楽、舞踏等によって常とは異る精神状態になり、神自身となって神話を語り、宣託を行う儀式である。シャーマンは祭司的機能や呪術医的機能をもつ場合が多いが、両者は必ずしも分化せず、その職業は世襲的なことが多い。シャーマンの分布については、学説が分かれているが、たとえば、シュミットは元来南方母権文化に起源をもち、チベット附近から北進してアメリカ・インディアンまで伝播したとみるが、グレーブナー（Fr. Graebner）、オールマークス（A. Olmarks）は極北の気候的諸条件と密接不可分なことを重視して、極北文化の所産としている。

(17) トーテム（totem）　特定の動物、植物、自然現象（雨、風、太陽）であって、氏族員によって崇拝されて、それとの共生感（symbiose）によって親縁関係を生ぜしめるもので、氏族員相互間の結合を強化する役割を演ずる。かようなトーテムとなんらかの特殊な関係にあるという信仰で結ばれた制度がトーテミズム（totémisme）と称されるが、トーテムという用語はアメリカ・インディアンのオジブワ族の土語 Ototeman に由来すると言われる。かかる習俗は一八世紀後半ラフィトー（G. Lafitau）、ロング（J. Long）等の北アメリカ・インディアンの研究によって発見されて以来、マクレナン、デュルケーム、フレイザー、ゴールデンワイザー、ラドクリフ・ブラウン等多数の学者により論じられているが、ある者はその社会的様相を重視し、また、ある者は宗教的側面を強調するなど、トーテミズムの本質についてはなお不明な点が多い。なお、トーテムに付随する現象として、外婚制を行ったり、トーテムを氏族の名称や紋章としたり、トーテム動物や植物の殺害、食用はタブーとされたり、また、トーテム増殖儀礼が行われる等数多存するが、これらの現象は必ずしも普遍的ではなく、かなりの地域差がある。

(18) ピンダロス（Pindare）（前五二〇（一八）―四四二（八））　古代ギリシャ第一の合唱用抒情詩人。年少にして作詩と音楽を学び、とくに運動競技勝利歌は有名。その作品一七巻はパイアン、ディテュランボス、行列歌、乙女歌、踊歌、頌詩、挽歌、競技勝利歌を含み、その最後の四巻をなす勝利歌のみが完全な形で現存しているが、とくに、その『オリュンピア』、『ピュティア』は著名で、古来から愛誦されている。これらの合唱詩は優勝者に対する讃辞とともに、その郷土やこれと関連する英雄伝説にも言及し、更に、回想や訓戒も含まれているが、彼の英雄伝説の愛好は、前代からの貴族的英雄主義の伝統と主知的なヒューマニズムが適度に均衡を保っていた古典期ギリシャの時代的背景が影響することが多いと云われる。

(19) 広中助教授は『契約とその法的保護』(法学協会雑誌七〇巻三号二二五―六頁註(34))の中で、なんらかの反対給付を期待される贈与、すなわち'gift (and ceremonial) exchange, Geschenketausch, prestation totale を『義務的贈答』と呼ばれているが、わたくしもその訳語に従い、don échangé を同様に訳しておく。

(20) 割礼(circoncision) 性器変形の儀式で、その起源、目的に関しては種々の推論があるが、一般に包皮の除去により生殖能力を高めることを目的とし、入社式の一行事と信ぜられている。そのほか、衛生的顧慮、性的危険の予防、勇気の試験、性生活の神聖化、官能的快感の増大、再生信仰の表現等をその起源として挙げる説も存する。

(21) サモア島では、クロス・カズン婚(mariage de cousins croisés――未開社会では、父あるいは母と同性の父母の兄弟姉妹の子をパラレル・カズンと云い、また、父あるいは母と性を異にする父母の兄弟姉妹の子、すなわち、父の姉妹の子あるいは母の兄弟の子をクロス・カズンと称し、後者との婚姻を優先的婚姻としている場合が多い)が行われているから、男子は自己の子を彼の姉妹および義兄弟に養育のために提供する。

(22) 嫁資外の財産(parapharnalia) ギリシャ時代の parapherna に起源を有し、当初においては、嫁資外財産のすべての財産を指したのではなく、その中で日用調度品で、離婚の際に直ちに妻に返還されるべきものを指し、不動産を包含しなかったといわれるが、すくなくとも、ローマ法においては、嫁資に対して、妻が所有していて、夫の管理に帰せしめられる財産を指した。

(23) 級別式親族呼称(Classificatoire) モルガンは、親族関係を記述式親族呼称組織(descriptive system)と級別式親族呼称組織(classificatory system)とに区別し、前者は文明社会の一夫一婦制家族の単婚に対応し、個々の関係を具体的に記述して親族を区別するものに対して、後者は、単婚に至るまでの未開民族の特徴を示し、『同一の親族用語が、同一範疇のすべての人に適用され、従って、わたくし自身の兄弟も、また、わたくしの父の兄弟の息子もすべて同様にわたくしの兄弟であり、わたくし自身の姉妹も、わたくしの母の姉妹の娘もすべてひとしくわたくしの姉妹』と称される組織なることを発見し、これをもって過去において乱婚が存在していたことを推定した。しかし、現在では親族呼称が直ちに婚姻形態を反映するものとは考えられておらず、しかも、級別式親族呼称が必ずしも未開民族の特徴とも見なされていない。たとえば、ラドクリフ・ブラウン（A.R.Radcliffe-Brown）は、父の兄弟を父と呼び、母の姉妹を母と呼ぶのは父の兄弟は父と、母の姉妹は母と同格の連帯性にあり、真の父や母と類似の権利義務関係にあることを指摘し、親族呼称は共同体成員の社会的行動様式を規定することを主張する。

(24) ヘルツ（R.Hertz）（一八八二—一九一五） 宗教社会学者。第一次大戦に参加して戦死。パリ大学大学課程実修学校（École pratique des Hautes Études）の教授をしていた。

(25) ダヤク族（Dayak） ボルネオの原住民。ダヤク族はボルネオ居住の大部分の住民を総称したもので、人種学上の名称ではない。一般に南ボルネオに約六五万人、北ボルネオに二〇万人住んでいるといわれる（一九四三年調査）。大部分はプロト・マライ系に属しているが、戦争によって捕えた捕虜を奴隷とする習慣から、甚だしい混血を生じ、人種構成も複雑である。

(26)『姻族の権利』(droits de parents par alliance）と『許された盗み』(vol légal) 未開社会において、社会的共同関係を維持するために、二当事者間の結合関係に安定性を付与するにはつぎの二つの方法がある。すなわち、関係二当事者間に極端な相互的尊敬を表示しあうか、あるいは直接的な個々の接触を制限するかの方法であって、これは多数の社会では当事者の妻の父母との行為にあらわれ、その極端な形態としては、ある男子と彼の義母との社会的接触を完全に切断する場合もある。 この極端な尊敬と遠慮関係に代るべきものが『冗談仲間関係』（joking relationship 訳註（101）参照）である。冗談仲間関係の中にも、甥がおじの財産を盗むことは許されているが、その反対におじが甥の持物を奪うことは許されていない場合もあって、両当事者間の嘲笑、揶揄も必ずしも対称的でないこともある。

(27) チュクチ族（Chukchee） アジア大陸の北東端チュコート半島に住む古シベリア族の自称ルオラヴェトラ（Luora-

vetlan）。人種的にはモンゴール族に属す。人口は一万二千人（一九四五年の調査）で、海チュクチとトナカイ・チュクチに分れ、前者は漁撈に従事し、総体的に貧しいが、後者はトナカイの遊牧と狩猟、漁撈によって豊かな生活を営む。社会構成としては複婚制をとる。

(28) コリャーク族（Koryak）　古アジア民族の一種。シベリアの東端アナディル川からカムチャッカ半島の中部にわたる山岳タイガ地帯とベーリング海にそうツンドラ地帯に住む。人口約七千人（一九四八年の調査）で、漁撈に従事する海コリャークとトナカイの遊牧によって生計をたてるトナカイ・コリャークに分かれる。社会構造は父を家長とする家族が唯一の単位であり、一夫多妻制も行われ、女子の地位は比較的低い。

(29) ボゴラス（V. G. Eogoras）（一八六五―一九三六）　ロシアの民族誌学者、小説家。その青年時代に革命活動のために、ロシア極北部に旅し、原住民の生活に興味を抱くに至り、民族誌学者として出発した。彼は友人のジョセルソンの招きに応じて、ゼサップ北太平洋探険に参加し、チュクチ族、コリャーク族等を研究した。暫くアメリカにとどまり、一九〇一――一九〇四年の間にアメリカ大陸に移住したロシア人の記録としての『大洋の彼方に』（Beyond the Ocean）という小説を書いている。

(30) トラジア族（Toradja）　セレベス島に居住する古マライ族。通常は巨石を土台にした杭上家屋に住み、各部落にロロ（lolo）と呼ばれる集合所をもつ。紡織術は知られていないが、鍛冶術には巧みであって、足輪、腕輪、首飾り、また武器を製作する。以前は一夫一婦制を行っていたが、現在は一夫多妻制に従う。大家族制で土地や多くの動産は家族の所有であり、また、戦闘、疫病、酋長の死の場合には、人頭狩猟、人身供犠が行われる。

(31) クロイト（Alb. C. Kruyt）（一八六九―一九四九）　オランダの人類学者。宣教師としてセレベスに四〇年間居住。セレベスを根拠としてスマトラ島に布教するかたわら、宗教民族学的研究に従事し、インドネシアにおける霊物の重要性を発見し、また、言語その他によって諸種族の系統を明らかにした。

(32) マリノウスキー（B. Malinowski）（一八八四―一九四二）　ポーランドに生まれ、一九二七年以降、ロンドン大学の教授となったが、その間、ニューギニアの未開人、アメリカ・インディアンおよびアフリカの原住民の実態調査を行った。その中で、トロブリアンド諸島の綿密な調査は、機能主義の基礎を築いたものとして高く評価されている。彼はラドクリフ・ブラウンとともに、原始文化の理解にあたって、人類文化の作用、個人の心理過程と制度との関係、慣習と思考の生物学的基礎を理解することを目的とし、なかんずく、その焦点を慣習、信仰、制度の有する機能の分析を重視する機能派人類学者の巨頭と目されている。マリノウスキー・青山＝有地訳『未開家族の論理と心理』の解説参照。

(33) 花嫁代（prix d'achat de la fiancée）　婚姻に際して花婿あるいはその親族が花嫁あるいはその親族に支払う金品。その量や質は社会により異なるが、牧畜農民では家畜、採取狩猟民や農耕民では、生産用具、装身具、食物が多い。かかる譲渡は婚姻の安定性を保証する作用を有すると同時に、女子労働力を彼女の集団から奪い去ることに対する補償でもある。それゆえ、妻が死亡した場合には逆縁婚が行われ、離婚する場合には、花嫁代返却の義務を生ずることもある。

(34) 『汝が与えるがゆえに余は与える』（do ut des）　『汝が為すがゆえに余は与える』（do ut facias）、『汝が与えるがゆえに余は為す』（to ut des）『汝が為すがゆえに余は為す』（fo ut facias）の原則とともに、ローマ私法を支配した契約の四型態の一つをなし、契約の相互性、対価性を示す原則とされている。

(35) ソヴァジェ（J. Sauvaget）（一九〇一―一九五〇）　フランスの東洋学者。後年コレジュ・ド・フランスの教授となる。東洋学雑誌（Journal Asiatique）の編集を担当。アラビア世界史の研究を目標にしてエジプト、シリアの言語、とくに、アラビア語、方言学、文学、文献、考古、制度等を研究した。

(36) タルビツエ（W. Thalbitzer）（一八九九―　　）　デンマークの人類学者、著述家。コペンハーゲン大学教授（一九二〇―一九四五）。エスキモーの言語、民間伝承を研究するため、屡々、グリーンランドの現地調査を行い、伝播主義学派の代表者の一人に数えられている。デンマーク科学、文学アカデミー会員。

(37) ウェスターマーク（E. A. Westermarck）（一八六二―一九三九）　フィンランド生まれのイギリス社会学者、人類学者。後年、ロンドン大学社会学の教授となる。彼は社会学をもろもろの社会現象の一般科学とみなし、ダーウィンの進化主義を信条とし、心理学的見地から豊富な人類学的知識を基礎にして、家族、婚姻の起源、性道徳観念の成立についてなした広汎な研究は高く評価されている。婚姻問題についても、モルガンの原始乱婚説を批判して、一時的対偶婚説の仮説を主張したのは有名。ただ、彼の研究態度は、多数の資料の批判的な選択を欠き、個々の文化における内面的な関連をも抽象した外面的な類同性に傾くという比較人類学上の方法上の欠陥を克服していないと批判される。

(38) ハウサ族（Haoussa） アフリカのニジェル河とチャド湖の間の地域に住む原住民で、その数は約四百万人と称され、彼らの使用する言語であるハウサ語は、スーダン、ギニアの他の種族にも共通語として広く使用されている。

(39) ネメシスの女神（Némésis, Nemesis） ギリシャ神話中の女神で、ニュクスの娘。人間の犯す神への非行に対する神々の憤怒、懲罰の神格化で、後には、人間の行為を監視し、その正、不正に応じて幸、不幸を測り与える者。名の語義は『分配するもの』。ギリシャ諸地方に祀られたが、その中で、アッティカのラムヌスはとくに有名。

(40) サダカ（Sadaka） 元来、コーランにあらわれたところでは、ザカート（Zakāt＝救貧税）という言葉が善意の喜捨の意味に用いられたが、メディナ時代になって法制的啓示が多くなると、意味の上からは、ザカートというべきところを『サダカ』という言葉であらわすようになった。これはメディナ時代に教団ならびに国家組織の整備とともに、ザカートは政治、軍事上の財源として重要性を増し、法制的規定にならざるを得なかったために、一般に善意による喜捨にはサダカという語が用いられるようになったと推測されている。

(41) ミシュナ（Misnāh） 一世紀から三世紀に至る律法学者群たるタンナイム（Tannāim）が伝承し、かつ、展開したいわゆる口伝の律法をラビ・イエフダ・ハナッシ（R. Yehūdhāh hannāsi）（一三六—二一七）が編集したもので、ユダヤの経典のタルムード（Talmud）をゲマラ（Gemārā）とともに構成している。

(42) 身分階層制（hiérarchie）と訳しておいたが、支配＝服従関係が全人格的な隷属関係であると同時に、価値の序列として顕現する支配と服従の権力関係の形態としてあらわれている場合を指す。

（43）民族誌学（ethnographie）　現存の民族の文化、社会経済組織、生活様式等を具体的、組織的に記述する科学であって、民族学（ethnology）―過去と現在との諸文化の比較研究――に対して、基礎資料を提供し、現実には、世界各地における未開民族をその対象とする。

（44）太平洋文化　ポリネシア、メラネシア、ミクロネシア、インドネシアに居住するいわゆる太平洋海域の民族間には、文化的、人種的諸要素の共通点が存在し、太平洋文化圏が存在する。たとえば、インドネシア語、ポリネシア語、メラネシア語、ミクロネシア語の間には類似点が発見され、マレオ・ポリネシア語あるいはアウストロネシア語と称され（但し、パプア語のみを除外する）、また、インドネシア、ミクロネシア、メラネシア、ポリネシアの原住民間の文化諸要素の類似が指摘され、インドネシアからミクロネシア、メラネシアをへてポリネシアにまでみられる文化、インドネシアからミクロネシア、メラネシアの中部まで拡がるが、ミクロネシアおよびメラネシアの中部以東、ポリネシアには達していない文化、インドネシアに止まり、ミクロネシアやメラネシアには達していない三個の文化に分けられ、ヨーロッパ人来訪以前の太平洋海域における民族や文化の移動は、インドネシアから東漸したものと推測されている。

（45）ピグミー族（Pygmées）　ギリシャ語のピュグマイオイから取り、ホメーロス、ヘロドトス等に出てくる矮小族を指していたのであるが、実在の矮小族は成人男子平均身長一メートル五〇センチ以下のものであって、小人の黒人で採集、狩猟によって生活し、身体形質および文化がもっとも原始的なものと主張する学者もある。一般に小人人種は、アフリカだけでなく、インド、アンダマン諸島、マライ半島、セレベス、フィリピン、ニューギニアにも居住し、それらをも総称して、ピグミー族と云われるが、更に、アフリカ・ピグミーをネグリロス（Negrillos）、アジア・ピグミーをネグリトス（Negritos）と区別されることもある。

（46）シュミット（W. Schmidt）（一八六八―一九五四）　カトリック神言会に所属し、後、ヴィーン大学、フライブルグ大学教授となり、アントロポス研究所を主宰した。彼はピグミー族に関する先駆的研究を発表し、一九世紀における単系的進化論の誤謬を指摘して、民族学の中に歴史記述的方法を導入し、民族学的資料の実証的収集、批判とその解釈、綜合の規準を組織するとともに、文化圏の理念の下で広汎な文化的要素の関連を全体的に理解する類型学的な歴史理論を展開し、文化史的民族学を確立し、ヴィーン学派の基礎をつくった。

(47) ラドクリフ・ブラウン(A.R.Radcliffe-Brown)(一八八一—一九五五) デュルケームの社会学理論を継承して、アンダマン諸島、アフリカ、アメリカの未開民族の現地調査に従事し、社会人類学の機能主義派を代表している。後年、オックスフォード大学の社会人類学教授となる。彼は特定文化におけるそれぞれの要素の関連と全体的機能を明らかにし、民族文化の内面的、綜合的調査方法を志向し、社会的、集合的機能としての制度は、社会的慣行体系として一定の行動様式を規定するものであり、共同社会の統合と存続を維持保証する役割を荷うものとして、個人的心理の水準から証明する心理学的解釈を排斥した。

(48) イアソン(Jason, Iason) ギリシャ神話中の英雄。アイソン(Aison)の子。イアソンの神話はアゴーノーツの航海とメディアとの結婚、メディアを捨てる話の三つに集中する。アゴーノーツの航海は、その叔父のペリアスから命令されたとも、また、自発的に望んだとも語られているが、彼がアルゴと称する大船を作り、全ギリシャから五〇人の勇士を募り、様々の冒険の末、東方のロアイア(コルキスと同一視された)へ航海してメディアと『金の羊毛』とを得るという物語である。

(49) 記述社会学(sociologie descriptive) 記述(叙述)社会学の名称を最初に使用したのは、スペンサー(Spencer)であるが、それはただ資料蒐集を指し、学問的な性質を有しない単なる社会学の準備的段階としての操作にすぎない。また、ギディングス(Giddings)は、記述社会学を歴史社会学と対照せしめて、現存社会の記述にある社会学と称したが、この意味では一般社会学と区別が存しないと言われる。

(50) クラ交易環 クラ交易は交易環内の各島の内部で、いくつもの交易群に分かれている。クラ共同体は、基本的にはいくつかの部落から構成され、これらが一体となってクラ遠征を行う一つの単位になっている(次頁図は杉浦健一『原

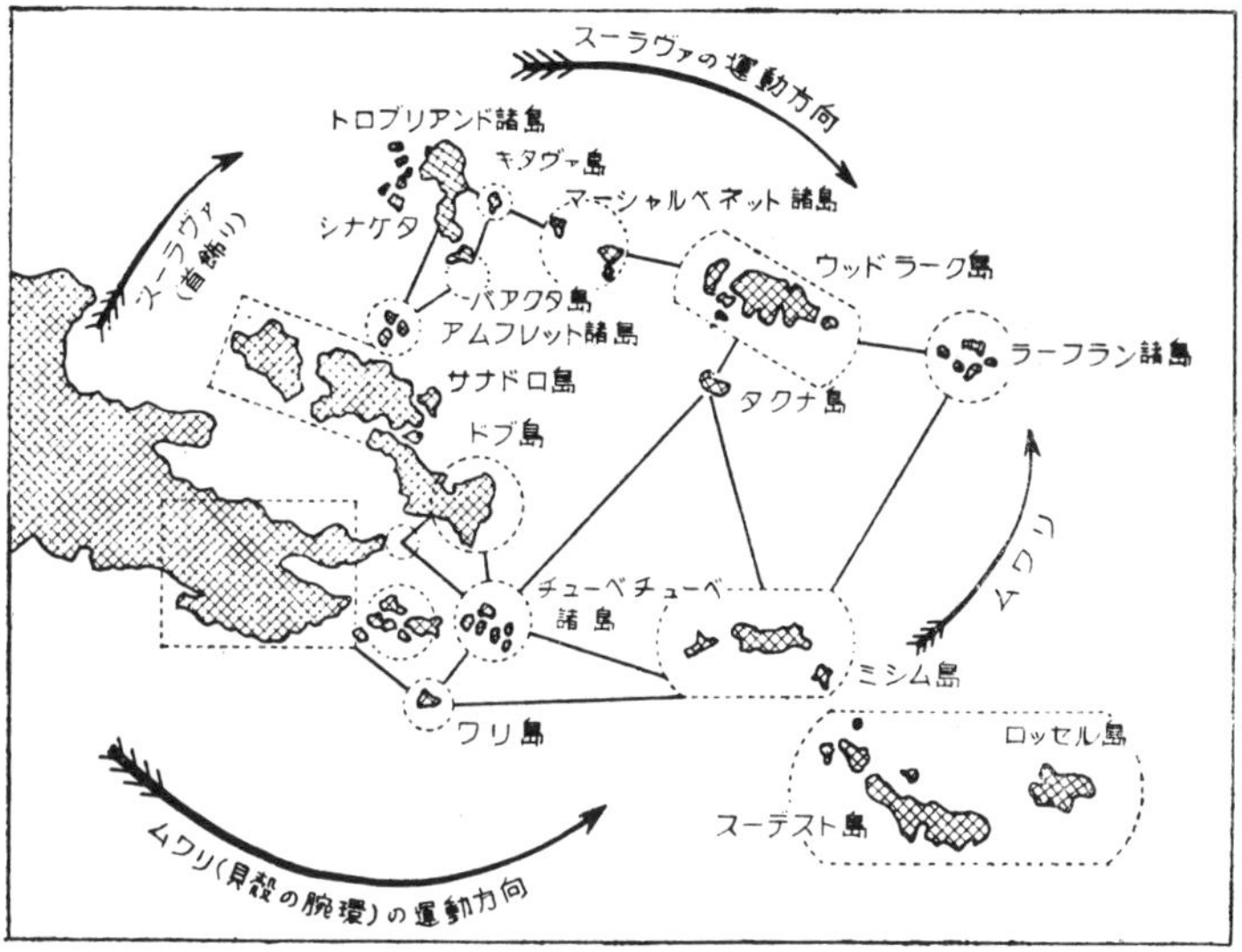

kula 交易環(マリノウスキー原図による)

始経済の研究』二三二頁から採用)。

(51) ヴァガ、ヨチレ、バシの関係をトロブリアンド島のシナケタ地方の事例に従って具体的に示せば、シナケタのある男子が一対の腕環を持った場合に、南方のドブ島から交換相手の海上遠征隊が到着したとする。部落では、法螺貝を吹いて到着を知らせる。男子は一対の腕環を持参して交換相手を迎え、『これは最初のヴァガである。適当な時に君は代りの首飾りをお返し下さい』といって腕環を与える。翌年、この男がドブ島の相手の部落に遠征したときに、相手方は前に貰った腕環と同等の価値の首飾りをもっていれば、それをヨチレとして返す。もし、腕環に相当する首飾りをもっていない場合には、それに劣る首飾りを与えるが、これはバシとして与えられるわけである。バシは現在、適当なヨチレがないから、真のお返しを将来に約する意味で付与されるのである。

(52) コーランの二『牝牛』二二三節『女というものはお前らの耕作地(田地—訳者註)じゃ。だからどうでも好きなようにお前たちの畑に手をつけるがよい。但し、自分の魂の為をよく考えてするのだぞ。そしてアッラーを畏れかしこむのじゃ。やがてはアッラーに逢いまつる身であることを肝に銘じて心得ておけよ。お前は（マホメットに呼びかけて）信者たちに嬉しい音信を伝えてやれ』（井筒俊彦訳『コーラン』（上）（岩波文庫）五四頁）参照。

(53) ニコマコス（Nicomaque, Nikomachos）　二世紀のギリシャ帝政時代の数学者。一〇〇年頃アラビアのゲラサに生まれる。彼は世界の形成に先行して造物者の精神の中に数が存在していると主張し、ピュタゴラス派、プラトン、フィロンの諸思想の結合を示していて、その『数理神学』はできるだけ多くの意味を数の中によみとろうと試みたもので、相矛盾する意義を同一の数の内に読みとろうと試みたものである。

(54) リヴァーズ（W.H.Rivers）（一八六四―一九二二）　イギリス伝播主義人類学者、心理学者。後半、ケンブリッジ大学の心理学教授となる。心理学者、人類学者としての業績は多方面にわたり、人類学にとって独自の貢献をなしている。一八九六年にハッドンのトーレス海峡探険隊に加わり、未開人の視覚についての最初の実験心理学的成果を完成するとともに、メラネシアの社会組織の研究では、その歴史の分析を行いながら、メラネシアの社会は数度の民族移動によって文化要素の混淆の結果として成立したものであるという文化移動論を採用する。

(55) ペリー（W.J.Perry）（一八八七―一九四九）　イギリス人類学者、マンチェスター大学比較宗教学講師、オクスフォード大学宗教史講師。伝播主義のマンチェスター学派を推進し、世界の高級文化はすべてエジプトに発生し、伝播したものとみなすスミス学説を更に発展させた業績は高く評価されている。

(56) ジャクソン（A.V.W.Jackson）（一八六二―一九三七）　アメリカの東洋学者。彼の著書としては、A Hymn of Zoroaster, Yasma XXXI (1888); An Avestan Grammar, in Comparison with Sanskrit (1892); An Avestan Reader (1893) が著名。

(57) 未開社会において、貨幣あるいは貨幣の機能を果しているものとしてはつぎのようなものが挙げられている。ロッセル島の赤貝首飾り、トロブリアンド島のクラ交換物としての首飾りと腕環、フィジィ諸島の鯨の歯、ソロモン群島のイルカの歯、ニューカレドニア島のコウモリの皮で作った紐、サンタクルス島、バンクス島の鳥の羽毛、ニューヘブリディス島のござ、ニューギニアの飾斧、蝸牛殻、ミクロネシアのヤップ島の石貨、貝貨、俵貨、パラオ島のガラス玉、陶器玉、ネリ玉等である。これらの事例からも解るように、未開社会では、実用的財、労力、技術によって加工されたもの、装飾品が貨幣として使用される事例が多いが、最後のものが用いられる理由としては、装飾品はその所有者、着用者の人格と呪術的、アニミズム的に結合されていることが指摘される。

(58) 融即の法則 (loi de participation) 未開人の集団表象の内容は神秘的特徴を有すると同時に、また、前論理的な心性を有し、本質的に文明人と異っている。すなわち、彼らにあっては、事物の客観的な性質の同一性にしたがって判断されるのではなく、これらは第二義的なものにすぎず、彼らの心性は神秘的であって、すべての事象を混同して矛盾を感じないし、自然的因果関係を無視する。未開人には生物と無生物との区別もなく、あらゆる存在は一面客観的であると同時に神秘的であり、事物は同一の神秘性をもち、融即的なものである。この未開人の心性の機能を支配する感応関係の法則をレヴィ・ブリュールは『融即の法則』と呼ぶのである。

(59) コドリントン (R. H. Codrington) (一八三〇—一九二二) イギリス民族学者、伝道者。ネルソン、ニュージーランド等に伝道に赴き、とりわけ、一八六三年から一八八七年までメラネシアにとどまり、ニューカレドニアとニュージーランドの中間に位置するノーホーク島 (Norfalk Island) において、メラネシアの言語、慣習等の研究や新約聖書の土語への飜訳に従事した。彼はメラネシアにおけるマナの信仰の最初の発見者とみなされている。

(60) ホームズ (W. H. Holmes) (一八四六—一九三三) アメリカの人類学者、地質学者、考古学者。アメリカの各地の調査に従い、後、アメリカ民族学調査所所長、国立美術館館長を歴任した。彼の研究は、未開民族の芸術の進行についての従来のバルフォーア、ハッドンの進化論的見解に反対して、その偶然的発展の可能性を指摘し、写実的形象からの一方向的進化によらぬ成立の道を実証した点が注目されている。この発見は、ボァスによって更に発展せしめられ、意匠様式の部族伝播説が確立された。

(61) 環節的社会（société segmentée） 環虫類が相互に類似した環節より成ることから喩えられた名称で、類似にもとづいて成立する機械的連帯の社会として、相互に類似した氏族の連合よりなる社会を指す。マルセル・モース『多環節的社会に於ける社会的凝集』（社会学五号）参照。

(62) シミアン（F. J. CH. Simiand）（一八七三―一九三五） フランスのデュルケーム学派の代表的経済社会学者。実践的、社会学的な実証的方法を探究し、在来の経済学の研究に屢々目的論的方法が介在し、事実を事実として研究する科学的精神の欠けているのを批判して、経済現象を社会的実在の中において研究することを主張する。その研究は、経済現象だけでなく、宗教的現象、法制現象、道徳現象をも同時に説明しようとする一般社会学的志向をもつものとして、モースとの類似点が指摘される。彼は晩年の著書『貨幣、社会的実在』において経済社会学の研究から抜け出して、モースの主張する全体的社会事実の研究に著手した。

(63) ユヴラン（P. Huvelin）（一八七三―一九二四） 法律学者、法制史学者として、デュルケームに師事し、その高弟の一人に数えられている。ブルッセル大学の教授。社会学と法律学とを接近さしたその著書は注目される。

(64) クラウゼ（Krause）（一八八一―　　） ドイツ民族学者、ライプチィヒ大学教授（一九二五―一九四五）、その間、ベルリン大学の民族学の講師をも歴任（一九三二―一九三六）、一九三五年に英国人類学研究所名誉会員になっている。

(65) サピーア（E. Sapir）（一八八四―一九三九） アメリカ言語学者、人類学者。ポメラニアに生まる。アメリカに渡り、ボァスに協力してアメリカ原住民の言語の研究から出発して、文化の特色分布の編年史的構成の問題だけではなく、文化類型と人格の研究に新しい方向を示唆し、心理学的方法との結びつきに新しい道をひらいた点で、アメリカ人類学に重要な役割を果している。後年、イェール大学教授、人類学会会長の要職に就いた。

(66) ヴァジャペイア（Vājapeya）の儀式 ヴェーダ時代のソーマ酒（sōma）を神に捧げる七つの儀式の中の一つの名称。ソーマ酒は最高の地位を獲得して、ラージャ・スーヤ（Rāja-sūya）やブリハスパティ・サヴァ（Brhaspati-sa-

va）の上位に就きたいとのぞむ王やバラモンによって捧げられる。

(67) 嫁資（dot）　花嫁の父あるいは集団から花婿あるいは花嫁自身におくられる贈与あるいは給付を指すが、未開社会においては、嫁資はとくに、花嫁の娘によって承継されるか、あるいは遺贈されうるか、更には、花嫁全員が嫁資設定を受けるか、それとも、特殊な階級に属する者のみが受けうるか等が重要な問題になってくる。花嫁代が給付される場合には、通常、花嫁は嫁資として家庭用品を新しい家庭に持って行くことが多い。

(68) チヌーク族（Chinook）　コロンビア河の河口からダレス峡谷に至るまでの地域に居住するアメリカ・インディアン。その文化は、北太平洋海岸文化の典型を示し、木造家屋、優秀なカヌー、奴隷、ポトラッチによる財の分配等を有するが、秘密結社、トーテム芸術はもたない。その言語のチヌーク語は特殊なものであって、音声学的に単純化され、かつ、文法が排除されたチヌーク語は交易に用いられるいわゆる Chinook jargon の基礎となっている。この言語はフランス語、英語等の混交語から成るものである。

(69) ランベール師（Ed. Pere Lambert）（一六二四―一六七九）　フランスの外国伝道会宣教師、ベイルート司教、ついで、コーチ・シナ、中国や海南島教区の管区長となり、海外伝道に出発し、シャムの首都アユチアに赴いて布教に従事し、同地に修学院を開設して宗教教育と伝道者の養成につとめた。

(70) カナカ族（Kanaka）　カナカとはポリネシア語で人の意味であって、欧州人はニューカレドニア、ニューヘブライズ、フィジィ諸島の原住民、更には、人種系統を異にするニュージーランド、タヒチ、マーキーズ島の原住民をも指称する場合もある。かかる場合には、カナカはオセアニアの原住民の総称である。また、ミクロネシアでは、スペイン文化の影響で、生活程度の高いチャモロ族に対して、文化の比較的発達していない他の諸部族をカナカと一括して総称する場合もある。

(71) 未開社会においては、双生児に対しては、特殊な感情が注がれ、非常に怖れられたり、あるいは溺愛される場合もある。また、初期アズチック人のように、双生児の中の一方を殺害する場合もある。

(72) カール大帝 (Karl I, Charlemagne) カロリング王朝のフランク王(七六八―八一四年)、西ローマ皇帝(八〇〇―八一四)。フランク王ピピンの長子で、弟カルルマン帝とともにフランク王国を分割統治していたが、七七一年に、弟の死により単独支配者となり、イングランド、スカンディナヴィアを除く全ゲルマン民族を支配するに至った。

(73) サビール語 (sabir) フランス語、スペイン語、イタリア語、アラビア語等の単語を混合した地中海沿岸諸港の特殊用語。異った人々が商業上の目的で交渉する場合に使用する一種の混合語である。

(74) 聖物 (sacra) 聖物は、崇拝と儀式の対象の双方を包含する。たとえば、精霊の偶像はその一時的な住居として聖物たりうるし、また、儀式あるいは崇拝の対象は、儀式あるいは敍任式に使用される物とともに、聖物を構成する。

(75) 財産女 (Dame Propriété, Property Woman) ハイダ族の主要な女神。彼らは、その女神の嬰児を捕えることができれば、富貴に対するいかなる祈願も成就されると信じている。

(76) 棒打ち遊び (jeu de bâtonnets) 両端がとがった木片を棒で打っておどり上がらせ、地に落ちないうちに同じ棒でうって遠くにとばせる遊戯。

(77) コラボリー (corroboree) オーストラリア原住民が六週間も継続して行う饗宴。舞踏は日没前に開始され、深夜に至るまで繰りひろげられ、即席になされ、奇抜な動作を行う。コラボリーは、猟で成功を収めたとき、あるいは戦闘の前に、平和を確認するために行われる。コラボリーという用語は、現今では、原住民の一般の儀式活動を描写するために使用されることもある。

(78) 『変容神』 (transformeur, transformer) 世界を変化させ、世界に文化の諸要素を齎らす神話上の人物。この人物は北アメリカの神話に顕著であって、人あるいは事物を現在の形相に変えるために跋渉すると言われる。

(79) リヴェ (P. Rivet) (一八三六― ?) フランス人類学者、パリ大学民族学研究所所員。パリ自然科学博物館、民族誌学博物館の管理員をも歴任。

(80) スヴァヤムヴァラ (svayamvara) 梵語の『婿選びの式』であって、『(花嫁が婿を)みずから選ぶこと』の意味である。国王の丁重な招待をうけて集って来た王子たちの中から、王女自身が夫たるべき者を選ぶ婚約の儀式の一種である。その際、選ばれた人の首に華鬘をかけ、ついで、結婚式が行われる。この風習はもっぱら王族の間でのみ行われ、叙事詩の中で屡々現われるが（マハーバーラタのドラウパディーの婿選び）ブラーフマナの法典中には見えない。

(81) メイエ（A. Meillet）（一八六六―一九三六）デュルケーム学派に属する言語社会学者、コレジュ・ド・フランスの比較文法学教授。言語の歴史的研究は、種々の社会間の接触が言語学的事実によっていかに飜訳されるかを決定することを目的とする旨を主張し、言語学者の研究活動は純粋言語学にのみ限定されることなく、更に言語の社会学的な研究に著手すべきことを力説した。

(82) 人の法と物の法　私権を身分権と財産権に分け、前者は金銭に見積ることも、また、譲渡することもできないが、後者はその反対であるとする分類にこの区別は対応する。ユスチニアヌスはガイウスに従って、私法を人の法（ius personarum）と物の法（ius rerum）と訴訟の法（ius actionum）に分けた。しかし、この区別は絶対的なものではなく、古代においては両者は混用されていた。とりわけ、古典時代には債権も財産権とされ、物の法の範囲が拡大している。

(83) ネクスム（nexum）　拘束行為に関しては解釈が分かれ、銅塊および衡器をもってする特定の方式を履行する行為、すなわち、銅衡行為を意味するとなし、握取行為、銅衡式遺言なども拘束行為に入るとする説もあるが、また、更に狭く解して、握取行為はこの中に入らず拘束を受けるための銅衡行為のみを意味すると解する説もある。後説がその原初形態と考えられるが、前説が共和政末期には一般的であった。拘束行為は、債権発生原因とは別に責任をも生ぜしめる行為として用いられたといわれ、この行為によって拘束された者は判決債務不履行のために拘束された者と同様に、奴隷類似の状態にあったと考えられる。かかる苛酷なる効力のゆえに、通常被拘束者である平民は、拘束者たる貴族に反抗することが多かったので、紀元前四世紀後半のポエテリア＝パピリア法によって拘束行為は禁止された。船田『羅馬法』第三巻一一頁以下参照。

(84) トゴランド地方　アフリカ西部ギニア湾にのぞむ地方。かつては、ドイツ領に属していたが、第一次大戦後、東部をフランス、西部をイギリスが委任統治し、ついで、一九四六年にイギリスの信託統治となり、一九六〇年四月に独立した。

(85) 生き質　本文は gages de vie となっているが、これは gage vivant, すなわち、人質（Ostagium, ostage, Hostage, otage）と同意義とおもわれる。人質契約においては、債務不履行の場合には、債権者は人質を自由に処分することができたが、後には債務が弁済されると、債務者は当然自由な身分を回復する債奴制に転化した。人質契約は、一五世紀頃まで残存していたが、後には、債務が弁済するまで、債務者が特定の場所に赴き、滞在することを強制される人身抵当に化している。この人質契約は、保証人の責任として契約される場合が多かった。その自由を制限されることを極端に恥じ、名誉を重んずる武士間で利用され、この契約によって心理的強制を加えて債務を履行させられた。

(86) ローマ法のスティプラーチオー（stipulatio=問答契約）　一方が問を発し、他方がそれに答えることにより成立する契約であって、片務契約であり、問答は一定の方式に従ったから、要式契約である。スティプラーチオーの語源に関しては、諸説が分かれている。スティプラーチオーなる詁は茎（Halm）を意味する stipula から派生すると考え、スティプラーチオーとは相手方の拘束をうけることの象徴としての茎を意味するとの説、また、スティプラーチオーが本来銅塊供与の誓約であったことから、aes, nummus signatus, pecunia signata を意味する stips から由来すると解する説、更に、註（五）のごとく、stipes は Stamm, Stock, Pfahl と関係があって、確実であることを意味する stipus から由来すると解する説もある。いずれにしても、それを受取った者は相手方に対して責任を負担したのであるが、かかる形式はすたれて問答の形式が残存した。

(87) フランク時代に諸民族が契約をなす場合に、債務者が債権者に festuca を交付する形式が行われた。それは譲渡者が取得者の胸に fetu を投げ、それによって譲渡人が占有を失って、取得者が占有を取得することを象徴した。ランゴバルドにおいては、このフェースツーカが wadia (wadium, gaudia) と称され、かような形式の契約は waditio と言われた。

(88) 手附 (arrah, arrahbo) 手附の起源は古く、ギリシャでは、諸成契約が発達していない関係上、手附の授受により売買の成否が決められた。ローマでは、手附は多くの場合、指輪や少額の金銭であったが、手附の交付は売買の成立に関係を有するものではなく、その成立を証明する効力を有するにとどまった。フランク時代の諸法においては、手附は価値の乏しき物、あるいは金銭であって、象徴的担保として当事者を拘束して、契約に拘束力を付与するワーディウムの一種と考えるのが通説である。手附は、契約履行の際に代金の一部として算入される場合もあり、また、手附を宗教上の目的に供したり、あるいはその行為を神の保護の下におくための場合 (denier à Dieu) もあり、また、契約当事者の共同飲料にあてられる場合 (vin du marché) もあった。

(89) 手中物 (res mancipi) と非手中物 (res nec mancipi) 手中物とは土地、地役権、奴隷、牛馬等の家畜で、農業経済時代に重要な意義を有したと考えられる物であり、その所有権取得のためには、法定の方式の履行または法定期間の占有継続を必要とした。この区別は古典時代にはその意義を失った。すなわち、漸くギリシャ地方の氏族制の崩壊と商業経済制の発達に応じ、動産、不動産を区別する制度の影響をうけて衰微し、ユスチニアヌス法では、手中物、非手中物の区別は廃止され、動産、不動産の区別が規定された。

(90) ペクーニア (pecunia) 財産、現金を意味するが、語源としては家畜をあらわす pecu, pecus から派生したことばである。ローマ法において、財産を示すことばは一定せず patrimonium, bona, familia, pecuniaque, fortune, omnia mea, facultates, res 等多数存する。

(91) 窃盗 (furtum) 窃盗はローマ市民法上不法行為の一つに挙げられ、窃盗は利得の目的をもってする違法な領得行為 (contreetatio) であって、横領も含ましめられる。また、その客体も動産だけでなく、自由人も内包され、これらを誘拐する場合も窃盗とされる。十二表法には現行盗 (furtum manifestum) と非現行盗 (furtum nec

manifestum）とが規定され、両者ではその制裁に差異が存し、前者の場合には、夜間および昼間兇器携行の場合には加害者を殺害することも許され、昼間無兇器の場合には、体罰が加えられた上で、被害者が奴隷として売却することが認められる。後者の場合は、盗品の価格の二倍の罰金が科せられる。両者の制裁の重大な差異については、種々の説明がなされているが、被害者の感情がその尺度であったと考えられている。船田前掲書第三巻三一一頁以下。

(92)『永遠の権威』（æterna auctoritas）窃盗についてのアチニア法の法文は、十二表法の『外人に対しては権威は永久』（adversus hostem æterna auctaritas）の文言との関連で解釈は分かれるが、船田博士は、十二表法が外人による客体占有の場合に所有権は永久に存続することを規定したのと同様にして、アチニア法は窃盗の被害者の所有権は永久に存続すると規定したのであり、この結果、窃盗の客体の使用による取得は禁止されたと説明される。船田前掲書第二巻四二七頁註（四）参照。いずれにしても、盗品が使用取得されえないというのは、盗人が盗品を使用しえないというのではなく、善意の第三者によっても使用取得されないということであり、この使用取得禁止の性質は盗品が被害者の占有に復する（reversio rei）と消滅する。

(93)贈与の要物性については、山田晟『ドイツ法―ドイツにおける贈与の法的保護の歴史』（『贈与の研究』）九九頁以下参照。

(94)ローマ法においては、専主時代には、旧主人とその解放した自由人との間で贈与の約束が締結された後に、後者に忘恩行為があった場合には、前者により解除されうるとされ（ヴァチカノ断片二七二＝勅八・五九・一、同九）、また、ユスチニアヌス法は一般に贈与について、受贈者に忘恩行為があった場合には、贈与者が撤回しうると規定する。フランス法の贈与においては、贈与の不可撤回性がその本質的要素とされながらも、受贈者が贈与者にたいして、生命の侵害、重大な虐待、加害ないしは侮辱、扶養の拒否のごとき忘恩行為をなしたときには、受贈者に対する民事罰として贈与を撤回しうる旨の規定がある（仏法九五五―九五九条）。

(95)ローマ法では、物権行為と債権行為を統一的に指示する名称は存在しなかったが、この区別は実質的に認められていた。それゆえに、『物の所有権は引渡または取得時効によって移転し、合意によっては移転せず』（この規定の解釈については、船田前掲書第二巻一八二頁参照）と規定されて、引渡は、それをなすに至った原因たる行為とは別の行為として所有権の移転のために必要とされ、この規定は、債権行為と物権行為を区別するローマ法古来の原則を確認したものである。しかし、引渡は必ずしも常に所有権を移転するものではなく（『単なる引渡はけっして所有権の移転を生ぜず』）、引渡が所有権移転の効力を有するためには、そのための正当な原因（売買、贈与）が必要とされる。もっとも、正当な原因は必ずしも引渡をなすに至る債権的な有因行為と一致するものではなく、たとえば問答契約によって生じた債務を履行するためになされる引渡では、問答契約という債権行為が原因ではなくて、かような債権行為によって生じた債務を弁済することについての当事者の合意が原因であった。

(96) ヒルン（Y. Hirn）（一八七〇―　　）フィンランドの芸術学者。芸術起源の問題を心理学的、人類学的、社会学的立場と平行しつつ、現存の未開民族の諸芸術を素材として考究し、著書に『芸術の起源』がある。

(97) quasi-délit　『準不法行為』と訳しておいたが、ユスチニアヌス法上の準不法行為は、故意によらず、もっぱら過失によって、他人の権利を侵害する行為として四種の場合を特定していて、本文のごとき、契約その他の起源としての不法行為とは異る。たとえば、契約に基く債権債務関係が原初的に不法行為に基くそれであって、具体的には、訴訟契約、贖罪契約を指したものである。この点に関しては、広中俊雄『契約とその法的保護』㈢法学協会雑誌七一巻二号一六〇頁以下参照。

(98) マンキパーチオー　十二表法以前から認められた手中物に対する市民法上の所有権移転の方式であって、その方式は、成年のローマ市民一人が衡器（libripens）をもち、他の成年のローマ市民五人以上が証人となって、これらの者の面前で、所有権の譲受人が目的物をにぎり、一定の式語の言明をなし、ついで、銅片で衡器を打ち、この銅片を代金の表象として譲渡人に引渡すものであり、かようにして、所有権は譲受人に移転すると解されている。

(99) reddere の語が文字どおり、『返却する』の意味ではなく、単に『与える』、『給与する』ほどの意味であることは、ランゴバルド法ロタリー王告示（第一三八、一四三、一七五、二二九、二三一章）にも見えている。久保正幡『西洋法制史研究』二二五頁参照。

(100) 誹毀侮辱条項 (clause d'injuraes, injury clause) plinius (n. h. xxⅧ, 2, 17) の malum carmen in cantareと Cicero (de rupublica, 4, 10, 12) 中の occentare を典拠にして、十二表法が名誉毀損をもって不法行為となしているとする説がある。これらによれば、他人の名誉を侵害する詩を作り、または、これを吟したる者は死刑に処すべき旨の規定が十二表法にあったとする。しかし、carmen の意義には、魔術の呪文、諺、祈願詞、法律文、詩歌、曲節等があるが、この中の原義は魔術の呪文であるから、これらの行為は魔術に関する呪術行為であるとして、十二表法中における injuria には身体に対する有形的侵害だけであるとする説が有力である。

(101) 冗談仲間関係 (parentés aplaisanterie, joking relationships) 同一部族の成員間で行われる冗談や揶揄。かかる行為は異性の特定の成員、一般的には、親族に対してなされ、また、将来婚姻をなすべき当事者間で行われることが多い。かようにして、男子は彼の義姉妹に対して冗談の言語を吐く事例が頻繁である。冗談仲間関係では、他人を嘲罵することが許されるだけでなく、むしろ、それが義務にすらなっていて、その他人が立腹することは許されない。冗談は言語、あるいは行動によって卑猥な挙にでて、当事者双方が積極的にお互を揶揄したり、または、消極的に一方の揶揄に対して揶揄をもって応ずることもあるし、また、全然揶揄が返されないこともある。かかる仲間関係は、北アメリカ、オセアニア、アジアにおいて多数発見され、また、忌避親族関係 (avoidance relationships) と結合されていることも多い。ラドクリフ・ブラウンによれば、かかる冗談仲間関係は義母の忌避関係と同様に、特殊の社会関係における人々の相対的地位の形式的、象徴的表現と解し、敵意を演出することによって、反対に友好関係の基礎を確立するにあると説明する (A. R. Radcliffe-Brown, In Joking Relationships, in Structure and Function in Primitive Society, 1952, p, 90)。

(102) イシドール・ド・セヴィル (Isidore de Séville, Isidorus Hispaleusis) (五六〇—六三六) スペインの高僧、学者。六〇〇年以後セビリアの大司教。当代もっとも学識ある人として知られ、ローマ教会の教父になった。当時の学術全般にわたる二〇巻の百科全書『語源法』(Originum seu Etymologiaum Libri xx)は、彼の著書としてとくに有名。

(103) ヴァロ(T. Varron, T. Varro)(前一一六―二七) ローマの文人、学者。『もっとも博識の人』と称せられた。海軍を指揮してミトリダテス戦争に従軍し、更に、護民官、大守を歴任した。後に、カエザルの征服したギリシャに赴いたが、今度は、反対にカエザルと戦って破れ、許されてローマに帰り、文筆活動に従事する。著書は文学から法律学まで幅広く諸分野にわたり、四九〇巻の著作をなしたが、その一部は現存する。

(104) フェスッス(S. P. Festus) 二世紀頃のローマの文法家、ヴェリウス・フラックスの『語義論』(De verborum significatu)の抜萃二〇巻を作って、ラテン語やローマの施設に関して諸般の記事を伝えたが、その前半は散失している。

(105) ハムラビ王(Hammurabi) バビロン第一王朝第六代の王で、在位は紀元前一七二九年から一六八六年に及ぶ。彼は当時分立していたバビロニアの統一を実現し、遂に『世界の王』となり、その勢力はシリアにも及んだ。この王の時代はバビロニア史上では古典時代にあたる。

(106) バビロニアの古代には、譲渡の象徴としてブカヌと称せられる棒(または鉤)が授与された。コーレルは、『もっともこの形式はハムラビ以後消滅したらしく、ハムラビの立法にはもはや見えていない。ブカヌは古代の精霊崇拝から生じた象徴にほかならぬ。ドイツ法のフェストウカが精霊の保有者、売主の精霊又は土地の精霊を宿すものであったように、ブカヌもまたそうしたものであった。けだし、物もまたもと精霊あるものと考えられたからである』と述べている(小野訳『法の一般的な歴史』一四〇頁)。

(107) ヴァルデ(A. Walde)(一八六九―一九二四) ドイツの言語学者で、インスブルック、ケーニヒスベルグ、ブレスラウの各大学の教授を歴任。

(108) オスカン語 イタリア中部のカンパニア(Campania)地方は、紀元前七五〇年以後、ギリシャ人がその海岸に植民を開始し、アウソネス（Ausones）と呼ばれた原住民を駆逐してローマに影響を及ぼしていたが、同四七四年には、内陸地方に侵入していたエトルリア人をも撃破した。しかし、やがて侵入してきたサムニテ人（Samnites）には抗しえず、同四四〇年頃カプア、同四二五年にはクマエを占領し、彼らの言語のオスカン語（Oscan）を住民に普及したので、それ以後、カンパニア人はオスキ人（Osci）とも称されるに至った。その後、ローマは同三四一年にサムニテ人をカンパニアから駆逐している。

(109) スカエヴォラ（Scaevola）　二世紀のローマの法学者、マルクス・アウレリウス帝の法律顧問、懐疑論者で、その判決は厳密、簡素であったといわれる。

(110) 法律訴訟時代　法律訴訟は古代ローマの民事通常訴訟手続を指し、十二表法その他のレックスで認められた市民法上の権利を救済するための手続で、当事者が権利主張をなすためには、法定の厳格な方式に則った形式的な意思表示と象徴的な動作をもってなすことを要した。しかし、かかる訴訟上の厳格性のゆえに、当事者は常に敗訴の危険に曝らされたため、ポエニ戦役（西暦二〇一年）の後に崩壊し、方式書訴訟が使用される時代が抬頭した。

(111) 信託（fiducia）　目的物の供与に付加して約されることで成立する行為である。信託約款（lex fiduciae）に付加される行為はマンキパーチオー、または、法廷譲渡（in iure cessio）であり、この行為の対象物は手中物に限定された。その返還は返還義務者の fides に依存することになるが、マンキパーチオーにおける言明がその効力を有するとの十二表法の規定は、マンキパーチオーにあたって言明された信託約款が拘束力を有することに関したものと考えられている。

(112) 古代の市民法上の奴隷解放（manumissio）　これには、遺言による解放（m.〔ex〕testament）、戸口調査による解放（m.censu）、棍棒式解放（m.vindics）の三種の方式が存する。本文の解放方式は最後のものであって、これは自由回復訴訟（causa liberalis）を擬制した方式であり、奴隷のための自由の主張者が奴隷に棍棒で触れ、特定の式語をもって自由人なることを主張し、主人の反対の主張がなければ、自由人たることの主張が確認される。

(113)アリストテレス(Aristote, Aristoteles)(前三八四(五)—三二二)　古代ギリシャ最大の哲学者。自然界、人間社会の在来の思想を検討し、師プラトンから承継した観念哲学に統合、再構成し、その経験主義的、実証科学的、弁証法的、唯物論的態度と理性的、観念的態度はいずれも後代の科学、哲学の発展に多くの影響を与えている。彼の社会的見解は、その『政治学』の中に集約されているが、国家を主要な対象とし、人間の目的は幸福にあると見ながら、それは個人ではなくて、国家に基づいてはじめて完成されると説明し、かなり全体主義的なものとなっている。

(114)パピールス(papyrus)　オストラコン(ostracon)、金石文(epigraphy, Inschrift)とともに、古代エジプト法の認識の材料とされている。パピールスは一般に公法的なものと併存して、私法的内容のものが多く、この傾向は後代に至るほど強い。

(115)ウングナッド(Ungnad)の研究　ハムラビ法典のグロッサール付きの詳細な研究としては、'Ungnad, Hammurabi's Gesetz, I,1904, II.1909 が著名である。

(116)ブラーフマナ(Brahmana)　カースト制度はブラーフマナ(波羅門、僧侶)、クシャトリヤ(刹帝利、王族、武士)、ヴァイシュヤ(吠舎、農工商の庶民)、シュードラ(首陀羅、賤民)の四身分(四姓)の厳格な社会的対立をもって構成される。前三者は征服民族たるアーリア民族に属するが、とりわけ、前二者は、宗教上、政治上上位者であり、シュードラは、被征服民族たる原住民である。その成立時代は、アーリア民族がパンジャープ地方からガンジース地方に移住した時代とされる。征服民族が種族の純潔を維持するための制度として、ブラーフマナ絶対的優勢の峻厳な階級的差別が厳格に守られた。カースト制度は年とともに複雑化し、マヌ法典では、六系列六〇数種の副次的カーストが数えられ、一九〇一年には、二三七八のカーストの存在が報ぜられている。カースト制は異種族の侵入に抗し、精神文化を維持する貢献はあったが、その反面、社会の停滞性をもたらす大きな欠陥を有する。

(117)チベット・ビルマ語族　インドシナ半島の北西部から中国の西南部、チベット高原に拡がっている単綴語的傾向をもつ言語群。親縁関係を有するシナ・タイ語族とともに、シナ・チベット語族を形成する。その主要言語の中で、アッサム地方のものとしては、北アッサムのミシミ語（Mishimi）、アカ語（Aka）、アボル語（Abor）、南アッサムのボド語（Bodo）、ナガ語（Naga）がこれに入る。

(118) オーストロジア語族（austro-aisatiques）　インドシナ半島のモン語（Mon）、クメール語（Khmer）等開化した民族の使用語とヴェトナム山中の未開民族の使用語との間に親縁関係が発見され、モン・クメール語群を形成するとされているが、シュミットはこれらの語群をビルマ北部のパラウン語（Palaung）、ワ語（Wa）、アッサム地方のカシ語（Khasi）と結合させ、また、インド中央部のムンダ語（Munda）、マレー半島のセマン語（Semang）、サカイ語（Sakai）、インド洋中のニコバル語（Nikobar）と結びつけて、オーストロジア語族と称した。かような分類は、諸種の事象を説明する便宜的な仮説として、異論も多い。

(119) バタク語族（Batak）　マレー・ポリネシア語族（アフリカのマダガスカル島から南アメリカに近いイースター島に至る地域の島嶼でおこなわれる共通の言語）に属するサモア島のインドネシア系語族、この語族数は約一〇〇万と云われる。

(120) カウラヴァ（Kauravas）、パーンタヴァ（Pandavas）、ドラウパディー（Draupadi）　マハーバーラタ中の登場人物。現今のマハーバーラタにおいては、カウラヴァとパーンタヴァとは従兄弟で、ともにバラタ族に属する。カリーダーサ（Kalidasa）の劇で著名なシャクンタラー姫（Sakuntala）とドウシュヤンタ王（Dusyanta）との間に生れたのがバラタ王（Bharata）で、彼らはその子孫である。ドラウパディーはパンチャーラ国王ドルパダ(Draupada)の姫で、別名はクリシュナとも云い、ドラウパディーの『婿選びの儀式』（Svayamvara）にパーンタヴァが出席する説話が書かれている。

(121) ジャマダグニ（Jamadagni）、ラーマ（Rama）　マハーバーラタの中の登場人物。ジャマダグニの子がラーマであるが、ラーマは刹帝利の男子を全滅さしたので、刹帝利の婦人はバラモンに近づいて子を挙げ、刹帝利が栄えるに至った説話等が見える。

(122) ボーダーヤナ（Baudhayana） 五百年頃のインドの哲学者。ヴリッティカーラ（Vrittikāra）と呼ばれ、ヴェーダーンタ・スートラ（Vedānta-sūtra）、ミーマーンサー・スートラ（Mīmāṃsā-sūtra）の註釈を施したといわれる。その学説は実在論的立場にたち、仏教の瑜伽行派の唯識無境を否定して、いわゆる現量の境を主張した。

(123) ヌリガ（Nrga） マハーバーラタ中の登場人物。オグハ・ヴァト（Ogha-vat）の息子にあたる。

(124) 原文は受領者（donataire）となっているが、交付者（donateur）の誤りであろう。

(125) インド・イラン語族（indo-iranien） インド・ヨーロッパ語族中に含まれる語族。インド語派とイラン語派の最下層はわずかに方言的差異を示すだけで、その根源は一つである。この語派の所有者たるアーリア人種は、すでに紀元前二〇〇〇年代の終り頃から、小アジア、シリア、メソポタミアに侵入していたのであって、独特の固有名詞を楔形文字で碑文にのこしている。古代インド語はヴェーダ語、古典サンスクリット語、プラークリット（日常会話語）に分かれ、古代イラン語は古代ペルシャ語アヴェスタ（ゾロアスターを教祖とする聖典の言語）である。

(126) シビ王（Çibi）、サイビァ・ヴリシャダルバ王（Çaivya Vrsadarbha） いずれも、マハーバーラタ中の登場人物。シビ王は寛容と利他の精神に富む国王で、鳩に化身したアグニ（Agni＝火の神）を鷹に化身したインドラ（戦闘の神）から救うために、鳩と同量の自己の肉を鷹に与えたと称されている。ヴリシャダルバ王はカーシ国（Kāsi）の皇子の名称で、ウーシーナラ（Wçinara）とも称される。

(127) ダルマスートラ（Dharma-sutra） ダルマスートラはスートラを構成する三部門の一つ。ブラーフマナ教の聖典たるヴェーダ（吠陀 Veda）は、サンヒター（Samhita 本集）、ブラーフマナ（Brahmana 波羅門）、スートラ（Sutra 経書）で構成され、更に、スートラはシュラウタスートラ（随聞経）、グリスヤスートラ（家庭経）、ダルマスートラ（法経）に分かれる。スートラは祭式、法規を体系的に集録した短句から成るものであるが、ダルマスートラは人智にもとづく人為の作品としての宗教的古伝であって、師伝口授によって組立てられる。

(128) ビューラー（J. G. Bühler）（一八三七―一八九八） オーストリアの東洋学者。インドのボンベイおよびヴィーン大学教授となり、インド考古学、碑名解説、古代法学、俗語の研究に従事し、マヌ法典の飜訳、ヒンズー法摘要の論述等多くの業績がある。

(129) シュルーテー (Çruti, Sruti)　サンヒターとブラーフマナ（註(127)）は、本来常住的に存在する天啓的、それゆえに自然法的で、人為的存在をこえ、絶対的権威を具備するものとされるから、天啓書（シュルーテー）といわれる。

(130) スムリティ (Smrti)　ダルマスートラは、前述のごとく（註(127)）、宗教的古伝（スムリティ）であって、師伝口授によるから聖伝書（スムリティ）と称される。

(131) ダルマシャスートラ (Dharmaçastra)　広義と狭義のダルマシャスートラが存する。広義のダルマシャスートラはダルマ（Dharma＝法）に関する文献の総称であり、ダルマは身分に関する法、王法（王、行政、経済、軍事、外交に関する法）、司法法（民法、刑法、訴訟法）、贖罪法（ブラーフマナの宗教理念に基づく罪の分類と贖罪の方法）、世界の創造と輪廻解脱の法等を含む社会規範を意味するから、単なる法律書につきるのではない。これに対し、狭義のそれは、ダルマスートラから発達したもので、韻文で書かれている。ダルマスートラがヴェーダ学派により、その成員のために書かれたのに対し、ダルマシャスートラは、ダルマを専攻する学派により、広くブラーフマナ、王族、庶民のために編纂され、資料も当時普及した教誡的文句を集めていて、内容も広汎にわたっている。

(132) マヌ法典 (Code de Manu)　マヌ法典（マナヴァダルマシャスートラまたはマヌスムリティ）は一二章からなり、ブラーフマナ法の根本法典である。神がこの法典をマヌに授け、マヌが民衆に伝えたことになっているから、神授法思想の産物とみなされる。その成立の時期は、記されている韻文の形式から、紀元前二世紀から紀元後二世紀頃までの作品と称される。田辺繁子訳『マヌ法典』（岩波文庫）参照。

(133) アヌシャーサナ章 (Anuçasanaparvan)　マハーバーラタの一三巻に該当する章で、ビーシュマの教訓が叙述され、王の義務、自由、苦行、食法などのすべての問題に対する教誡、忠告が列挙される。その間に宗教的、道徳的、形而上学的問題も含まれ、長い説法の後にビーシュマは死亡することになっている。

(134) マハーバーラタ（Mahabharata）　その成立年代は明確でないが、現在伝えられるものは二世紀に成立したものであり、一八巻二二万句からなる国民的叙事詩。マハーバーラタとは『バラタ族の戦争を語る大史詩』という意味である。この叙事詩はバラタ族の壮烈なる大戦争を歌っているばかりでなく、その中に多数の挿話を含んでいる。戦争に関する物語は全体の五分の一にすぎず、その外に多数の神話、伝説、物語を包含し、当時の民間宗教、通俗哲学をも伝え、また当時の法律、政治、経済、社会制度を察知せしむべき多くの資料をも内包するものである。この中に含まれる挿話の中、もっとも有名なのは貞節な妻サーヴィトリーの物語、数奇な運命にもてあそばれるナラとダマヤンティーの美しい物語、宗教哲学詩『バガヴァッド・ギーダー』等である。

(135) ユディシュティラ（Yudhisthira）　マハーバーラタの中心的登場人物。パーンドゥとクンティーの長男。弟アルジュナ、ビーマ、異母弟ナクラ、サハデーヴァとともに、パーンドゥの五王子として、ドウルヨーダナ以下の『クルの王子たち』との間にバラタ族大戦譚を展開する。

(136) ヴヤサ（Vyasa）　インドの伝説的聖者で、ヴェーダ（吠陀聖典）を今日のごとき形態に整理し、また、マハーバーラタを作り、ヴェーダーンタ・スートラを書いたと言われている。ヴヤサとは排列者を意味し、書物の『集成者』、『整理者』、『編纂者』という意義を有する。しかしまた、このマハーバーラタの中で、マダカ国王ヴァス（Vasu）の美しき娘サティヤヴァティ（Satyavati）とパラーシャラ仙人（Parasara）が恋におち入り、出生する子がヴヤサで、マハーバーラタ中の重要な登場人物にもなっている。

(137) ニーラカンタ（Nilakantha）　本文では Nilakansa となっているが、誤りであろう。一七世紀のインドのマハーバーラタその他古典の有名な註釈者。シヴァ派（Saiva）の一派シヴァ・シッダーンタ派（Saivasiddhanta）のヴェーダーンタ・スートラ（Vedanta sūtra）はシュリーカンタ・シヴァ・アーチャーリヤ（Srikanthasivācārya）の註釈シャイヴァ・バーシャ（Saivabhāsya）であるが、ニーラカンタが著したバーシャの摘要書としてクリヤー・サーラ（Kriyasārā）はとくに有名である。

(138) リグ・ヴェーダ (Rig Veda)　ブラーフマナ教の根本聖典。サーマ・ヴェーダ (Sama Veda)、ヤジュール・ヴェーダ (Yajur Veda)、アタルヴァ・ヴェーダ (Atharva Veda) とともにヴェーダを構成する。祭式を中心とした文献であって、諸神を祭場に招き、讃歌を唱えるホートリ (hotri＝祭官) に所属する重要なもので、リグ・ヴェーダはこれらの中で最古のものである。全部で一〇巻一〇二八の讃歌を含み、インド・アーリア最古の文化を反映するものとして、資料的価値は極めて重要である。

(139) インドラ (Indra)　帝釈天、英雄神、戦士の守護神。リグ・ヴェーダの中の主要な神で、同讃歌の四分の一は彼に捧げられている。インドラは、アーリア人種のインド侵入前にインド、イラン時代に崇拝され、インドに入ったときは雷神となっていた。後に仏教にとり入れられて護法の神となる。

(140) 薙髪式　ブラーフマナは一六才、クシャトリヤは二二才、ヴァイシュヤは二四才でおこなう頭髪を刈り、鬚を剃る成年の儀式。この儀式は四住期の第一の学生期に属するから、師家において行うのが通例である。

(141) 入門式 (Upanyana)　ウパナヤナと称され、学生期に入る儀式で、この儀式を行うことにより、はじめてカーストの成員たる資格を取得し、また、宗教的に新生命を得るものとせられ、再生族の名はこれによって与えられる。入門の時期は通常ブラーフマナにあっては八才から一六才、クシャトリヤは一一才から二二才、ヴァイシュヤは一二才から二四才までの間と定められる。浄法中もっとも重要な儀式で、諸経典中に詳細多岐に説かれ、この入門式を経て、はじめて宗教上の自立が与えられ、この時期を失ったものは失権者 (Patita) として一切の特権を喪失する。

(142) ヴィシュヌ派 (Vishnuïsme)　ヴィシュヌ・プラーナという書を所依する宗派。太陽崇拝の盛んであった西印度シュラスタラ国のヤータヴァなる武士族のサートワタ系に起ったと言われ、仏教や耆那教が生じて間もない頃、ヴースデーヴァ (Vasudeva) に組織されたのが、その起源といわれる。これがヴェーダのヴィシュヌ崇拝と合致し、宇宙神たるナーラヤナ思想と結合し、更に、英雄クリシュナやラーマの説話と結合して、これをこの神の化身と考え、他面、数論、ユガの思想によって教条の基礎をえて、マハーバーラタ以来一大宗派として確立するに至った。

(143) マイトレーヤ (Maitreya)　インド大乗仏学派の二大学系の一つユガ行派の祖。古来、弥勒菩薩として神格化されている。南インドのバラモンで永い修行の功により兜率天という天上界に生まれ、天上にあって釈尊の教に洩れた者を救済すると信ぜられる。

(144) ブリハスパティ派 (Brhaspati)　ブリハスパティ (祈禱主) は祭式祈禱の有する不思議な呪力の支配者として考えられた神であり、屢々火神アグニ (Agni) と同一視され、その容姿も種々説かれているが、後には創造神にまで高められた。このブリハスパティを信奉する派と考えられるが、詳細は不明。

(145) 未分化大家族 (grandes familles indivises)　この家族概念はデュルケームの家族進化の求心的な過程、すなわち、トーテム氏族→母系氏族→未分父系家族→家父長制家族→婚姻家族の収縮過程から採用した概念であろう。未分父系家族はインドの集合家族 (joint family)、南スラブのザドルッガ (Zadruga) にその典型が見られ、母系氏族制においても、夫が妻を自己の集団で生活させたいとする原因を生じ、父子関係が重要視された結果、未分化大家族は成立するが、この家族は数個の婚姻集団を含む長期にわたる広範囲な共同的性格を有する。青山道夫「家族学説の諸問題」(「家族問題と家族法」1) 三四頁参照。

(146) モルゲンガーベ (後朝贈与)　婚姻の翌朝夫から妻に贈られる贈物。その内容は、家畜、武器、装飾品等が一般であるが、貴族の場合には、広大な領地や城塞等が贈られることもあった。その起源については、本来収容のための贈物 (Adoptionsgabe) で、その後は嫁女引渡の贈与報償金に転化したものとする説、あるいは、処女代の意味をもつとする説がある。モルゲンガーベの贈与をもって婚姻締結行為が完成する。

(147) マイアー (R. M. Meyer) (一八六〇—一九一四)　ドイツ文学史家。ベルリン大学教授をも歴任し、視野の広い文学史を書いている。

(148) ワーディウム (wadium)、ワディアチオ契約 (wadiatio)　ワーディウムは festuca, wadia, gauadia とも言われ、棒、枝、手袋の場合もあったが、ワディアチオ契約が締結される場合、その契約の象徴として相手方に交付される。通常、このワーディウムの交付は、売主または買主の給付によって受領者に生じた反対給付義務を保証するための引渡であって、債務者の責任負担の方式と考えられている。最初は、他のジッペに対して贖罪金を支払う義務のある債務者がワーディウムの引渡によって保証をたてる義務を負い、債権者が更にこれを保証人に引渡し、保証人はこれを受領することによって責任を負担したが、後には、債務者自身が責任を負担することを示すために、直接ワーディウムを引渡すようになった。

(149) この関係を具体的に示せば、ゲルマン法では債務と責任が区別されたから、売買において、買主が先に物を給付した売主に対して、ワーディウムを交付することにより、将来代価を支払うべき責任を負担し、売主は、先に代金を渡した買主に対して、ワーディウムを交付することにより、将来品物を給付する責任を負担することになる。買主(売主)が反対給付義務を履行すれば、ワーディウムは返還される。

(150) 『ラインの黄金』(L'or du Rhin)、『ハーゲンの盃』(coup de Hagen) いずれも、中世ドイツの有名な叙事詩ニーベルンゲン(Nibelungenlied)中の物語。物語の前半の筋はニーベルンゲン王族は名劍その他の財宝をもっているが、それを奪った不死身の英雄ジークフリートがブルグンド国王グンターのイスランド女王ブリュンヒルトに対する求婚を『隠れみの』の力で援助し、その報酬に王妹のクリームヒルトを獲得する。両王妃が夫の優位を争い、クリームヒルトはブリュンヒルト求婚の欺瞞を暴露し、ブリュンヒルトはジークフリートの殺害を要求し、重臣ハーゲンが宴会の席で酒類を全部隠す策略をめぐらし、ジークフリートが泉の水を飲んでいるのを暗殺し、その保持する財宝をライン河に沈めるというものである。これらの詩と伝説は、更に、ドイツ文学の中に多く採用されており、ヴァーグナーの楽劇『ニーベルンゲンの指環』等が有名である。相良守峯訳『ニーベルンゲンの歌』(岩波文庫)参照。

(151) タキッス(C. Tacite, C. Tacitus)(五五頃―一一五以後) ローマ第一の史学法務官、統領、アジア州の知事を歴任。その著には『雄弁家について』、『アグリコラ伝』、『ゲルマニア』、『年代記』、『歴史』等が数えられる。『ゲルマニア』は原始ゲルマン人の習俗に関する貴重な資料として重要。

(152) 一八婚嫁『贈物は妻が夫に齎すのではなく、却って夫が妻に贈るのである。この時、妻の両親、親族が立ち会って贈物を検する。贈物は、女の最も喜びとするものを選ぶのでも、また新婦を飾るべきものでもなく、単に牛および轡をはめられた馬、それにフラメアと剣とを添えた楯である。この贈物に対して妻が迎えられ、妻はそれに対して、またみずから何らかの武器を夫に齎らす。これが最大の結鎖であり、これが神聖なる神祕であり、これが婚姻の守護神であると彼らは考えるのである』(田中=泉訳『ゲルマーニア』(岩波文庫)七一頁)。

(153) 一五平時の生活『国々には、自発的に、それぞれ家畜あるいは農産物を首長〔長老〕に齎すべき習慣がある。これらは先づ敬重の徴として受納せられると同時に、また彼ら〔長老〕の必要に対する保障となる。近隣諸族より、ただ個人からのみならず、公に齎される選り抜きの良馬、優秀なる武器、胸飾り、首飾りなどの贈物は、彼らのもっとも喜ぶところ』(同書六三頁)。

(154) ゲルマン法の花嫁代 (prix de la mariée, Brautgabe) meta, metifio, mundius (花嫁のムント代) の用語が用いられることもある。しかし、次第に、meta (metifio) は mundius と分離し、前者は夫から妻に直接付与されるものに転化して、後にはモルゲンガーベと融合して寡婦扶養料としての意味を強化するが、後者は、婦女の(ムント)引渡の贈与報償金として婚約女のムント保持者に支払われるようになる。

(155) チロル (Tyrol) オーストリア西部およびイタリア北部にかけてのアルプス山地中の地域。中央にそびえる東アルプスの最高峰エッツタール・アルプスおよびホーエ・タウエルン山脈によって北、南、東チロルの三地域に分けられる。北チロルはイン川河谷と周縁山地からなり、オーストリアのチロル州となっている。南チロルはアドリア海に注ぐアディジェ川上流地域で、イタリアのトレンチノ・アルト・アディジェ州に属し、東チロルはドラウ川上流地域で、オーストリアのケルンテン州に属す。チロルは古くはケルト民族が居住し、前一世紀には、レチオの一部になり、その後一三六三年にハプスブルグ家の領地になった。チロル人は独立心が強く、一六世紀宗教改革の際には農民戦争がおこり、また、一八〇九―一〇年にナポレオンの治下で反抗し、一九一九年南チロルはイタリアに割譲された。チロル谿谷は古くから独自の文化が育ち、造形美術、農民文学に独特のものが多い。

(156) 哀悼証書 (billets de gémissement) 原語どおりに訳しておくが、典契約のことであろう。中国の特殊な売買の慣行として、典契約、すなわち、一方の当事者(原主、業主、出典者)が相手方(典主、承典主、接典主)より一定額の金銭(典価)を受領し、相手方に一定の不動産を引渡してその使用収益をなさしめ、他日右と同額の金銭を提供して、その不動産の返還をうくべき法律関係を締結する場合がある。この典契約の目的となる物は不動産に限られ、しかも、原主側の金融の手段とか、人手不足、他地方に移住する理由のために、出典されるのが通常である。

(157) 家産買戻 (retrait lignager) 一三世紀、フランス慣習法上では、伝来財産 (propre) と獲得財産 (acquêt) の区別が生じたが、前者は相続によって家に属する財産で、家族に留保されるのが原則である。したがって、この伝来財産が有償で家族成員外の者に譲渡される場合には、家族成員には取得者が支払ったと同じ対価と相当の契約費用を支払って、それを買戻す権利が留保された。これが家産買戻と称せられるものである。かような権利は無償処分に対する réserve に対応して、有償の処分に対して家族成員の伝来財産に関する権利を保護するものである。しかし、かかる買戻は第三者の権利を害する怖れあるものとして、フランス革命下の法律で廃止された。

(158) これは同族優先典買権、同族贖回権と称せられる習俗で、個別家族の所有財産に対して家族外の族人が特定条件のもとに権利の主張ができる点、また、かような権利が同族共産意識を前提としている点、顕著な特色とされている。詳細は、清水盛光『支那家族の構造』二八七頁以下参照。

(159) 非差押家産 (biens de famille insaisissable) 非差押家産に関する一九〇九年七月一二日法(一九三七年二月一日法により改正)は小額財産 (petite propriété) について、従来の相続法上の絶対的平等の原則と現物分割の原則の例外として、分割請求を制限して、長期にわたる家族的共有を可能ならしめ、また、現物平等の原則を緩和して、価格平等の原則を導入し、資産を唯一人に帰属せしめることを可能ならしめた。これは前述の二原則の厳格な適用から招来する土地の細分化と家族の弱体化の惹起を回避するためである。小単位の農業用資産 (exploitation agrico-

le）および廉価住宅（habitations à bon marché）についての同様な規定に対応するものである。

（160）エマソン（R. W. Emerson）（一八〇三—一八八二）　アメリカの思想家、著述家。ボストンに生れ、コンコードに没す。ハーヴァード大学を卒業後、ボストンで牧師をし、一八三二年職を辞した後は、ワーズワース、コールリッジ、カーライルと親交を結び、清教徒の独断と頑迷とを斥けて、自由明朗な個性の伸長を唱え、皮相的な物質主義、合理主義を排して直観を重んずる超絶主義者の代表的人物となり、コンコードの哲人と仰がれた。彼の著作の大部を占めるのは一〇冊に及ぶ『日記』（journals）（一九〇九—一九一四）であり、これは彼の一七—七五才の間の魂の記録、彼の思想の源泉ないし精神の宝庫と称される。また、超絶主義の経典ともいうべき『自然』、『アメリカの学者』、『自恃心』の論説を含む『随筆集』（Essays）（一八四一—一八四四）は彼の名声を国際的なものにした。

（161）コルニモン（Cornimont）、ボージュ（Vosges）　ボージュはフランス北東部のローレン地方の大部分を占め、ミュールテ、モーゼル、ミューズ、オートマルヌ、オートゾース、ベルフォール地方に接し、ボージュ山脈の南部を含み、風光明媚で河川が多く、穀物、葡萄の産地として知られ、牧羊が行われる。コルニモンはボージュの首府エピナールから三六粁距った町で、モゼロット（Moselotte）谿谷中にあり、人口約五千程度。

（162）ラン・オ・ボア（Raon-aux-Bois）　エピナールから三七粁距ったボージュの町で、モーゼル河の支流に位置する。人口は九百位で、綿織物、綿糸業が行われている。

（163）フランス著作権法　フランス著作権に関する沿革は、近代諸国の中においても古いものである。一七九一年に劇場に関する勅令、一七九三年に著述家、作曲家、画家の財産権に関する勅令、一八〇五年に遺著作の所有権に関する命令が出され、一八六六年には、著作者の相続人、権利承継人に関する法律、一九〇一年には美術著作物の複製に関する著作権の保護に関する法律、一九二〇年には、美術追及権を認めた法律が公布されている。とくに、一八五二年に外国著書の偽作を阻止することを目的とした命令が出て、これが導火線となって、一八八六年のベルヌ国際条約となった。しかし、著作権法に関する統一的法典は作られておらず、現今でも以上の諸法令を使っている。ただ、その間、民間あるいは政府の手による草案、提案は数多発表され、新しいものとしては『一九四七年青年・芸術・文学省智的所有権委員会法案』がある。勝本正晃『フランス著作権法草案』文部省著作権資料F—五号参照。

(164) 国家社会主義（socialisme d'État） 既存の国家および資本主義体制自体の改革は考えず、資本主義国家の枠内において、富の公正な分配と労働条件の改善のために、国家権力の干渉により社会政策を実施し、更には、重要産業の国有、国営化を実現しようとする社会改良主義の一種。かかる国家社会主義はラッサール、ロトベルトゥスによって唱えられたのがその嚆矢をなす。

(165) イギリスの強制失業保険 二〇世紀に入って、イギリスにおいては社会保険保障制度は漸く整備されるに至ったが、失業保険に関しては、一九一一年の国民保険（健康および失業保険）法（National Insurance〔Health and Unemployment Insurance〕Act）が規定する。この失業保険は失業がよく生ずる特定の産業に従事する一六才以上の筋肉労働者に適用され、失業期間中男子には週一五志、女子には一二志が失業手当として支給されるものであるが、その後、適用範囲の拡張、給付内容の改善が行われ、整備拡充されて、現今では、一九四六年国民保険法によって施行されている。

(166) ピイバイス（Pybus）（一八八〇— ） イギリスの政治家。フィーニィクス保険会社会長。ポルトランドセメント合同企業、タイムズ出版会社、タイムズ持株会社等の理事、重役を歴任。

(167) 平衡金庫（caisses de compensation） フランスにおいては、使用者が賃上げ要求の予防、労働異動の緩和、家族持ち労働者の組合運動への参加の防止を期待して、自発的に家族手当制度を導入し、第一次大戦後、一部の使用者は私的な家族手当金庫を産業別あるいは地域別に設立して、資金をプールした。一九三二年三月一一日法はすべての使用者に対して公認平衡金庫への強制的加入を認め、第二次大戦前においては、事実上、ほとんどすべての商工業労働者がかかる金庫の家族手当の適用をうけていたが、一九四五年一〇月四日の『社会保障の組織に関する法令』によって、平衡金庫は廃止され、家族手当は一般的な社会保障体系の中に組入れられた。

(168) 共済組合 (sociétés mutuelles)　フランスにおいては、共済組合は一八九八年三月三一日法によりその組合員の出資によって、組合員およびその家族が病気、災難、死亡の際に救済を保証し、または、退職恩給の支給を目的とする組合として創設された。共済組合の構成は参加組合員と名誉組合員から成り、未成年者も自由に加入することもできる。現在、共済組合を規制する立法としては、一九四五年一〇月一九日命令、一九四六年四月二七日法、一九四七年八月二三日法、一九四九年七月二〇日命令、一九五〇年六月一四日命令、一九五〇年六月二四日命令、一九五〇年七月二二、二四日法がある。

(169) 公的保護施設 (établissements publics d'assistance)　フランスで、一八八九年に無料医療扶助制度を施行していた県は全県の半分強、公営慈善病院を有する市町村は千二百程度であったが、一八九三年に無料医療扶助法が制定されて以来、扶助を受ける児童に関する法律（一九〇五年）、妊婦扶助法（一九一三年）、多人数家族扶助法（一九一三年）、老齢者、身体障害者及び不治者に関する法律（一九〇五年）の扶助立法が行われた。これらは一九二八年―三〇年にかけて統一的社会保険の制定と相俟って、一九三五年一〇月三〇日の扶助法令によって一元的に統一され、それまでの市町村単位の扶助行政を県単位のそれに移した。第二次大戦後は、統一的な社会保障法の制定と平行して、公的扶助も更に進展し、一九五三年一一月二九日の政令で一新され、扶助の種類としては、(1)扶養義務者の軍務召集による家族に対する社会扶助、(2)老齢者に対する社会扶助、(3)身体障害者、盲人、重症身体障害者に対する社会扶助、(4)医療扶助、(5)住宅および収容に関する社会扶助になっている。

(170) 老人退職恩給金庫 (caisses de retraites)　老人退職恩給金庫は一八五〇年六月一八日法によって創設されたが、これは、その預金者の終身年金を確保することを目的とする金庫である。この金庫は上級官庁の監督の下に供託局によって管理され、年金設定のための払込みには個人払いと、私企業または公共機関がその使用人のために払う団体払いがあり、個人払いの時の終身年金の最高額は一五万フランに限定されているが、年金の支払い額は国庫により保証されている。同金庫に対する近時の立法としては一九五〇年六月八日命令がある。

(171) 貯蓄金庫（caisses d'épargne）　貯蓄金庫には、通常貯蓄金庫（caisses d'épargne ordinaires）と国民郵便貯蓄金庫（caisses nationale d'épargne）の二種類があるが、貯蓄を容易ならしめる目的をもって、一定の規則に従って組織された銀行である。そのために、手元にあればとかく消費しやすい零細な金額をも預金することが可能であって、しかも、それを金庫に供託して預金に小額の利子を付している。一度の預金高は個人では三〇万フラン以下、共済組合では一五〇万フラン以下であり、預金の金額は供託局（caisses des dépôts et consignations）に供託される。妻、未成年者といえども、自由に預金することが可能である。貯蓄金庫に関する最近の主要な立法としては、一九五〇年五月二七日法、一九四五年一〇月一三日命令、一九四八年三月一七日法等である。

(172) ヨベルの年（jubilé）　キリスト教での安息年の原則を延長した規定で、五〇年目に一回遵守され、イスラエルのすべての人民に自由が告げ知らされ、奴隷は解放され、買入された土地は元の所有者に返還される。また、畑に種を播かず、自然に生えたものを刈らず、これを貧しきものの食糧として残す。イスラエル人は七年目ごとに安息の年を守ることが定められているが、ヨベルの年はその七倍にあたる三五〇年目に祝う。ヨベルは『喜びの叫び』の意味である。この制度に関しては、レビ記二五章に記されているが、その起源ならびにどの程度実施されたかは不明である。

(173) 合唱団長（chorégies）　アテネのディオニュソスの祭りにおける酒神の讃歌、悲劇、喜劇の訓練の費用を独りで負担した富裕な市民。酒神の讃歌の合唱団長は一〇部族により、喜劇、悲劇のそれは『紀年のアルコン』（archon eponymos）によって選出された。紀元前四世紀中葉に、喜劇の任命は部族に移った。四〇才に達する者は合唱団長となりうる資格を有する。

(174) 三段オール船建造義務制（triérarchies）　軍艦に対する儀式方式。とくに、アテネで重要な役割を果し、若干の諸国に伝播した。アテネでは、将軍（strategos）が一年ごとに配置されるべき三段オール船の数に対応するその建造、維持の義務を負担する市民を富裕な成年市民の間から選出したが、その船体や船具が完備すると、首長として行動した者が維持修復の全費用を負担した。その額は、四〇―六〇マイナに上る。紀元前四一一年以後には、二人の市民が分担した。その後、改正されたことはあるが、紀元前三一七年から三〇七年の間に、ファレロンのデメトリオス（Demetrios D. Phalereus）が廃止した。

(175) 共同会食（syssities, syssita）　スパルタやクレタ島の諸都市で、一群の市民に割当てた会食をなす団体。スパルタでは会食する者は約一五人程度であったが、その会員となるためには、完全な市民としての資格を有することが必要であったし、また、会食をなす者はそれぞれ最小限度の食物の拠出の義務を負い、それをなさなければ公権剝奪の制裁を受けた。クレタ島の共同会食は、良家の家長を中心として任意的団体として形成され、その維持費も国が出資した。

(176) 造営官（édile, aedile）　神殿を司掌するローマの政務官。四九四年頃、護民官と同時に創設された。造営官は二人であって、平民会（Conciluim Plebis）により選出されたプレブスである。彼らは護民官の補佐役としての任務を有したから、政治的職務を掌握し、罰金を科する権限をも有する。彼らはまた平民のローマ競技会を管理したので、貴族の中には、人望を獲得する手段として造営官職を利用し、みずからその全経費を負担してその職に就任することを希望する者もあった。したがって、最初は貴族、次いで貴族と平民が交替で、最後には双方から、二人の『高官』の造営官が平民会から選出されるに至った。

(177) シャイロック（Shylock）　シェークスピアの『ヴェニスの商人』中に登場する冷酷無慈悲なユダヤ人高利貸。

(178) 共済団体（Friendly Society）　個人の任意加入によって設立構成された団体であって、その目的は、団体員やその家族が疾病に罹り、老齢に達した場合に、救済、生活扶助を行い、団体員の死亡後の生存配偶者や子供の保護救済を与えること等である。一八九六年の共済団体法（Friendly Societies Act）にもとづき登記され、法人格をもっている。

(179) ブーメラン（boomerang）　オーストラリア原住民の部族名からとった鎌型の木製飛道具。七〇度から一二〇度に湾曲した『く』の字型の木枝。その一端をもって投げると特有の運動路を画いて飛び、目的物に命中しないと元の位置にもどってくる。その分布は、今日ではオーストラリアにみられるにすぎないが、エジプトの先史遺跡からも出土している。

(180)ワンパム(wampum) 白玉(wampum peage)が通常で、バラバラに数珠状に糸が通され、貨幣または装飾用に使用された貝殻玉。色玉は白玉の倍の価値がある。

(181)マンデヴィル(B. de Mandeville)(一六七〇—一七三三) イギリスの医者、諷刺作家。オランダに生まれたが、後ロンドンに赴き、イギリスに帰化した。『蜂の寓話』は一七一四年に出版され、当時の政治経済思想を諷刺し、自由な人間の利己的な活動が公共の福祉を増進するという自由主義的経済思想をのべたもので、アダム・スミスの先駆をなす。

(182)ダルマ(dharma)、アルタ(artha)、カーマ(kama) 古来、インドではダルマ=法または義務、とくに、宗教的義務、アルタ=処生理財、カーマ=性愛の三要件(Trivarga)を人生の三目的とした。したがって、これらを解くものとして、『ダルマ・シャーストラ』(マヌ法典)、カウティルヤの『アルタ・シャーストラ』(中野義照訳『実利論』)、ヴァーツヤーヤナの『カーマ・スートラ』(岩本裕訳『カーマ・スートラ』)があり、この三要項に関する正しき知識をもって人生に処し、よって解脱(Moksa)に到達するのを究極の目的とした。すなわち、古代インド人の生活はことごとくこの三要件に則ったものであり、現代に伝わる特異の風俗習慣もこれらの思想を基礎とするということができる。

(183)ニーティ・シャーストラ(Niti çastra) ヴェーダの祭式綱要書において現実の生活に関連して述べられている問題が社会の発展に即応して、漸次実際の生活から遊離してくると、実際に即した綱要書が著わされるようになった。アルタ・シャーストラ(Artha çastra=実利論)はヴェーダの現実の社会生活に関連する部分が整理されて、詳述されて発展した一連の文献の総称であるが、これが後には、ニーティ・シャーストラ(政治論)として展開した。その内容は一般的な処世術から政治、経済、外交などの一国の経綸について論ぜられている。

(184) アルブヴァクス (M. Halbwachs) (一八七七—一九四五) フランス社会学者、ストラスブール大学教授。デュルケーム、レヴィ・ブリュールの影響をうけ、知識社会学の領域で活躍し、その著書も極めて多い。第二次大戦中ナチス占領下で悲惨な死を遂ぐ。初期の『労働者階級と生活基準』の中で、社会階級や生活基準を決定するのが社会的意見または価値判断であることを主張し、経済社会学へ接近し、また、『宗教と社会形態』、『自殺の新研究』の中では、デュルケームの基本的立場を支持したが、後には、モースと同様に、心理学的解釈をも併用するより和解的立場をとっている。

(185) コーランの訳は、井筒訳『コーラン』(下) (岩波文庫) 二一四—五頁に従う。

(186) ウリグブ (urigubu) マリノウスキーが観察したトロブリアンド島における収穫物分配の原則。姉妹の夫の労働の報酬として、毎年妻の兄弟から姉妹の夫に提供される収穫物がウリグブと呼ばれる。その量は年間の消費量の五〇パーセントにあたるタイツ芋とされている。詳細は、青山道夫『トロブリアンド島の慣習法』(『民族法学序説』) 八八頁以下、マリノウスキー・青山=有地訳『未開家族の論理と心理』解説二一五頁以下参照。

(187) アニミズム (animisme) アニミズムという語は、呼吸、生命、霊魂を意味するラテン語の anima から派生する。タイラーによれば、人間の夢や幻あるいは眠り、失神、病気、死などの経験や観察から霊魂観念が発生し、かかる霊魂観念の拡張から、生物、無生物をとわず万物の霊魂が宿るという観念、すなわち、アニミズムを生じ、更に、この霊魂がその宿るものを離れて独立にでも存在するという考え方から、精霊観念が生じたとして、アニミズムによって宗教の根源を明らかにしようとした。

(188) アーサー王物語 (Chroniques d'Arthur) 一二世紀に流行したいわゆる俗語文学中の代表的物語。この物語は元来、五世紀頃在位したといわれるイギリスの伝説的国王アーサーの武勲伝である。このアーサー王に関する説話は、フランスでは、一二世紀にクレティアン・ド・トロア (Chrétien de Troyes) によってロマンス化され、ドイツでは、一三世紀ヴォルフラム・フォン・エッシェンバッハやゴットフリート・フォン・シュトラスブルクによって叙事詩的物語として集成され、イギリスでは、一三世紀にレアモンによる『ブルート』という英詩形がある。本文は、このブルートによるものであるが、アーサー王の円卓をめぐる騎士ランスロット（Lancelot）物語、同様王の宮廷に仕えたことのあるトリスタン（Tristan）とイソルデ（Isolde）との恋物語、聖杯探険譚と結合した円卓騎士パーシヴァル（Preceval）の物語等多くの説話が含まれる。

(189) キヴィリタス（civiltas）　完全なまでに文明化されたという意味。市民間の権利、義務の関係がお互いに素直に認められ、それがお互に完全な程度にまで守られ、保障されている、いわば市民的な社会の理想を表現した概念、かかる状態とその社会両者を指す。

解説

ここに訳出したのは、モースの代表的な論文、Essai sur le don; forme et raison de l'échange dans les sociétés archaïque(L'Année sociologique, seconde série. 1923—1924, t. 1, 1925)である。この論文は、また一九五〇年に刊行されたモースの論文集『社会学と人類学』(Sociologie et anthropologie, Presses Universitaires de France, 1950)の中にも収録されている。モースの『贈与論』はわが国においてもっとに注目され、すでに山田吉彦『太平洋民族の原始経済』(昭一八年日光書院刊)として戦時中に刊行されているし、また、多くの人類学、社会学関係の概説書、たとえば、杉浦健一『人類学』(昭二六年同文館刊)、『原始経済の研究』(昭二三年彰考書院刊)、堀喜望『文化人類学』(昭二九年法律文化社刊)、石田・寺田・石川『人類学概説』(昭三三年日本評論新社刊)の中には、多少ともこの贈与論が紹介されている。さらにまた、古野清人『原始経済に於ける呪術・宗教的要素』(社会学二号)、野口隆『「全体的社会現象」概念の展開』(社会学評論二二号)、広中俊雄『契約とその保護』(法学協会雑誌七〇巻三・四号、七一巻二・三・五号、七二巻一号)等、この『贈与論』に依拠した優れた論文もある。

この論文に関しては、≪(それ)は彼と同輩の人々のみならず若い世代の社会学者に顕著な影響を与えた。

したがって、それらはフランスの社会人類学的思索の真の珠玉である》（レヴィ・ストロース）と称され、今日のフランス社会学は勿論、世界の社会学界、人類学会において再認識され、かつ重要な理論的寄与をなすものとして高い評価が与えられている。とりわけ、法律の方面からは、この贈与論は契約の原初的形態の問題を考察するための礎石を与え、契約の法社会学的究明の方向を示唆するものでもあるし、また、民族学にとっては、レヴィ・ストロース（C. Lévi-Strauss）が近時、『親族関係の基本的構成』（Les structures élémentaires de la parenté, 1949）の中で見事に展開したごとく、親族構造理論の解明の鍵をも包蔵している。かような意味で、非才をかえりみず、『贈与論』飜訳を企てたものである。以下つぎに掲げる諸文献を参照して、簡単に、モースの業績をデュルケームの方法論と比較して、『贈与論』の有する意義を展望してゆきたい。

《参　考　文　献》

H. Lévy-Bruhl, In Memoriam ; Marcel Mauss, L' Année sociologique, Troisième série, 1948-1949.

C. Lévi-Strauss, La sociologie française, La sociologie au xxe siècle, 1947, vol. 2 (Twentieth Century Sociology, 1946, ch. xvii).

C. Lévi-Strauss, Introduction à l'œuvre de Marcel Mauss, Sociologie et anthropologie, 1950.

C. Lévi-Strauss, Les structures élémentaires de la parenté, 1949, ch. v.

S. Leacock, The Ethnological Theory of Marcel Mauss, American Anthropologist, vol. 56 (1954).

pp. 58—73.

× × ×

マルセル・モースは、一八七二年五月一〇日、ヴォージュのエピナールで生まれたが、その生涯は割合波瀾の少い学者としての生活に終始している。エピナールのコレージュを卒業したのち、ボルドーに赴き、当時ボルドー大学の教授であったエミール・デュルケーム、エスピナス（A. Espinas）の指導を仰いで、哲学についての学位と教授資格を獲得するための準備を行っている。一八九五年に、首尾よく学位を受けて、一九〇〇年に、パリー大学の大学課程実修学校（École Pratique des Hautes Études）に入り、宗教史研究者としての職業的生活をはじめる。一九〇二年に、『非文明民族宗教史』講座の担当教授レオン・マリエ（Léon Marillier）の後を継けて、教授として就任した。

彼は一九三〇年まで引続きこの学校で教鞭をとったが、一九三〇年以後、第二次大戦勃発の一九三九年まで、コレージュ・ド・フランス（Collège de France）の同講座の教授をしている。その間、一九二五年に、ルシアン・レヴィ・ブリュール（Lucien Lévy-Bruhl）が社会学研究所（Institut de Sociologie）を創設するに及んで、彼はリヴェ（P. Rivet）とともにいちはやく参加し、一九三九年までその理事を勤めた。彼は、第一次世界大戦に飜訳官として直接戦争に参加した経験を有するが、そのほかは、生涯を通じて一途に研究に専念し、時には、オセロ、ロンドン、ハーバート大学など海外で講演を行い、文化使節としての使命をも果した。

モースの博学多才は有名であって、英語、独語は勿論、ギリシャ語、ラテン語、サンスクリット、ロシア語、オセアニア語に通じ、民族学、宗教学はいうに及ばず、哲学、心理学、法学、経済学、世界文学、数学に明るく、これらの豊富な知識をもって、民族誌学的資料を縦横に駆使し、ヴェーダ、ギリシャ、ラテン、ゲルマンの諸文献を渉猟し、末尾の著作目録からもうかがえるように、供犠、呪術、ヴェーダ文献中の食物の観念、貨幣、法、義務的贈答制の起源、心理学の諸相、ボルシェヴィズム、ケルト民族の自殺、社会学理論、民族学上の方法論についての多彩な論述を展開した。

モースの業績は、デュルケームが創設した『社会学年報』と密接に結びついている。彼は一九一三年以来中断された『社会学年報』を一九二三―一九二四年に復刊し、一九三四年にはその第三輯を出した。モースが極めて友情に厚く、常に誠実と愛情をもって、友人や弟子に接したことはよく知られているが、それは、彼が『社会学年報』(第二輯)で第一次大戦中に死歿した人々のために捧げた『追悼文』の中の、切々と訴えるつぎのような文章からも明瞭に看取される。≪……勇気を振い起し、われわれの曝け出す弱さをあまり気にしないことにしよう。現在の悲しみにあまり思いを致さないでおこう。その悲しみとこれらの消え去った人々の力や失われた名声とを比らべることは止めよう。今は亡きこれらの友に心密かに涙を流すだけにしておきたい。われわれを指導し、力づけ、しかも、われわれの後を継ぐべきこれらの人々がもはや存しなくても、万事をよくなしうるように、われわれは努力しよう……≫と(**L' Année sociologique, nouvelle série, t. I** (1923—1924), p. 28)。事実、彼はその努力をこれらの物故した人々の遺稿を刊行するのに注いでいる。かようにして、デュルケーム、ユベール、ヘルツの遺稿は彼の手によって出版されたのであり、そのために、彼はみずからの研究をかなり犠牲にしたことは、『祈禱、貨幣、国家』(la Prière, la Monnaie, l' Etat) の論述を準備しておきながら、遂に完結されなかったことからもうかがえるところである。

モースは、該博な知識を有するにもかかわらず、衒学的態度はいささかもなく、常に謙虚な気持をもちつづけた。それゆえに、彼には大著と目すべきものはほとんどないが、その反面、数多の研究論文には、卓越した意見を織りまぜて、実際と理論との豊かな結合が浮彫りにされており、その多くは、社会学年報を飾っている。とりわけ、デュルケーム、ユベール、ブーシャとの共著になる "Magie", "Sacrifice", "Classifications", "Variations saisonnières" の論述ならびに本訳書の "Don ; forme archaïque de l'échange" の研究は法律や経済の起源に関する基本的問題に新しい視野を開いたものとして注目をひく労作である。彼は社会学的研究と他の隣接科学の研究との綜合を常に意図していたから、彼が『社会学年報』に執筆した書評は、殊更、その専門分野以外の領域のものを数多あつかい、しかも、その中には単なる分析、批判にとどまらないで、彼の構想する構造的諸原理の一端を示すものも存する。

第二次大戦は彼に多くの精神的、物質的打撃を与えた。彼の執筆は一九三九年をもって終っている。一九五〇年二月一〇日、蒙った打撃のいまだ回復せざるうちに、惜しまれつつその生涯を閉じたのである。

× × ×

モースはデュルケームの理論の承継者たることをみずから任じ、意識的にデュルケームの理論に違背する主張を避けたけれども、リーコック（S. Leacock）のいうごとく、モースは知的所信を超えた感情的動機から、デュルケームの理論を無条件に踏襲したとみるのは妥当ではない。先ず第一に、デュルケームとモースは研究態度を異にする。デュルケームは常に旧学派の総師として位置し、自己の演繹せる結論をドグマチックに主張する傾向があった。デュルケームの時代には、人類学上の実地調査の成果もいまだ結実しておらず、彼の使用する資料もそれほど豊かではなかったので、彼はそれらの不十分な民族誌学的、歴史的資料を補うのに、一九世紀的、歴史哲学的偏向の論理をもってし、それらを客観的に外部からアプローチする態度をとった。モースも他のフランス社会学者とひとしく、哲学的思弁方法を学び、また、デュルケームから多くの薫陶を受けたが、彼は豊富な比較的新しい資料をその驚くべき世界的な造詣によって縦横に駆使し、社会的現実に対する非凡な洞察をも加えて、想像を超えた比較が見事に完成され、近代人類学、経済社会学の水準に位置している。デュルケームは、ドラマチックな思惟で実証的方法と歴史哲学的思弁の統一を行い、壮麗な体系化を意図したが、モースは、更にすぐれた直観的省察を行って、実証的精神、審美的精神に徹し、自己の研究領域の諸事実の解明とその法則化に努力を傾倒し、価値判断の介入するのを極力回避した。この意味で、モースの方法論はデュルケームのそれよりも科学的厳密性をもつと云いうるであろう。

モースは歴史的再構成の試みを排斥する。彼が社会学と民族学との分離を拒否して、未開社会の考究に従ったのは、未開社会に社会進化の初期の段階を見出したためではなくて、それらの社会にもっとも単純な形態における社会現象が発現するのをみたからである。あたかも、人々が消化過程を知るためには、人間より

3 13

も牡蠣について見る方が容易であるが、それは高等脊椎動物が以前に軟体動物であったという意味ではないのと同一の論理である。所与の社会が他の社会よりも単純であり、しかも、その単純な社会と未開社会との類似性が指摘されうるがゆえに、その研究に傾倒したのであった。デュルケームは常にフレーザーやウェスターマークなどのイギリスの人類学者が好んで採用した比較的方法論を批判しながらも、徹底しえなかったが、モースは特定の事例の分析から普遍的帰結を推断する社会学的方法を激しく非難する。彼は常に、明確に一定の類型を代表するものとして慎重に選択された極く少数の事例を考察の対象とし、これらの類型をそれぞれ独自の組織体として認めながら、なお、それを機能的関連において全体として考察する。彼が発見しようと努める関係概念は恣意的に文化の総体から分離された二個以上の諸要素間に介在するような関係概念ではなく、『全体的社会事実』(**faits sociaux totaux**)であって、それは、単系的、斉一的、歴史的発展を主張する進化主義よりも、むしろ機能主義に接近するものであった。

モースは、デュルケームより以上に、社会学的現象と心理学的現象との間の相互関係の基本的な問題を意識している。モースはデュルケームの理論と矛盾する立論は一切使用しなかったが、常に近代の心理学の反響に注意を怠らず、両科学間の架橋が中断されないように配慮した。その初期の論文の“**Sociologie**”の中で、社会学は個人心理学と全く無縁の心理学の範疇に属することを認めながらも、なお、≪連続した媒介を通して、個人意識の問題から集合表象へ移行するというのもまた真実である≫と主張する。晩年には、社会学と心理学との提携の必要を説き、とりわけ、社会学と精神分析学、表象理論との協力、融合に注目したのは、デュルケームが社会的事実を物と観念し、そこに客観化された観念体系としての集合表象を捉えるにとどまったのに比べて、更に前進を示すものであろう。デュルケームは共変方法（méthode des variations concomitantes）を基本的な社会学的方法とみなしたが（E. Durkheim, Les règles de la méthode sociologique, onzième édition, 1950, p. 128 et suiv.）、所与の文化の全構成要素は必然的に相互に結合されているから、共変方法は常に肯定的な解決を用意しなければならないという事実、すなわち、二系列間の諸現象の変動については、ある種の相関関係が常にあらわれるという事実を看過した。これらの系列が他の方法で選択されるならば、別の相関関係が無限に探究され、決定的な帰結を得ることは不可能となる。モースは共変方法を使用しているとはいうものの、それは実質的には別個の意味をもっている。彼は、デュルケームがなしたような、完全な綜合を達成するためではなくて、批判的分析の諸要請に応じて考察された諸系列を分離するために、それを採用したのであった。しかも、この分析が完成されたとき、あるものが残り、このあるものが現象の真の性質を説明すると主張する。≪呪術的行為における信仰の動機を示すために供される数多の説明は、われわれがいまのべている残基を残す……その中には、……この信仰の深い理《レーゾン》がかくされているのである≫と（Esquisse d'une théorie générale de la magie (en collab. avec H. Hubert), Année sociologique, septième année（1902—1903）p. 106）。かかるモースの方法論は、デュルケームの方法論と矛盾するものではなく、むしろ、それを制限し、深めるものと云えよう。レヴィ・ストロースは、フランス社会学の将来を予測して、最近の四〇年間におけるその主要な発展は、モースの影響のもとに、共変方法から残基方法(méthode de résidus)に移行したことであったと述べている。

× × ×

モースは『贈与論』の中でつぎのような諸々の事実をあきらかにする。すなわち、第一に、交換は未開社会においては、取引の形式よりも互酬的な贈答(贈与、返礼)において屢々あらわれるという事実、第二に、この互酬的な贈答を広範囲に亘って検出し、それは経済的合理主義の支配する現代の社会よりも未開社会においてより重要な機能を果していたという事実、第三に、これらの交換の原初的形態は本質的には経済的性質をもたなくて、全体的社会事実、すなわち、社会的、宗教的、呪術的、感情的、法律的、道徳的意義をもつものであるという事実、換言すれば、彼が原初的交換の外部的特徴として挙げているものは、交換し、契約が行われるのは個人間ではなくて、集団間であること、交換されるものは経済的価値以上のものであって、挨拶、饗宴、奉仕、舞踊等が随伴するのが常であるから、交換と他の制度、とりわけ、宗教との間に密接な関連が見出されること、交換は義務的性質をもつこと等であり、これらが不可分の全体的給付組織を構成するということに集約される。しかも、これらの典型的給付組織は北西部アメリカ・インディアンのポトラッチに明確に検出されるし、また、メラネシア、ポリネシア、更には、古代法の中にもそれに類似する制度の存在することを指摘するのである。しかも、モースは『贈与論』の中で、これらの制度の理解の仕方を示すと同時に、北西部アメリカ・インディアン、メラネシア、ポリネシア、古代社会の慣習、更には、現代社会の慣習の有する意義を客観的に明確にし、これらの未開社会、古代社会の諸制度と現代社会のそれとの比較対照をなす努力も怠ってはいない。いわば、彼は現代社会の諸制度を理解するための手だてを提供する意味で、未開社会の諸制度を提示しているとも云える。

× × ×

モースが『贈与論』の中で展開しようと意図したのは、小範囲の事実を解明して、諸々の事実の全体の中における社会的現象、すなわち、全体的社会事実であった。この概念は社会現象を客観的に現実として定義することから出発する。ところで、社会的なものは一つの体系として積分されてはじめて現実的たりうるにすぎない。これこそ、全体的事実を観察するに際しての基本的要請であり、彼はつぎのように考える。≪社会学者はややもすれば極端に分離抽象しすぎるが、かかる操作の後に、全体の再構成に努力する義務が存する≫。しかし、全体的事実は、家族的、経済的、法律的等の非連続の諸形相を単純に積分することによっては完全に把握されえず、それは二つの異った見地、すなわち、≪個々の機能に分離されたのではなく、全体的存在の行動を観察することができる≫個人の経歴と一切の行為の生理的、心理的、社会的様相を同時に説明する解釈体系たる人類学との見地から、個人の経験に具象化される必要がある。それゆえに、全体的社会事実は第三次元的性質をもって登場してくる。多様な **synchronic** な形相を有する社会学的次元と **diachronic** な、すなわち、歴史的次元と、更には、生理学的、心理学的次元とを一致させなければならないわけである。ところで、これらの三次元への接近は個人においてのみなされうるにすぎない。したがって、全体的事実の観念は、一方では、社会と個人とを結合し、他方では、物理的なものと心理的なものとを結び合わすことと直接の関連を有することになる。多様性を有する諸要素が総体的な意義を獲得し、全体的なものとなりうるのは、社会的事実という形式下においてのみであるという意味で、全体的事実は社会的である。その反面、全体的事実が個々の事象の恣意的な集積ではなくて、それが具体的な経験において捉えられるかぎり、それと現実との一致が担保されるので、その意味では、すべての心理学的現象は社会学的現象であり、また、心理的なものが社会的なものと一致するということも真実である。しかし、他面、その反対のことも考えられるであろう。われわれが社会の事象を個人の事象に再現しえないならば、ある制度の意味も機能も確実に把握しえないから、社会の表象は意識的なもの以外のなにものでもないとも云える。社会的事象は制度の全体の一部を構成するので、すべての有効な解釈は、歴史的または比較的分析の客観性を実際の経験の主観性に一致させることである。このように、モースの思想のオリエンテーションの一つを追求することによって、われわれは心理的なものと社会的なものの相互補充関係の仮説に到達することができる。

モースが『贈与論』の中で明らかにした事実はけっして彼の独創になるものではない。この論文が刊行される以前に、すでに、ダヴィはボァスやスワントンの調査を基礎として、ポトラッチを分析しているし、また、マリノウスキーは『西太平洋のアゴーノーツ』（Argonauts of Western Pacific）の中で、モースの到達したのと同一の結論を別の方法で獲得している。モースの『贈与論』がダヴィやマリノウスキーのそれと類似する点は、メラネシア原住民を互酬性（réciprocité）という近代的理論の真の創始者と見なしていることである。モースは、『贈与論』の中で明確に述べているように、交換こそが異質の外部的特徴を有する多数の社会的活動の共通分母であると観念する。しかし、この交換現象は事実の中に見出されないし、また、経験的観察によっても捉えられず、ただ、与え、受け、返す三つの義務のみが捕捉されうるにとどまる。これらの交換現象は必然的に構造をもたなければならず、経験的観察によってはその断片、散在する諸要素を検証しうるだけである。それゆえ、観察者にとっては、交換そのものが与えられないとすれば、交換を構成する必要に迫られる。モースは≪交換される物の中には……贈物を循環させ、与え、かつ返礼させる力が存在する……≫と云う。しかし、この力は客観的に交換の対象物の有形的特質としては存在しない。けだし、それらの物は単に有形的な物に限定されるわけでなく、それらと同一の社会的役割を果す権威、負担、特権である場合も存在するからである。したがって、観察者はその力を主観的に認識することが必要である。しかし、その時、≪この力は、あたかも原住民自身の意識に表象されるように、交換行為自体とは別個のものではなくて、一つのサイクルの中に封じ込まれてしまうのか、それとも、その力は異った性質を有するがために、交換行為は付随的な現象にすぎないのかというジレンマに陥入る。かかるジレンマから脱する唯一の方法は、交換が基本的現象を組成するのであって、社会生活を分析して得られる個々の非連続的な具体的作用ではないということを認識することである≫。モースは個々の断片でもって全体を再構成することに意を用いたが、その不可能であることを悟って、これらの混成物に他の補充的要素、すなわち、ハウ（hau）、マナ（mana）を付加するに至った。モースにとっては、ハウ、マナは、いわば『贈与論』の出発点となっている。しかし、レヴィ・ストロースはこのモースの考察を別の方向に進展させる努力を試みている。≪ハウ、マナは交換の背後に存するレーゾンではなく、原住民の意識形態にすぎないものであり、原住民が信じているものは、彼らが実際に思惟し、行為するものとは遠く距っている場合が常であるから、原住民の観念を抽出した後に、客観的批判を加えることによって、その観念を分解し、その下層にある現実を把握しなければならない》と考える。ところで、この現実は意識的構成の中に見出されるのではなくて、諸制度を媒介にして到達されうる無意識的心理構造、とりわけ、言語の中に明瞭に表現される。モースも、パプア人やメラネシア人は売渡と買得、貸与と借入を示すのにただ一つの言語しかもたなくて、相矛盾する作用が同一の言語によって表現されることに注目したが、レヴィ・ストロースは、それらの作用は相矛盾するどころか、同一の現実の二つの態様を表すだけで、そこには、アンティテーゼは存在しないから、綜合を試みるためにハウ、マナは必要としないと説くのである（Lévi-Strauss, Introduction à l'oeuvre de Mauss, op. cit., pp. XXVII—XL）。要するに、ハウ、マナは知覚されない全体の要請の主観的反映にすぎないということを認めなければならない。交換は与え、受け、返す義務から出発して、感情的、神秘的羈絆の助けをかりて、構成される複合的組織ではない。交換の中には、他のコミュニケイションのすべての形式におけると同様に、事物を対話の要素として知覚する、すなわち、自他の関係において知覚するとともに、一方から他方に必然的に移行すべく運命ずけられたものとして知覚するという矛盾を包蔵するが、その矛盾を超克するのが象徴的思考、またそれによって直接付与される綜合である。交換はハウ、マナから説明されるべきではなくて、それに先行する自己と他者の矛盾の止揚を無意識の世界に、象徴的思考に求めて、説明せらるべきものである。

ところで以上のようなモースの全体的給付組織の基本観念に対して批判も活潑である。ハースコヴィッツ（M. J. Herskovits）は、モースの全体的社会現象の原理を高く評価しながらも、通常では財貨の交換が制度化された形態をとる未開社会では、モースのように心理的形相を強調するだけではなく、更に、その経済的重要性をも看過すべからざることを指摘し(Economic anthropology ; A study in comparative economics. 1952, p. 155)、また、ギュルヴィッチ(G. Gurvitch)は、社会的現実の諸形相の具体的結合方式は背反的、補充的性質に基き不可分離に結びつけられた多様な要素の相互滲透であるから、先ず最初に社会的現象の諸形相を明確に識別し、そのくい違い、緊張、背反の事実を検証し、その後で、全体的社会現象に積分するという弁証法的方法論がモースに欠如していることを指摘している（La vocation actuelle de la sociologie, t. I, 1957, pp. 502—504)。たしかに、モースの方法論には多くの解決されるべき基本的問題が残されているが、かかる疑点が存するからとて、けっして『贈与論』の有する価値がそこなわれるものではない。レヴィ・ストロースが『贈与論』を契機として見事に親族構造を分析したように、われわれは『贈与論』の包含する方法論的基礎を今一度再検討して、その中に、われわれのオリエンテーションのプロトタイプを見出し、それを乗りこえ、更に、それを発展さす方向を辿るべきであろう。

あとがき

本書の訳出にあたっては、社会学用語その他に習熟していないために、いろいろと不十分な箇所があるかもしれないが、なにとぞ、読者諸賢の忌憚のない御批判と御教示とをお願いしたい。ここで本訳書の成立の事情に関して一言させていただきたい。大学で家族法の研究を出発点としたわたくしが、民族法学、法社会学の範疇に入る本書を訳出するにいたった曲折を省みて感慨深いものがある。それにつけても、まず、わたくしの民族法学研究の志向を今日まで導いて下さった青山道夫先生の学恩を忘れることはできない。わたくしが民族法学の研究を志して、研究室ではじめて手にしたのが本書であり、それ以来、青山先生からはたえず御指導を仰ぎ、また、この訳出に際しては御教示をいただき、御多忙の中を時間をさいて原稿に目を通して下さっただけでなく、暫く稿を温めていた本訳書の刊行について、いろいろの御指示をも賜った。また、川島武宜先生にも本書の訳出には御厚意を賜った。ここに、両先生にたいして心からの謝意を表する次第である。

しかし、この訳書がこうした形で世に出るようになったのは、畏友明治大学助教授江守五夫氏の熱心な慫誼によるものであって、この訳書の刊行にあたって筆舌に尽しがたい御世話になった。同氏の温い友情にたいして、御礼のことばもない。ローマ法の部分について、九州大学吉田道也先生と同大学大学院研究科博士課程学生真鍋毅氏の御援助を受けた。更に、勁草書房の社長をはじめ編集部の皆様の特別の御理解と御配慮がなければ、この訳書の出版はおそらく不可能であったであろう。同書房の別所久一氏、石橋雄二氏のひとかたならぬ御厚意に負うところが多く、とくに、石橋氏には照合、校正等について数々の御手数を煩わした。ここに心から感謝の意を表したいと思う。

一九六二年二月一五日

九州大学法学部研究室にて

有　地　亨

著作目録

1896 "La religion et les origines du droit pénal." Revue de l'histoire des religions, tome trente-quatrième, pp. 269-295. Paris.

1897 "La religion et les origines du droit pénal." Revue de l'histoire des religions, tome trente-cinquième, pp. 31-60. Paris.

1899○"Essai sur la nature et la fonction du sacrifice" (Henri Hubert と共著). L' Année sociologique, deuxièm année (1897-1898), pp. 29-138. Paris.

1901 "Sociologie." (Paul Fauconnet と共著). La grande encyclopédie, tome 30, pp. 165-176.
Société anonyme de la grande encyclopédie, Paris.

1902 "L'enseignement de l'histoire des religions des peuples non-civilisés à l'école des hautes études." Revue de l'histoire des religions, tome quarante-cinquième, pp. 36-55. Paris.

1903 "De quelques formes primitives de classification." (Emile Durkheim と共著). L' Année sociologique, sixième année (1901-1902), pp. 1-72. Paris.

1904○"Esquisse d'une théorie générale de la magie." (Henri Hubert と共著). L' Année sociologique, septième année (1902-1903), pp. 1-146. Paris.

1906 "Essai sur les variations saisonnières des sociétés eskimos. Étude de morphologie sociale."(Henri Beuchat と共著). L'Année sociologique, neuvième année (1904-1905), pp. 39-132. Paris.

1908 "L'art et le mythe d'après M. Wundt." Revue philosophique de la France et de l'étranger, trente-troisi-

ème année, tome LXVI, no. 7, juillet, pp. 48-78. Paris.

〃 "Introduction à l'analyse de quelques phénomènes religieux." (Henri Hubert と共著). Revue de l'histoire des religions, tome LVIII, no. 1, juillet-août, pp. 163-203. Paris.

1909 Mélanges d'histoire des religions. (Henri Hubert と共著). Librairies Félix Alcan et Guillaumin réunies, Paris.

1911 "Anna-Virāj," in Mélanges d'Indianisme offerts par ses élèves à Sylvain Lévi, pp. 333-341. Ernest Leroux, Editeur. Paris.

1914 "Les origines de la notion de monnaie." Institut français d'anthropologie (Supplément à L'Anthropologie), tome II, no. 1, pp. 14-19. Paris.

1921 "L'expression obligatoire des sentiments. Rituels oraux funéraires australiens." Journal de psychologie normale et pathologique, XVIIIe année, no. 1, 15 janvier, pp. 425-434. Paris.

〃 "Une forme ancienne de contrat chez les Thraces." Revue des études grecques, tome XXXIV, no. 156, janvier-mars, pp. 388-397. Paris.

1923 "L'obligation à rendre les présents." L'Anthropologie, tome XXXIII, nos. 1-3, pp. 193-194. Paris.

1924 ○ "Appréciation sociologique du Bolchevisme." Revue de métaphysique et de morale, 31e année, no. 1, janvier-mars, pp. 103-132. Paris.

〃 "Gift, Gift," in Mélanges offerts à M. Charles Andler par ses amis et ses élèves, pp. 243-247. Librairie Istra, Strasbourg.

〃 "Rapports réels et pratiques de la psychologie et de

la sociologie." Journal de psychologie normale et pathologique, XXIe année, no. 10, 15 décembre, pp. 892-922. Paris.

1925 ○ "Essai sur le don; forme et raison de l'échange dans les sociétés archaïques." L'Année sociologique, nouvelle série, tome I (1923—9124), fascicule 1, pp. 30-186. Paris.

〃 "In Memoriam. L'œuvre inédite de Durkheim et de ses collaborateurs." L'Année sociologique, nouvelle série, tome I (1923-1924), fascicule 1, pp. 7-29. Paris.

〃 "Sur un texte de Posidonius. Le suicide, contre-prestation suprême." Revue celtique, tome XLII, nos. 3-4, pp. 324-329. Paris.

1926 ○ "Effet physique chez l'individu de l'idée de mort suggérée par la collectivité." Journal de psychologie normale et pathologique, XXIIIe année, no. 6, 15 juin, pp. 653-669. Paris.

1927 "Divisions et proportions des divisions de la sociologie." L'Année sociologique, nouvelle série, tome II (1924-1925), fascicule 1, pp. 98-173. Paris.

1928 Emile Durkheim, Le socialisme. Édité par Marcel Mauss. Librairie Félix Alcan, Paris.

1929 "L'identité des Touaregs et des Libyens." L'Anthropologie, tome XXXIX, nos. 1-3, p. 130. Paris.

1930 "Les civilisations, éléments et formes," in Civilisation, le mot et l'idée. Centre international de synthese. Première semaine, 2e fascicule. La Renaissance du Livre, Paris. pp. 81-106.

1932 Henri Hubert, Les Celtes depuis l'époque de la Tène, publié et mis à jour par Marcel Mauss, Raymond Lantier, et Jean Marx. La Renaissance du Livre,

Paris.

〃 Henri Hubert, Les Celtes et l'expansion celtique, publié et mis à jour par Marcel Mauss, P. Lantier, et Jean Marx. La Renaissance du Livre, Paris.

1934 "Fragment d'un plan de sociologie générale descriptive." Annales sociologiques, série A, fascicule 1, pp. 1-56. Paris.

〃 "Relations of religious and sociological aspects of ritual." Congrès international des sciences anthropologiques et ethnologiques. Compte-rendu de la première session, Londres, 1934. Institut royal d'anthropologie, Londres. p. 272.

1935○"Les techniques du corps." Journal de psychologie normale et pathologique, XXXIIe année, nos. 3-4, 15 mars-15 avril, pp. 271-293. Paris.

1938○"Une catégorie de l'esprit humain : la notion de personne, celle de 'moi'." (Huxley Memorial Lecture). Journal of the Royal Anthropological Institute, vol. LXVIII, July to December, pp. 263-281. London.

1939 "Fait social et formation du caractère." Congrès international des sciences anthropologiques et ethnologiques. Compte-rendu de la deuxième session, Copenhague, 1938. Einar Munksgaard, Copenhague. p. 199.

1947 Manuel d'ethnographie. Payot, Paris.

1948 "Les techniques et la technologie." Journal de psychologie normale et pathologique, 41e année, no. 1, janvier-mars, pp. 71-78. Paris.

1950 Sociologie et anthropologie. Précédé d'une introduction à l'œuvre de Marcel Mauss, par Claude Lévi-Strauss. Presses Universitaires de France, Paris. (本書には○印の付された論文を収録)

マルセル・モース（Marcel Mauss）
1872年生まれ．フランスの社会学者，文化人類学者．1950年没．エミール・デュルケームの甥にあたる．主著に，“Essai sur la nature et la fonction du sacrifice”（L'Année sociologique, 1898. Henri Hubert と共著．邦訳『供儀』法政大学出版局，1993），“De quelques formes primitives de classification”（L'Année sociologique, 1902. Emile Durkheim と共著．邦訳『分類の未開形態』法政大学出版局，1980），*Sociologie et anthropologie*（Presses Universitaires de France, 1950，邦訳『社会学と人類学』弘文堂，1973）など．

有地　亨（ありち　とおる）
1928年生まれ．1953年九州大学法学部卒業，法学博士．九州大学法学部教授を経て，九州大学・聖心女子大学名誉教授，弁護士．2006年没．主著に，『家族制度研究序説』（法律文化社，1966），『婦人の地位と現代社会』（法律文化社，1971），『近代日本の家族観（明治編）』（弘文堂，1977），『フランスの親子・日本の親子』（日本放送出版協会，1981），『日本の親子二百年』（新潮社，1986），『離婚!?』（有斐閣，1987），『家族は変わったか』（有斐閣，1993），『新家族法の判決・審判案内』（弘文堂，1995），『日本人のしつけ』（法律文化社，2000），『家族法概論』（新版補訂版，法律文化社，2005）など．

贈与論　[新装版]

1962年6月20日　第1版第1刷発行
2008年6月20日　新装版第1刷発行

著　者　マルセル・モース
訳　者　有《あり》　地《ち》　　亨《とおる》
発行者　井　村　寿　人

発行所　株式会社　勁《けい》　草《そう》　書　房
112-0005　東京都文京区水道2-1-1　振替　00150-2-175253
（編集）電話　03-3815-5277／FAX　03-3814-6968
（営業）電話　03-3814-6861／FAX　03-3814-6854
総印・青木製本

ISBN978-4-326-60212-4　Printed in Japan

浅田　彰
構　造　と　力
　記号論を超えて
四六判／2,310円
ISBN978-4-326-15128-8

今村仁司
暴力のオントロギー
四六判／2,625円
ISBN978-4-326-15112-7

上野千鶴子
構造主義の冒険
四六判／2,625円
ISBN978-4-326-15144-8

上野千鶴子 編
構築主義とは何か
四六判／2,940円
ISBN978-4-326-65245-7

大澤真幸
身体の比較社会学Ⅰ
A 5 判／5,250円
ISBN978-4-326-10084-2

大澤真幸
身体の比較社会学Ⅱ
A 5 判／6,300円
ISBN978-4-326-10096-5

T.パーソンズ／徳安　彰ほか 訳
宗教の社会学
　行為理論と人間の条件　第三部
四六判／3,990円
ISBN978-4-326-65273-0

金森　修
フランス科学認識論の系譜
　カンギレム，ダゴニェ，フーコー
四六判／3,150円
ISBN978-4-326-15295-7

斎藤慶典
力　と　他　者
　レヴィナスに
四六判／2,835円
ISBN978-4-326-15349-7

立岩真也
私的所有論
A 5 判／6,300円
ISBN978-4-326-60117-2

勁草書房刊

＊表示価格（消費税を含む）は，2008年 6 月現在.